中国认知语言学前沿丛书

隐喻性空间关系构式的认知研究

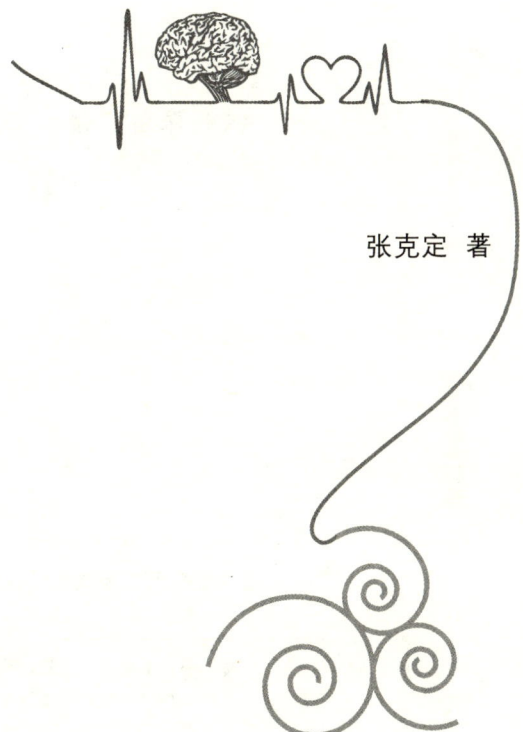

张克定 著

商务印书馆
The Commercial Press

图书在版编目（CIP）数据

隐喻性空间关系构式的认知研究 / 张克定著. —北京：商务印书馆，2023
（中国认知语言学前沿丛书）
ISBN 978-7-100-22080-4

Ⅰ.①隐⋯ Ⅱ.①张⋯ Ⅲ.①隐喻—研究 Ⅳ.① H05

中国国家版本馆 CIP 数据核字（2023）第 042616 号

权利保留，侵权必究。

中国认知语言学前沿丛书
隐喻性空间关系构式的认知研究
张克定　著

商 务 印 书 馆 出 版
（北京王府井大街36号　邮政编码100710）
商 务 印 书 馆 发 行
北京市十月印刷有限公司印刷
ISBN 978 - 7 - 100 - 22080 - 4

2023 年 7 月第 1 版　　　　　开本 710×1000　1/16
2023 年 7 月北京第 1 次印刷　　印张 19¾
定价：119.00 元

中国认知语言学前沿丛书
编委会

顾　问　陆俭明（北京大学）
（按拼音）
　　　　　沈家煊（中国社会科学院）

主　编　文　旭（西南大学）

编　委　黄居仁（香港理工大学）
（按拼音）
　　　　　井　茁（俄勒冈大学）

　　　　　李德凤（澳门大学）

　　　　　刘迪麟（阿拉巴马大学）

　　　　　刘正光（湖南大学）

　　　　　卢　植（广东外语外贸大学）

　　　　　施春宏（北京语言大学）

　　　　　束定芳（上海外国语大学）

　　　　　王文斌（北京外国语大学）

　　　　　於　宁（宾夕法尼亚州立大学）

　　　　　袁毓林（北京大学）

　　　　　张　辉（南京师范大学）

　　　　　张克定（河南大学）

认知语言学的发展与创新
——"中国认知语言学前沿丛书"总序

文 旭

语言学是一门领先的科学,是人文科学与自然科学之间的桥梁。从结构主义语言学到转换生成语法,再到认知语言学,语言学的发展就是一个个研究范式的嬗变。作为语言学的一种新范式,认知语言学(狭义认知语言学)的哲学基础和工作假设都与当时的主流语言学有很大的区别。

认知语言学发端于20世纪70年代,其诞生的主要原因是不满当时语言研究的形式方法,当然也因为受到六七十年代现代认知科学的影响,尤其是受到有关人类范畴化的研究以及早期格式塔心理学的影响。认知语言学成熟的重要标志是1989年春在德国杜伊斯堡召开的第一次国际认知语言学会议,1990年创办的 Cognitive Linguistics(《认知语言学》)期刊,以及当年成立的国际认知语言学协会(International Cognitive Linguistics Association)。自诞生之日起,认知语言学就把自己置于认知科学这一大学科背景中,与哲学、心理学、人类学、计算机科学以及神经科学等结下了不解之缘,并逐渐发展成为语言学的主流学科之一。

认知语言学有广义和狭义之分。任何语言学理论,只要把自然语言当作心理现象来研究,就属于广义认知语言学。例如,乔姆斯基（N. Chomsky）的转换生成语法（Transformational-Generative Grammar）、杰肯道夫（R. Jackendoff）的概念语义学（Conceptual Semantics）以及赫德森（R. A. Hudson）的词语法（Word Grammar）等，都可以看成是广义认知语言学。狭义认知语言学（以下简称"认知语言学"）在对语言的根本看法上，与广义认知语言学存在着很大差别，它认为：（1）语言能力是人类一般认知能力的一部分，故语言不是一个自足的系统，其描写必须参照人类的认知过程。（2）语言结构与人类的概念知识、身体经验以及话语的功能密切相关，并以它们为理据。（3）句法不是一个自足的部分，它与词汇、语义都密切相关，也就是说，词汇、形态和句法本身就是一个连续体，它们只不过是被任意分割成独立成分而已；语法结构本质上就是概念化的结果。（4）语义不只是客观的真值条件，还与人的主观认识相关；以基于真值条件的形式语义学来分析语词的意义，这是不充分的。（5）语言知识来源于语言使用。这些基本看法或假设界定了认知语言学的内涵和研究内容。

认知语言学不是一个单一的理论，而是一项宏大的事业。它包含许多不同理论、研究方法和研究话题，并融描写与解释、内省与实证为一体。虽然如此，认知语言学家却广泛认同两个基本承诺，即"概括的承诺"（Generalization Commitment）和"认知的承诺"（Cognitive Commitment）。概括的承诺就是：概括和描写语言各方面的一般原则。例如，在句法学中，对语法语素、范畴及结构分布的概括；在语义学中，对推理、多义性、语义场、概念结构等的概括；在语用学中，对言语行为、会话含意、指示等交际功能的概括。认知的承诺就是：有关语言的一般原则应与来自其他学科对心智和大脑的研究结论一致。也就是说，这一承诺强调语言理论的描写应吸收其他学科的研究成果，如认知心理学、发展心理学、心理语言学、人类学以及神经科学等学科的研究成果。如果幸运的话，概括的承诺和认知的承诺应该彼此吻合，即我们所追求的一般原则在认知上应该是真实的，具有认知现实性；倘若不吻合，认知的承诺则应居于首要地位。这两个基本承诺为认知语言学的发展方向奠定了基础。认知语言学的基本假设、研究方法、理论创新都遵循这两个基本承诺。它们也为语言的核心领域研究提供了指导原则，如音系、形态、句法、语义和语用等的研究。这两个承诺对认知语言学的应用研究也具有重要的指导意义。例如，人类行为和语言使用的研究，其中包括社会行为、语言变异、语言演化、文学语言、手语、翻译等。认知语言学之所以具有活力且方兴未艾，部分原因是它秉承了这两个基本承诺。

近40年来，国际认知语言学研究取得了令人瞩目的成就，研究话题早已超越了当初圈定的范围。1990年，国际认知语言学协会成立之时，明确了认知语言学研究的主要话题：自然语言范畴化的结构特征，如典型性、隐喻、转喻、心理意象、认知模型等；语言组织的功能原则，如象似性、自然性等；句法与语义的概念界面；语言的体验背景和语用背景；语言与思维的关系等。不过，今天认知语言学的研究疆域大大地扩大了，它不但重视词汇、句法的研究，也重视语篇的研究；不但重视个体认知，也重视社会认知；不但重视共时研究，也重视历时研究；不但坚守内省方法，也重视实证方法。

近20年来，我国认知语言学研究突飞猛进，无论是在理论建设方面，还是在应用研究方面，以及在汉语认知研究方面，都取得了丰硕的成果，其中一些成果还得到了国外学者的高度认可。虽然认知语言学这个术语是舶来品，但可以本土化、中国化，因为一个学科的发展必然会打上其时代性和地域性的烙印，随着时代的发展和地域的变迁，自身的理论体系也会不断演化，以融入时代的新内容、地域特色和文化特质。所以，我非常认同这样一种观点：主义可拿来，问题须土产，理论应自立。国外先进的思想和理论可以借鉴，但我们要解决中国问题，研究自己的语言和文化，解决语言教学、翻译、人工智能以及其他领域中的问题，从而建立我们自己的认知语言学学科体系、学术体系、话语体系。因此，我们特别欢迎中国学者在认知语言学方面的原创性成果，尤其是有关认知语言学的理论创新、方法论创新以及汉语认知研究的成果，也欢迎认知语言学应用研究方面的成果，以及认知语言学与其他学科交叉研究的成果。我相信，"中国认知语言学前沿丛书"将为我国学者提供一个良好的学术交流平台，展示中国学者自己的研究成果，彰显中国特色，体现世界水平。

本丛书的出版得到了商务印书馆英语编辑室的大力支持，也得到了陆俭明老师、沈家煊老师等诸多师友的关心和帮助，在此对他们表示衷心的感谢！希望这套丛书能让广大读者喜欢，也希望其中的理论和观点能引起大家的共鸣，当然更希望各位方家不吝赐教。

语言与认知是人类的一项永恒课题，中国学者在认知语言学研究领域所凝聚的中国智慧正熠熠生辉，认知语言学研究在各国学者的共同努力下必将历久弥新。新，是生命！新，是希望！新，是动力！此时此刻，我突然想起了南宋著名诗人杨万里的一首诗：

>雾外江山看不真，只凭鸡犬认前村。
>渡船满板霜如雪，印我青鞋第一痕。

是为序。

序　言

　　克定兄来电说，他的国家社科基金项目结项成果《隐喻性空间关系构式的认知研究》拟在近期出版，特邀我作序，这着实令我有点儿惶恐，但作为老朋友，是断然不能拒绝的，我便欣然从命，以获先睹为快之乐。

　　记得克定兄的上一个国家社科基金项目结项成果是《空间关系构式的认知研究》，已于2016年由高等教育出版社出版。该书以"关系""构式"和"认知"为关键词，聚焦于空间关系构式，提出了"空间关系不是客观存在的，而是人赋予事物的"这一富于创新意义的观点，在此基础上，首次将空间关系构式界定为"表达两个或两个以上事物在空间中的相互关系的表达式，即表达两个或两个以上事物空间关系的形-义配对体或象征结构"，继而对各种空间关系构式的形成机制和认知特性进行了深入细致的探讨。他提出的"空间关系构式及其意义建构模式"具有很强的解释力，既很好地解释了空间关系构式的构成问题，也阐释了空间关系构式的意义建构问题。

　　继《空间关系构式的认知研究》之后，克定兄又成功获批一项国家社科基金项目，推出其结项成果《隐喻性空间关系构式的认知研究》这一力作。这两部著作实为姊妹篇，可以说，后者是对前者的继续、拓展和掘深，并彼此相映生辉。纵观全书，克定兄的这部新作至少有三点值得一书。

首先，位移事件是认知语言学界关注已久、成果颇丰的研究领域，要有所突破和发展，并非易事，但本书作者从三个方面做到了。第一，在充分深入梳理有关位移事件的各种观点的基础上，作者提出了自己的新观点。他认为，"所谓位移事件，就是位移主体在一定的时空框架中，以参照实体为衬托，沿着一定的路径，从起点移动到终点的运动过程。"根据这一定义，作者把位移事件区分为现实位移事件和隐喻性位移事件两种，将现实位移事件界定为可动物质实体在时空框架中发生了实际空间位置变化的位移事件，把隐喻性位移事件定义为认知主体运用认知想象能力和识解能力，能动地运用一定的认知机制所构想出的发生在视觉上或心理上的位移事件。第二，作者根据哲学中的主观性和客观性概念指出，现实位移事件和隐喻性位移事件分别趋于主-客观相对性连续体的两端，现实位移事件呈现出强客观性弱主观性特征，而隐喻性位移事件呈现出弱客观性强主观性特征。第三，作者根据概念隐喻理论认为，隐喻性位移事件都是有认知理据的。针对不同的隐喻性位移事件，作者经过深入思考和理论提炼，提出了促动隐喻性位移事件的认知机制，如不可动实体的动态化机制、抽象实体的具体化和可动化机制与抽象实体的三维空间化机制等，并详细阐发了这些认知机制的限制条件。

其次，人们不仅具有识解出隐喻性空间关系的能力，而且具有表达隐喻性空间关系的能力，人们用以描述隐喻性空间关系的语言表达式即为隐喻性空间关系构式。作者紧扣构式为形-义配对体这一核心概念对隐喻性空间关系构式进行了条分缕析的深度探究。从形式上讲，隐喻性空间关系构式具有完句性特征。作者强调，隐喻性空间关系构式必须是包含施事/客事、谓词和处所这样三个成分的小句性构式，而且，这三个成分均为必备成分，缺少任一成分，就难以构成合格的隐喻性空间关系构式。从意义上讲，隐喻性空间关系构式具有部分组构性特质。作者指出，隐喻性空间关系构式的构成成分及其组合方式只能为其提供部分意义，其整体意义不仅要包括其构成成分的意义和组合方式，还要包括人对情景的感知、体验、识解、认知加工、凸显、概念化、语境信息等语言之外的诸多资源信息，所以，隐喻性空间关系构式是一种1+1>2的增效构式。

最后，书名中虽未明确使用"对比"或"英汉对比"的字眼，但对比研究却贯穿全书。我曾经说过，语言与语言之间具有相似性，这是人类语言的本质；语言与语言之间具有差异性，这也是人类语言的本质。我们不能因为英汉之间具有相似性而无视彼此之间的差异性，也不能因为彼此之间的差异性而忽视彼此之间的相似性。我认为，研究外语者兼研汉语，可以以对比的眼光更深刻地认识自己研究的外语，汉语研究者兼研外语，也可以以对比的眼光更深刻地反观自己对汉语母语的研究。克定兄正是以对比的眼光透视英汉语隐喻性空间关系构式，发现英汉语隐喻性空间关系构式既有相似性，也有相异性。其相似性在于，英汉语隐喻性空间关系构式均具有完句性特征，都是包含三个必备成分的小句性构式。其相异性表现在英汉语隐喻性空间关系构式对处所和路径的不同编码方式。比如，在抽象性空间方位关系构式中，英语使用空间介词+抽象名词短语的方式来编码处所成分，汉语则使用抽象名词短语+空间后置词的方式来编码处所成分。在抽象性空间位移关系构式中，英语使用动态空间介词来编码路径，汉语则使用趋向动词来编码路径。

作者在透彻析述现实空间关系构式的同时，富有见地地提出隐喻性空间关系构式，从学理上诠释了人们平常所言的"物随心转，境由心造，心之所向，境之所在"的理论依据和认知机制。

总之，摆在我们面前的《隐喻性空间关系构式的认知研究》是一部融理论性、思辨性、解释性、创新性、严谨性和可信性于一炉的佳作，是认知语言学研究中的又一标志性成果，是一部非常值得我们肯定赞许和仔细研读的著作。故郑重推荐给读者诸君。我相信，呼应克定兄的新观点者，必定甚众。

  是为序。

王文斌

2021年8月21日

于北京外国语大学

前　言

　　本书为2016年度国家社会科学基金项目《隐喻性空间关系构式的认知研究》的最终成果，同时也是2010年度国家社会科学基金项目《空间关系构式的认知研究》的姊妹篇。

　　我们人类生活其中的物质世界本身就是一个空间世界，空间无处不有，无时不在。空间作为人类认知的一个基本领域，一直都是很多学科不断探究的对象。现代认知科学，包括认知语言学，一直都在追问：空间是如何被感知的？空间是如何表征的？空间是如何加工的？空间是如何被谈论的？同时还在追问：空间、人和语言三者之间存在着什么样的关系？自认知语言学于20世纪70年代诞生以来，与空间有关的话题不断，经久不衰，对事物在空间中的存在、方位、位移等的识解与表达之探索，历久弥新。

　　事物在空间中的存在、方位、位移无疑离不开其他事物的参照，这样，事物与事物就会在空间中呈现出某种关系，即空间关系。然而，空间关系并不是像事物那样自然存在于世界之中，而是人之所为，是惟人参之的结果。这就是说，空间关系并不是客观存在的，而是人赋予事物的，即空间关系是人这一认知主体通过观察、感知、体验和识解而赋予事物的。

　　空间关系可以是具体事物之间的实际空间关系，也可以是人这一认知主体运用想象能力、隐喻能力、识解能力，运用特定认知机制所构想出的视觉上或心理上的空间关系。具体事物之间的实际空间关系叫作现实空间关系，认知主体所构想出的视觉上或心理上的空间关系叫作隐喻性空间关系。具而言之，所谓隐喻性空间关系，就是认知主体所构想出的虚构性位移事件、抽象性空间方位关系、甲型抽象性位移事件和乙型抽象性位移事件中两个相关实体之间的一种视觉上或心理上的空间关系。虚构性位移事件、抽象性空间方位关系、甲型抽象性位移事件和乙型抽象性位移事件，都是人能动观察、感知、体验和识解的结果，都是由特定认知机制促动的，都带有明显的人之主体性印记，都具有很强的主观性特征。

人这一认知主体不仅能够构想出各种隐喻性空间关系，而且能够运用语言将其编码为隐喻性空间关系构式。隐喻性空间关系构式包括：编码虚构性位移事件的虚构性空间位移关系构式、编码抽象性空间方位关系的抽象性空间方位关系构式、编码甲型抽象性位移事件的甲型抽象性空间位移关系构式和编码乙型抽象性位移事件的乙型抽象性位移关系构式。这些隐喻性空间关系构式都具有完句性特征，分别具有各自的构成方式和限制条件。众所周知，世界上的语言，都是人类所拥有、所使用的语言，但世界上的人又有着各自的地理环境、历史背景、民族传统、文化习俗、思维方式、语言结构等方面的特性，因此，世界上诸语言之间无疑会有很多相通或相同之处，也会有不少相异之处。这样，不同语言对同类现象的编码，肯定会既有同，又有异。实例分析表明，上述隐喻性空间关系构式，在英语和汉语中，既表现出了共性，也表现出了个性。

隐喻性空间关系构式不只是一种语言现象，既与作为认知主体的人有关，也与所描述的现实有关。这就是说，现实、人和语言是紧密相关的，这三者之间是一种相互作用、相互制约的互动关系。在现实、人和语言三者之中，人是感知、体验、识解、表达现实的主体和实施者，现实是人感知、体验和识解的客体和对象，语言是人表达现实的工具和手段，但是，人的主体性、现实的客体性和语言的工具性都是相对的。人虽为主体，也不能随心所欲地感知、体验、识解现实，表达现实，现实和语言虽为客体和工具，也会因其自身的特性而反作用于人这一主体，也会对人产生一定的制约和限制。可以说，隐喻性空间关系构式既有明显的人之主体性印记，也有来自现实和语言的反作用印记，更有人与现实和语言三者之间的互动性印记。

  在本书即将付梓之际，我要感谢国家社会科学基金的持续支持，感谢学界诸多朋友的关心、支持与帮助，感谢西南大学文旭教授推荐将拙作列入商务印书馆新近推出的"中国认知语言学前沿丛书"，感谢北京外国语大学王文斌教授在百忙之中拨冗为拙书作序，感谢商务印书馆英语编辑室和责任编辑刘军怀先生为拙书的出版所付出的辛勤劳作，感谢河南大学外国语言学及应用语言学研究所的长期支持和外语学院学术著作出版基金的资助，同时也要感谢我的家人一如既往的理解和包容、关爱和支持，家人的理解包容和关爱支持有着特殊的味道，值得咀嚼体味，值得终生珍藏。

张克定

2021年6月23日初稿

2021年7月9日修改稿

2022年4月8日定稿

于河南大学

身体是"活生生的身体",而空间是人所建构出的空间。
——段义孚/《空间与地方:经验的视角》

在语言的起源时,几乎每一个字都是一个比喻,每个短语都是一个隐喻。
——孔多塞/《人类精神进步史表纲要》

目　　录

第一章　绪论 ··· 1
　第一节　空间关系的相对性、客观性和主观性 ················ 2
　第二节　现实空间关系与隐喻性空间关系 ···················· 6
　第三节　现实空间关系构式与隐喻性空间关系构式 ··········· 15
　第四节　研究对象和研究问题 ····························· 22

第二章　理论基础 ·· 25
　第一节　空间参照框架理论 ······························· 26
　第二节　图形-背景关系理论 ····························· 32
　第三节　识解理论 ······································· 43
　第四节　概念隐喻理论 ··································· 57
　第五节　认知语言学中的构式观 ··························· 74
　第六节　隐喻性空间关系构式 ····························· 87

第三章　位移事件的客观性和主观性 ···························· 94
　第一节　位移与位移事件 ································· 94
　第二节　现实位移事件和隐喻性位移事件 ·················· 100
　第三节　现实位移事件和隐喻性位移事件的客观性和主观性 ·· 105
　第四节　小结 ·· 117

第四章 虚构性空间位移关系构式 ………………………………… 119
第一节 虚构性位移事件的认知机制及其限制条件 ……………… 120
第二节 虚构性空间位移关系构式及其限制条件 ………………… 127
第三节 虚构性空间位移关系构式中的图形−背景关系 ………… 136
第四节 虚构性空间位移关系构式中的路径凸显 ………………… 139
第五节 小结 …………………………………………………………… 145

第五章 抽象性空间方位关系构式 ………………………………… 147
第一节 抽象性空间方位关系的认知机制及其限制条件 ………… 148
第二节 抽象性空间方位关系构式及其限制条件 ………………… 156
第三节 抽象性空间方位关系构式中的图形−背景关系 ………… 167
第四节 小结 …………………………………………………………… 170

第六章 抽象性空间位移关系构式 ………………………………… 172
第一节 抽象性位移事件的认知机制及其限制条件 ……………… 173
第二节 抽象性空间位移关系构式及其限制条件 ………………… 188
第三节 抽象性空间位移关系构式中的路径凸显 ………………… 206
第四节 小结 …………………………………………………………… 213

第七章 隐喻性空间关系构式中现实、人和语言的相互关系 ……………………………………………………… 217
第一节 "惟人参之"之说中人的主体性及其与天地的互动性 …… 218
第二节 "人是万物的尺度"命题中的人本性和人的主体性 …… 221
第三节 隐喻性空间关系构式中人的主体性 ……………………… 226
第四节 隐喻性空间关系构式中现实、人和语言的互动性 ……… 232
第五节 小结 …………………………………………………………… 240

第八章　结束语 ·· 243
　第一节　主要内容和观点总结 ································ 244
　第二节　可能存在的不足与有待进行的探索 ················ 254

汉外人名对照表 ··· 256
汉外术语对照表 ··· 258
参考文献 ·· 265

图目录

图1-1　"起点-路径-终点"意象图式 …………………………… 8
图2-1　人面/花瓶幻觉图 …………………………………………… 33
图2-2　一人独坐/二人对坐图 ……………………………………… 35
图2-3　概念内容与识解方式的关系 ……………………………… 49
图2-4　构式的象征结构 …………………………………………… 84
图2-5　语音单位和语义单位之间的象征关系 …………………… 86
图3-1　主-客观性相对关系连续体 ……………………………… 107
图3-2　现实/隐喻性位移事件主-客观相对性连续体 …………… 116
图4-1　不可动实体的动态化机制 ………………………………… 122
图4-2　现实位移事件中的"起点-路径-终点"意象图式 ……… 141
图4-3　虚构性位移事件中的"起点-路径-终点"意象图式 …… 141
图5-1　抽象实体的空间化机制 …………………………………… 152
图6-1　抽象实体的具体化和可动化机制 ………………………… 178
图6-2　抽象实体的三维空间化机制 ……………………………… 183
图7-1　现实、人和语言的互动关系 ……………………………… 240

表目录

表1-1 空间关系构式及其类别 …………………………… 22
表2-1 三种参照框架的性质与联系 ……………………… 30
表2-2 图形和背景的本质特征和联想特征 ……………… 39
表2-3 修辞观和认知观中隐喻的特征对比 ……………… 66
表2-4 葛德伯格(2003,2006)对构式的分类及例示 …… 88
表2-5 葛德伯格(2009,2013)对构式的分类及例示 …… 89
表3-1 位移事件及其分类 ………………………………… 100
表5-1 英语中的空间介词和非空间介词 ………………… 161
表5-2 汉语中的空间后置词 ……………………………… 164
表6-1 汉语中的趋向动词 ………………………………… 196

第一章　绪论

> 空间概念是建立于经验之中的。
> ——大卫·哈维/《地理学中的解释》

客观世界中存在着各种各样的事物，事物又占据着一定的空间，或在空间中发生移动。占据一定空间的事物会与相关事物呈现出某种空间方位关系，而在空间中发生移动的事物则会与相关事物形成某种空间位移关系。俗话说，独木不成林，独物无关系。客观世界中的任何关系都是"两个或两个以上事物、对象及其特性之间互相作用、互相影响、互相依赖、互相比较的一种形式"；"关系既可能把不同客体之间联系起来，又可能把它们分离开来。同时，事物之间的关系都包含'相对性'，只是一座山并不表现关系，被称为小山的山是相对于它发生关系的其他山而言的"（冯契 2007：77-78）。

然而，任何关系都离不开人的能动感知、体验和认知加工。事物与事物之间的空间关系（spatial relation）更是如此，只有通过人的能动感知、体验和认知加工才能呈现出来。由此可知，"空间关系并不存在于现实世界之中，而是存在于我们的大脑之中"（Mark & Frank 1989），"是作为认知主体的人对客观事物的能动观察、认识并概念化（conceptualization）的结果。这就充分说明，事物是客观存在的，但事物之间的空间关系（包括其他关系）则是人通过观察、感知、识解而赋予事物的"（张克定 2016a：10）。正如莱考夫

（George Lakoff）和约翰逊（Mark Johnson）所说，"空间关系概念（spatial-relations concepts）是人类概念系统中的核心概念，可以说明空间对人类具有什么样的重要意义。空间关系概念可以勾画出空间形式（spatial form）的特点，并可确定空间推理（spatial inference）。然而，空间概念并不像客观事物那样存在于客观世界之中，人们也不能像看见具体事物那样看见空间关系。譬如，人们并不能看见'远近'（nearness and farness）的概念，而只能看见事物位于何处，只是以某一事物为界标（landmark）把'远近'的属性特征赋予事物。"（Lakoff & Johnson 1999：30）同样，人们也不能看见诸如"上－下""前－后""核心－边缘"这样的空间关系概念，而只能看见一事物位于另一事物之上或之下，之前或之后，之核心或之边缘，只是把"上－下""前－后"或"核心－边缘"空间关系特征赋予事物（Lakoff & Johnson 2003：25）。由此可知，事物是人进行观察、感知、体验和认知加工的对象和客体，而人才是赋予事物以空间关系的关键和主体。这就是说，事物与事物之间的空间关系并不是客观世界中的自然之物，而是人这一认知主体的能动感知、体验和认知加工使然。从某种意义上说，这正是古希腊哲学家普罗泰戈拉（Protagoras）的"人是万物的尺度"（Man is the measure of all things）这一著名命题的应有之义，也是我国南北朝时期南朝梁代文学理论家和文学批评家刘勰的"惟人参之"之说的应有之义。

第一节 空间关系的相对性、客观性和主观性

上述表明，事物与事物之间的空间关系具有相对性、客观性和主观性。所谓空间关系的相对性，是指对一事物在空间中所处位置或在空间中位置变化的判断总是基于另一相关事物，即一事物在空间中

所处的位置或在空间中所发生的位置变化必须要参照另一事物才能确定。正如邓乃平（1965：4）所说，"任何物体的位置都只有相对于另外物体，才能表达出来。一个物体的运动情况，[也]只有相对于别的物体，才能够确定。"因此，要确定一事物在空间中的位置，如果没有其他相关事物作为参照，就无法确定该事物在空间中所处的位置；要确定一事物在空间中的运动情况，如果没有其他相关事物作为参照，也无法确定该事物在空间中所发生的位置变化。一言以蔽之，空间关系是一事物相对于另一事物在空间中所呈现出的关系。例如：

（1）The dog is in the open doorway of the Concierge's apartment.[①]

（2）His statue is on Lafayette Park across from the White House.

（3）Nguyen went into a house in the St. Paul suburb.

（4）Three soldiers in U.S. uniforms come into the prison.

认知主体所识解出的空间关系有其自身的内在结构，通常涉及两个或两个以上在空间上相关的事物。在这两个相关事物中，认知主体所要确定其空间位置或位置变化的事物可称为目的物（located object），认知主体用以确定目的物在空间中的位置或位置变化的事物则可叫作参照物（reference object）。例（1）和例（2）描述的是空间方位关系。在例（1）中，the dog 所指的实体为目的物，the open doorway of the Concierge's apartment 所指的实体为参照物，目的物 the dog 的空间位置是相对于参照物 the open doorway of the Concierge's apartment 而言的，即目的物 the dog 所处的空间位置以参照物 the open doorway of the Concierge's apartment 为参照而得以确定。在例（2）

---

① 本书所用的英文例句，除注明出处者外，均来自"美国当代英语语料库"（The Corpus of Contemporary American English），网址为 https://www.english-corpora.org/coca/。

中，his statue 所指的实体为目的物，Lafayette Park across from the White House 所指的实体为参照物，目的物 his statue 的空间位置是相对于参照物 Lafayette Park across from the White House 而言的，即目的物 his statue 所处的空间位置以参照物 Lafayette Park across from the White House 为参照而得以确定。例（3）和例（4）描述的是空间位移关系。在例（3）中，Nguyen 所指的实体为目的物，a house in the St. Paul suburb 所指的实体为参照物，目的物 Nguyen 相对于参照物 a house in the St. Paul suburb 而发生了空间位置变化，说明目的物 Nguyen 原本不在参照物 a house in the St. Paul suburb 所标示的空间范围之中，而是从参照物 a house in the St. Paul suburb 之外的某个位置进入了参照物 a house in the St. Paul suburb 所标示的空间范围之内。在例（4）中，three soldiers in U.S. uniforms 所指的实体为目的物，the prison 所指的实体为参照物，目的物 three soldiers in U.S. uniforms 相对于参照物 the prison 而发生了空间位置变化，说明目的物 three soldiers in U.S. uniforms 原本不在参照物 the prison 所标示的空间范围之内，而是从参照物 the prison 所标示的空间范围之外的某个位置移动到了参照物 the prison 所标示的空间范围之内。

这几例表明，空间关系既可以是静态的，也可以是动态的。静态空间关系表示一事物处于另一事物所标示的空间范围之内或之外，分别如例（1）—（2）和例（5）—（6）所示；动态空间关系表示一事物移动到另一事物所标示的空间范围之内或之外，分别如例（3）—（4）和例（7）—（8）所示。

（5）Correspondent Peter Doocy is outside Trump Tower.

（6）My garden is in front of my apartment.

（7）I went out of the room.

（8）Charlie came out of the barn.

事物与事物之间的空间关系既有客观性，又有主观性。在哲学中，主观性和客观性是密切相关的一对概念。"主观性从属于主体（个体）的意识或思想，而客观性独立于主体或超越了主体"（Baggini & Fosl 2010：176）。这就是说，主观性取决于主体的感知和体验，而"客观性从属于客体，从属于不受偏见或偏好的限制或歪曲的概念或感觉，而不从属于作为主体的我们自身"（Bunnin & Yu 2004：484）。由此可以认为，事物之间的空间关系之客观性在于，它所涉及的事物是独立存在于客观世界中的事物，不从属于认知主体的感知和体验。换句话说，空间关系的客观性在于，认知主体所识解出的空间关系必须基于客观世界中独立于认知主体而存在的、在空间上相关的两个或两个以上的事物，如以上各例中的目的物和参照物所指的实体所示。事物与事物之间的空间关系之主观性取决于认知主体基于对客观世界的观察、体验和认知加工，是认知主体所做出的主观判断。因此，如果没有认知主体的观察、体验和认知加工，事物仅仅是存在于客观世界之中，而只有在作为认知主体的人的能动作用下，事物与事物才能被赋予空间关系。这就是说，空间关系所涉及的两个事物是客观存在的，而它们之间的空间关系则是人之所为，因此是主观的。譬如，位于一条街道上的一家银行和一家邮局应该是客观存在的事物，它们之间的空间关系则是认知主体赋予的；而且，当认知主体对两者进行观察和描述时，既可以将两者识解为相邻性空间方位关系，如例（9）—（10）所示，也可以将它们识解为方向性空间方位关系，如例（11）—（12）所示。

（9）The bank is near the post office.

（10）The post office is near the bank.

（11）The bank is on the right of the post office.

（12）The post office is on the left of the bank.

这两对例子无疑都带有明显的作为认知主体的人之印记。例（9）和例（10）表示的虽然都是相邻性空间方位关系，但例（9）以 the post office 为参照物确定了 the bank 这一目的物的空间位置，例（10）则以 the bank 为参照物确定了目的物 the post office 的空间位置。同样，例（11）和例（12）表示的虽然同为方向性空间方位关系，但在例（11）中，the bank 为目的物，the post office 为参照物，认知主体以后者为参照物确定了前者的空间位置，而在例（12）中，the post office 为目的物，the bank 为参照物，认知主体以 the bank 为参照物确定了 the post office 的空间位置。空间关系的主观性由此可见一斑。

第二节　现实空间关系与隐喻性空间关系

上一节简要讨论了空间关系的相对性、客观性和主观性。除此之外，空间关系还具有其他属性，还可以区分为现实空间关系（factual spatial relation）和非现实空间关系（nonfactual spatial relation）。非现实空间关系通常都是认知主体运用一定的认知隐喻机制所识解出来的非具体空间关系，因此，非现实空间关系又可称为隐喻性空间关系（metaphorical spatial relation）。现实空间关系和隐喻性空间关系的区分是基于认知主体所识解出的空间关系是否涉及某种隐喻机制而划分的。

现实空间关系，顾名思义，就是认知主体只是基于客观实际所识解出的具体空间关系，而不涉及任何隐喻机制，如以上诸例所示。事物与事物之间往往会呈现出不同的现实空间关系，可以是现实空间方位关系，也可以是现实空间位移关系，还可以是现实存现性空间关系。现实空间关系所涉及的两个事物通常会构成某种空间参照框架，"在空间参照框架中，参照物往往拥有自身的独特属性，与目的物形成性质不同的空间方位关系,如包容性空间方位关系,相邻性空间方位关系等"(张克定 2016a:28)。包容性空间方位关系是认知主体基于参照物的固有特征所识解出的目的物包容于参照物所指实体的空间之中的一种关系,即参照物所指实体包容目的物所指实体的一种现实空间方位关系。在包容性空间方位关系中,最典型的参照物是具有内外和边界特征的三维实体,具有类似于容器的功能,目的物可以处于其内,也可以处于其外,分别如例(13)和例(14)所示。相邻性空间方位关系是认知主体所识解出的一种目的物相邻于参照物的现实空间方位关系,如例(15)和例(16)所示。

(13) The boy is in the cradle of his grandmother's thin arms.

(14) Nick Valencia is outside the hospital.

(15) The sleek black dog is in between the older sister and the in-town grandmother.

(16) Your office is above the restaurant.

例(13)和例(14)所描述的均为包容性空间方位关系。例(13)表示的是目的物 the boy 处于参照物 the cradle of his grandmother's thin arms 所标示的三维空间范围之中;例(14)表示的是目的物 Nick Valencia 处于参照物 the hospital 所标示的三维空间范围之外。例(15)和例(16)所描述的均为相邻性空间方位关系。在例(15)中,目的物在横向上与参照物相邻,说明目的物 the sleek black dog 处于参照物 the older sister 和 the in-town grandmother 之间;在例(16)中,目的物在纵向上与参照物相邻,说明目的物 your office 处于参照物 the restaurant 的上方。

现实空间位移关系是认知主体所识解出的目的物相对于参照物在空间中所发生的位置变化,这种空间关系往往会激活人脑中的"起点-路径-终点"意象图式(SOURCE-PATH-GOAL image schema)

(Lakoff 1987: 283),即"人或者物体从起点开始、沿着路径、移动到终点的意象图式"(Radden & Dirven 2007: 278),埃文斯(Vyvyan Evans 2007: 109)将这种意象图式表示为图1-1。

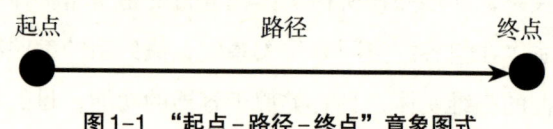

图1-1 "起点-路径-终点"意象图式

从图1-1可以看出,位移主体(即目的物)在移动过程中与起点、路径和终点形成相对空间关系,即位移主体相对于起点、路径和终点而移动,形成一系列连续的位移(张克定 2016a: 57)。和其他意象图式一样,"起点-路径-终点"意象图式也是一种经验完形(experiential Gestalt),具有自身的内在结构,呈现为一种连贯的整体(Evans & Green 2006: 185)。然而,认知主体在运用语言描述空间位移关系时,往往会根据交际需要参照图1-1所示的意象图式中的不同要素来描述位移主体的空间位置变化,可以涉及"起点-路径-终点"意象图式中的一个要素、两个要素或三个要素,埃文斯和格林(Melanie Green)(Evans & Green 2006: 185)举出如下例子对此进行了很好的说明。

(17a) John left [England].
　　　　　　　[起点]
(17b) John travelled [to France].
　　　　　　　　　　[终点]
(17c) John travelled [from England] [to France].
　　　　　　　　　　[起点]　　　[终点]
(17d) John travelled [through the Chunnel] [to France].
　　　　　　　　　　[路径]　　　　　　　[终点]

(17e) John travelled [from England] [through the Chunnel] [to France].

　　　　　　　　　　［起点］　　　　　［路径］

［终点］

例（17a）—（17e）描述的是同一个位移事件，但涉及了"起点-路径-终点"意象图式中的不同要素，这几例中的位移主体虽均为John，但各有侧重，详略不一，即认知主体对位移主体John移动过程中所涉及的参照物是有选择的。例（17a）和例（17b）描述的分别是位移主体John相对于起点England和终点France所发生的空间位置变化；例（17c）描述的是位移主体John从起点England开始，移动到了终点France；例（17d）描述的是位移主体John经过路径the Chunnel，到达了终点France；而例（17e）描述的则是位移主体John从起点England开始，经过路径the Chunnel，到达了终点France。从中可以看出，例（17a）和例（17b）只表达了位移主体与"起点-路径-终点"意象图式中一个要素的空间位移关系，即位移主体分别与起点和终点之间的空间位移关系；例（17c）和例（17d）表达了位移主体与这一意象图式中两个要素之间的空间位移关系，前者表达的是位移主体与起点和终点之间的空间位移关系，后者表达的是位移主体与路径和终点之间的空间位移关系；例（17e）则表达了位移主体与这一意象图式中所有三个要素之间的空间位移关系，即位移主体与起点、路径和终点之间的空间位移关系。

现实存现性空间关系是认知主体所识解出的目的物存在于或出现于参照物所标示的空间范围之中，或者是目的物从参照物所标示的空间范围中消失。目的物存在于参照物所标示的空间范围之中表示的是一种静态的存在性空间关系，如例（18）和例（19）所示；目的物出现于参照物所标示的空间范围之中表示的是一种动态的呈现性空间关系，如例（20）和例（21）所示；目的物从参照物所标示的空间范围中消失表示的则是一种动态的消失性空间关系，如例（22）所示。

（18）There is a book in his case.

（19）There is a girl in the corner by the window.

（20）There came a woman in the swimming pool, carrying a big video camera.

（21）There appeared at her cabin door the rebellious, angry-eyed crew of the Narcissus.

（22）There disappeared the man around the corner.

英语通常使用由 *there* 引导的句式来表达存现性空间关系。在例（18）和例（19）中，目的物 a book 和 a girl 分别静态地存在于参照物 his case 和 the corner by the window 所标示的空间范围之中；例（20）表示目的物 a woman 动态地出现于参照物 the swimming pool 所标示的空间范围之中；在例（21）中，目的物 the rebellious, angry-eyed crew of the Narcissus 则动态地出现在 her cabin door 所标示的空间区域之内；例（22）表示目的物 the man 从参照物 the corner 所标示的空间区域中消失。

与现实空间关系不同，隐喻性空间关系是认知主体运用某种隐喻机制所构想出的非具体空间关系。人的基本认知能力之一就是能够根据意欲表达的内容、表达方式以及详略程度，从几种不同的视角（perspective）来观察同一情景，对其做出不同的说明或描述（Casad 1995：25），如例（9）—（10）和例（11）—（12）所示。不仅如此，人还具有丰富的"认知想象能力"（the imaginal capacity of cognition）（Talmy 1996a：212，2000a：100），并常常运用其认知想象能力把某一静态空间关系识解为动态空间关系，把某一抽象实体（如 love，trouble 等）识解为具有空间意义的实体，或者把某一抽象实体构想为可以移动的实体,从而与另一相关实体形成某种抽象的空间关系。这样,我们就可以得出两类四种隐喻性空间关系:一类是虚构性空间关系(fictive spatial relation),另一类是抽象性空间关系(abstract spatial relation)。虚构性空间关系是动态的,仅有一种,即虚构性空间位移关系(spatial relation of fictive motion[①])。抽象性空间关系可以是静态的,也可以是动态的,这样,抽象性空间关系就又有两类三种:一类是静态的抽象性空间关系,仅有一种,即抽象性空间方位关系;另一类是动态的抽象性空间关系,有两种,即位移主体为抽象实体的抽象性空间位移关系和参照实体为抽象实体的抽象性空间位移关系。

首先来讨论虚构性空间位移关系。如果说现实空间位移关系是一个可动实体相对于另一实体在空间中发生实际的位置变化时所呈现出的空间位移关系,那么,虚构性空间位移关系则是"认知主体把某一静态情景识解为一个动态情景,并运用其认知想象能力将该情景中的一个不可动实体构想为一个可动实体而以另一实体为参照所发生的视觉上的空间位移关系"(张克定 2018:598)。例如:

(23) Howard and the dog came out of the woods back of Eveline's.

(24) The man ran to the back of the store.

[①] 在西方认知语言学界,fictive motion 也被叫作 abstract motion(Langacker 1986a, 1987a, 1991b; Matlock 2010), virtual motion (Talmy 1983; Langacker 1999a, 2005a), subjective motion (Matsumoto 1996a, 1996b), nonfactual motion (Blomberg & Zlatev 2014), 等等。国内认知语言学界对 fictive motion 也有不同的译法,有的将其译为"虚拟位移"(钟书能 2012; 钟书能、黄瑞芳 2015; 钟书能、傅舒雅 2016; 钟书能、赵佳慧 2017; 李秋杨 2014; 范娜 2014),有的将其译为"虚构运动"(李福印 2008, 2012),有的将其译为"想象性运动"(李雪 2009),还有的将其译为"假想位移"(张克定 2013, 2016a)或"非现实位移"(张克定 2018, 2019a, 2019b)。在《现代汉语词典》(第7版)中,"虚构"和"虚拟"这两个词均被标注为动词,均被释义为"凭想象造出来"。该词典还列有"虚拟世界"和"虚拟现实"两个词条。前者的释义是:指通过虚拟现实的技术构成的网络世界。后者的释义是:一种计算机技术。利用计算机生成高度逼真的虚拟环境,通过多种传感设备使人产生身临其境的感觉,并可实现人与该环境的自然交互。fictive motion 所指的位移现象显然不同于"虚拟世界"和"虚拟现实"所指的现象,所以,本书将 fictive motion 译为"虚构性位移"。

(25) Behind them, a lonely path runs along a drainage ditch.
(26) The road went straight up the mountain.

例(23)和例(24)描述的是现实空间位移关系,其中的位移主体 Howard and the dog 与 the man 均为可动实体,分别相对于参照实体 the woods back of Eveline's 和 the store 发生了实际的空间位置变化。在例(23)中,位移主体 Howard and the dog 从参照实体 the woods back of Eveline's 所标示的空间区域中走出;在例(24)中,位移主体 the man 跑到了参照实体 the store 的后面。例(25)和例(26)描述的是虚构性空间位移关系,其中的位移主体 a lonely path 和 the road 均为不可动实体,但认知主体将它们构想成了可动实体,从而使它们可以像可动实体那样发生移动。在例(25)中,位移主体 a lonely path 本为不可动实体,却被构想为可动实体,并沿着参照实体 a drainage ditch 而跑动;在例(26)中,位移主体 the road 也是不可动实体,但被构想为可动实体,并走上了参照实体 the mountain。像 path 和 road 所指的不可动实体之所以能够被识解为可动实体而发生位移与我们人类的认知想象能力和隐喻能力密切相关,我们认为,这是由不可动实体的动态化这一认知隐喻机制促动的(详见第四章)。

其次来讨论抽象性空间方位关系。莱考夫和约翰逊指出,作为认知主体的人"通常是把对具体事物的经验投射到抽象事物之上,把事件、行为、情感、思想等抽象事物看作物质实体"(Lakoff & Johnson 1980b,2003:25),其中的一种情形就是把物质实体所具有的空间属性投射到抽象实体之上,从而形成容器隐喻(container metaphor)。"所谓容器隐喻,就是人根据自身对空间的体验,根据物质实体的空间特性来对抽象实体进行概念化,使之获得像容器那样具有'内外'特征的空间属性"(张克定 2016a:24)。正是在容器隐喻这一认知机制的作用下,抽象实体与另一实体之间的空间关系才得以被识解为抽象性空间方位关系。例如：

（27）Danny and I are in love.
（28）Beth is out of trouble.

例（27）和例（28）所描述的均为抽象性空间方位关系，其中的love和trouble所指的实体均为抽象实体，认知主体却将其构想为像容器那样具有边界和内外之空间特征的实体，从而使目的物Danny and I处于参照物love这一抽象容器之中，目的物Beth处于参照物trouble这一抽象容器之外。这样，例（27）和例（28）就表达了目的物Danny and I和Beth分别与参照物love和trouble之间的抽象性空间方位关系；例（27）说明目的物Danny and I处于参照物love这一情感空间域之内，描述了Danny and I处于热恋之中这一情感事实；例（28）表明目的物Beth处于参照物trouble这一抽象空间的范围之外，描述的是Beth没有了烦恼的状态。

再次来看位移主体为抽象实体的抽象性空间位移关系。人们不仅可以运用其认知想象能力和隐喻能力把不可动实体构想为可动实体，并使之以另一实体为参照而发生视觉上的空间位移，而且能够把抽象实体识解为可动实体，从而将其构想为以另一实体为参照而发生心理上的空间位置变化，进而识解出位移主体为抽象实体的抽象性空间位移关系。如果说虚构性空间位移关系是认知主体把不可动实体构想为可动实体而相对于参照实体发生视觉上的位置变化时所呈现出的一种空间位移关系，那么，位移主体为抽象实体的抽象性空间位移关系就是认知主体依据其对客观事物的感知和体验，运用其认知想象能力将抽象实体构想为可动实体而相对于参照实体发生心理上的位置变化时所呈现出的一种空间位移关系。例如：

（29）The path goes through what hikers call "the cathedral hemlocks".

（30）The cord runs from the house down a narrow, dirt lane to the monastery.

（31）This better idea comes not from Detroit, but from Japan.

（32）Grove's unlikely idea has gone from moonshot to miracle.

例（29）和例（30）描述的是虚构性空间位移关系，其中的位移主体the path和the cord所指的实体本为不可动实体，认知主体却将其识解为可动实体而发生了视觉上的位置变化。例（29）中的位移主体the path穿过了参照实体the cathedral hemlocks；例（30）中的位移主体the cord以the house，a narrow, dirt lane和the monastery为参照实体，从the house出发，沿着a narrow, dirt lane"跑到"了the monastery。例（31）和例（32）描述的是位移主体为抽象实体的抽象性空间位移关系，其中的位移主体this better idea和Grove's unlikely idea所指的实体本为抽象实体，却被认知主体赋予了具体性和可动性，从而发生了心理上的空间位置变化。例（31）中的位移主体this better idea以Japan为参照实体而发生了心理上的空间位移；例（32）中的位移主体Grove's unlikely idea以moonshot和miracle为参照实体而发生了心理上的空间位置变化。

最后来看参照实体为抽象实体的抽象性空间位移关系。人们不仅能够将抽象实体构想为具体可动的实体而以另一实体为参照发生心理上的空间位移，而且能够将抽象实体构想为三维空间实体，并将另一实体构想为以其为参照实体而发生心理上的空间位置变化，从而将两者之间的这种动态关系识解为参照实体为抽象实体的抽象性空间位移关系。例如：

（33）Hamels ran into trouble.

（34）Mrs. Rhee flew into a rage.

例（33）和例（34）所描述的是参照实体为抽象实体的抽象性空间位移关系，其中的 trouble 和 a rage 所指的实体均为抽象实体，它们本身并没有任何空间性特征，却被认知主体赋予了三维空间特征，并将 Hamels 和 Mrs. Rhee 识解为位移主体，分别以跑和飞的方式移入了 trouble 和 a rage 所指的三维抽象空间之中。也就是说，在例（33）和例（34）中，Hamels 和 Mrs. Rhee 所指的具体实体为位移主体，trouble 和 a rage 所指的抽象实体为参照实体，Hamels 和 Mrs. Rhee 与 trouble 和 a rage 分别被识解为抽象性空间位移关系，即 Hamels 和 Mrs. Rhee 分别在 trouble 和 a rage 的衬托下发生了心理上的空间位置变化。

第三节 现实空间关系构式与隐喻性空间关系构式

从上一节的讨论中可知，人这一认知主体能够通过对客观世界中事物所处的空间位置或在空间中发生的位置变化的观察、感知、体验和认知加工，识解出静态或动态的现实空间关系，还能够运用其认知想象能力和认知隐喻能力，把对可动实体的经验投射到不可动实体之上，把对具体事物之间现实空间关系的经验投射到抽象事物之上，从而识解出虚构性空间位移关系和抽象性空间关系这样的隐喻性空间关系。不仅如此，认知主体还能够运用其语言能力，使用一定的语言结构把上述空间关系表达出来，也就是对空间关系进行语言编码。对不同空间关系的语言编码就会形成不同的语言表达式。按照认知语言学关于构式就是形－义配对体（form-meaning pair）（Goldberg 1995, 2003, 2006）、就是包含两个或两个以上构成成分的象征结构（symbolic structure）（Langacker 1987a）的观点，描述空间关系的语言表达式就可叫作空间关系构式（spatial relation construction）。所谓空间关系构式，就是表示两个或两个以上事物之空间关系的形－义配对体或象征结构

（参见张克定 2016a：20）。

根据这一定义和第二节关于现实空间关系和隐喻性空间关系的讨论，空间关系构式就可区分为现实空间关系构式（factual spatial relation construction）和隐喻性空间关系构式（metaphorical spatial relation construction）。现实空间关系构式就是表示两个或两个以上事物之间的实际空间关系的形－义配对体或象征结构，这类构式所涉及的事物均为具体的物质实体，它们之间的空间关系是实际存在的或实际发生的。隐喻性空间关系构式则可界定为由某种认知机制促动的、表示两个或两个以上事物之间的隐喻性空间关系的形－义配对体或象征结构；这类构式所涉及的事物可以是具体的、物质的，也可以是抽象的；它们之间的空间关系可以是虚构性的，也可以是抽象性的。现实空间关系构式可区分为现实空间方位关系构式（spatial relation construction of factual location）、现实空间位移关系构式（spatial relation construction of factual motion）和现实存现性空间关系构式（spatial relation construction of factual existence / appearance）；隐喻性空间关系构式可区分为虚构性空间位移关系构式（spatial relation construction of fictive motion）和抽象性空间关系构式（abstract spatial relation construction）；抽象性空间关系构式可再分为抽象性空间位移关系构式（spatial relation construction of abstract motion）和抽象性空间方位关系构式（spatial relation construction of abstract location）。

所谓现实空间方位关系构式，就是认知主体用以表达所识解出的目的物与参照物之间的实际空间方位关系的形－义配对体或象征结构。这种构式所涉及的目的物和参照物均为物质实体，充当参照物的实体通常是具有三维空间特征的实体、二维空间特征的实体或一维空间特征的实体。据此，充当目的物的实体可以处于参照物所标示的空间范围之内或之外、之上或之下，或者是在参照物的旁边。这样，当认知主体依据参照物所具有的空间属性来确定目的物的空间方位时，就会使用包容性空间方位关系构式或相邻性空间方位关系构式来加以表达。例如：

（35）Colonel Hunt is in the room.

（36）Mark Strassmann is outside the courthouse.

（37）His father's office was above a general store.

（38）My helmet is under the table.

（39）The bathroom is beside the kitchen.

（40）The pharmacy on this street was between the prison and the adjacent buildings.

例（35）和例（36）为包容性空间方位关系构式，描述的是目的物处于参照物所标示的空间范围之内或之外。在例（35）中，目的物 Colonel Hunt 处于参照物 the room 所标示的空间范围之中；在例（36）中，目的物 Mark Strassmann 则处于参照物 the courthouse 所标示的空间范围之外。例（37）—（40）均为相邻性空间方位关系构式，但例（37）和例（38）描述的是目的物和参照物在纵向上的相邻性空间方位关系，例（39）和例（40）描述的则是目的物与参照物在横向上的相邻性空间方位关系。在例（37）中，目的物 his father's office 位于参照物 a general store 的上方，例（38）中的目的物 my helmet 则位于参照物 the table 的下方。在例（39）中，目的物 the bathroom 位于参照物 the kitchen 的旁边，例（40）中的目的物 the pharmacy 则位于 the prison 和 the adjacent buildings 这两个参照物之间。

现实空间位移关系构式这种形－义配对体描述的是目的物相对于参照物在空间中所实际发生的位置变化。这种构式所涉及的目的物为可动的物质实体，衬托位移主体的参照物可以是路径意象图式中的起点或终点，也可以是整个路径。这样，现实空间位移关系构式所描述的动态空间位移关系就可以有三种情况：一是目的物和作为起点的参照物所形成的动态空间位移关系；二是目的物和作为终点的参照物所形成的动态空间位移关系；三是目的物和作为整个路径的参照物所形成的动态空间位移关系。例如：

（41）The navy man came from the bathroom.

（42）The insect crawled to the bottom of the wooden frame.

（43）The boy ran barefoot through the rooms in tan shorts and a stained white T-shirt.

例（41）描述的是目的物 the navy man 以参照物 the bathroom 为起点所发生的空间位移，例（42）描述的是目的物 the insect 以参照物 the bottom of the wooden frame 为终点所发生的空间位置变化，例（43）描述的是目的物 the boy 以参照物 the rooms 为整个路径所发生的空间位移。在这三例中，参照物作为起点、终点和整个路径分别由空间介词 from，to 和 through 体现。

现实存现性空间关系构式是指描述目的物存在于参照物所标示的空间范围之中，或者是出现于参照物所标示的空间范围之中，或者是从参照物所标示的空间范围中消失的形-义配对体。在英语中，这种构式通常是由 *there* 引导的句式，其中的名词短语所指的实体为目的物，介词短语中的名词短语所指的实体为参照物。这种构式既可以描述两者之间的静态存在性空间关系，也可以描述两者之间的动态呈现性空间关系或动态消失性空间关系。在静态存在性空间关系中，目的物存在于参照物所标示的空间范围之中；在动态呈现性空间关系中，目的物呈现于参照物所标示的空间范围之中；在动态消失性空间关系中，目的物从参照物所标示的空间范围中消失。例如：

（44）There is a vase on the table beside Audrey's bed.

（45）There is a man in the house, in the corner, snarling and staring at her.

（46）From out the rumpled cloth of clouds there comes an angel.

（47）There disappeared a fat, paunchy, short man from the half-opened door.

例（44）和例（45）描述的是静态存在性空间关系，前者表明目的物 a vase 静态地存在于参照物 the table 所标示的二维空间之上，后者表明目的物 a man 静态地存在于参照物 the house 所标示的三维空间之中。例（46）和例（47）描述的分别是动态呈现性空间关系和动态消失性空间关系；例（46）描述的是目的物 an angel 从参照物 the rumpled cloth of clouds 所标示的空间范围中呈现出来；例（47）描述的是目的物 a fat, paunchy, short man 从参照物 the half-opened door 所标示的空间范围中消失。

虚构性空间位移关系构式是一种隐喻性空间关系构式，其隐喻性在于，认知主体运用其认知想象能力赋予某一不可动实体以可动性，从而使其相对于参照物发生视觉上的空间位移。例如：

（48）The path goes down two little steps to an arch.

（49）That scar runs in a zigzag line from the base of the little finger along the heel.

这两例均为虚构性空间位移关系构式，描述的都是不可动实体在视觉上发生空间位置变化过程中与参照实体所形成的虚构性空间位移关系。例（48）描述的是 the path 所指的实体以 an arch 所指的实体为衬托而发生位置变化时所形成的虚构性空间位移关系。名词 scar 所指的实体通常是大小不等、形状各异的实体；在例（49）中，that scar 所指的疤痕无疑是一个"之"字形的线性疤痕，这样，此例描述的就是这一"之"字形的线性疤痕以 the base of the little finger 和 the heel 所指的实体为参照物而发生视觉上的位置变化时所形成的虚构性空间位移关系。

　　抽象性空间关系构式有两类三种，一类是静态的，一类是动态的。静态的抽象性空间关系构式有一种，即抽象性空间方位关系构式；动态的抽象性空间关系构式有两种，即位移主体为抽象实体的抽象性空间位移关系构式和参照实体为抽象实体的抽象性空间位移关系构式。之所以会有这样两类三种构式，是由不同的隐喻机制促动的（详见第五章和第六章）。在抽象性空间方位关系构式中，某一抽象实体会被构想为具有空间性的实体，从而使另一实体处于其所标示的范围之中或处于其所标示的范围之外。在位移主体为抽象实体的抽象性空间位移关系构式中，某一抽象实体会被赋予具体性和可动性而相对于另一实体发生心理上的空间位移。在参照实体为抽象实体的抽象性空间位移关系构式中，某一抽象实体被赋予三维空间特征而成为衬托另一实体移动的参照实体。例如：

　　（50）Melissa McCarthy is in trouble.

　　（51）Sally is out of love.

　　（52）Her inspiration came from a news report.

　　（53）Your idea came from Our Lady of Guadalupe.

　　（54）Dr. Vachaspati Sharma suddenly flew into a rage.

　　（55）Texas Gov. Rick Perry ran into trouble.

　　例（50）和例（51）均为抽象性空间方位关系构式，其中的 trouble 和 love 所指的抽象实体通过容器隐喻机制而获得了"内、外"的空间特征，因此，前者就得以把 Melissa McCarthy 描述为处于 trouble 这一抽象实体所标示的抽象空间范围之中，后者就得以把 Sally 描述为处于 love 这一抽象实体所标示的抽象空间范围之外。例（52）和例（53）均为位移主体为抽象实体的抽象性空间位移关系构式，其中的her inspiration和your idea所指的抽象实体被赋予了具体性和可动性特征，从而得以在a news report和Our Lady of Guadalupe所指实体的衬托下发生心理上的空间位移。例（54）和例（55）则为参照实体为抽象实体的抽象性空间位移关系构式，其中的a rage和trouble所指的抽象实体被赋予了三维空间特征，从而成为衬托Dr. Vachaspati Sharma和Texas Gov. Rick Perry所指的人发生心理上的空间位置变化的参照实体。

综上所述，空间关系构式有现实空间关系构式和隐喻性空间关系构式之分。现实空间关系构式又分为现实空间方位关系构式、现实空间位移关系构式和现实存现性空间关系构式；现实空间方位关系构式又有包容性空间方位关系构式和相邻性空间方位关系构式之分，现实空间位移关系构式又分为参照物为起点的现实空间位移关系构式、参照物为终点的现实空间位移关系构式和参照物为整个路径的现实空间位移关系构式，现实存现性空间关系构式又有静态存在性空间关系构式和动态呈现性或消失性空间关系构式之分。隐喻性空间关系构式可分为虚构性空间关系构式和抽象性空间关系构式。虚构性空间关系构式有虚构性空间位移关系构式一种，在这种虚构性空间位移关系构式中，参照物可以是衬托位移主体发生位移的起点、终点或整个路径；这样，虚构性空间位移关系构式就可细分为参照物为起点的虚构性空间位移关系构式、参照物为终点的虚构性空间位移关系构式和参照物为整个路径的虚构性空间位移关系构式。抽象性空间关系构式有抽象性空间方位关系构式和抽象性空间位移关系构式之分，抽象性空间位移关系构式又分为位移主体为抽象实体的抽象性空间位移关系构式和参照实体为抽象实体的抽象性空间位移关系构式。据此，空间关系构式及其类别就可以总结为表1-1。

表1-1 空间关系构式及其类别

空间关系构式	现实空间关系构式	现实空间方位关系构式	包容性空间方位关系构式
			相邻性空间方位关系构式
		现实空间位移关系构式	参照物为起点的现实空间位移关系构式
			参照物为终点的现实空间位移关系构式
			参照物为整个路径的现实空间位移关系构式
		现实存现性空间关系构式	静态存在性空间关系构式
			动态呈现性或消失性空间关系构式
	隐喻性空间关系构式	虚构性空间关系构式	参照物为起点的虚构性空间位移关系构式
			参照物为终点的虚构性空间位移关系构式
			参照物为整个路径的虚构性空间位移关系构式
		抽象性空间关系构式	抽象性空间方位关系构式
			抽象性空间位移关系构式：位移主体为抽象实体的抽象性空间位移关系构式
			抽象性空间位移关系构式：参照实体为抽象实体的抽象性空间位移关系构式

第四节　研究对象和研究问题

在以上几节中，我们简述了空间关系及其相对性、客观性和主观性，把空间关系区分为现实空间关系与隐喻性空间关系，又用实例简要讨论了人们在运用语言对事物之间的空间关系进行编码过程中所使用的现实空间关系构式与隐喻性空间关系构式。对于现实空间关系构式，我们（张克定 2016a）已经进行了比较详细深入的探讨，本书将着重讨论隐喻性空间关系构式。

隐喻性空间关系构式，不仅与人的想象能力、识解能力和隐喻能力密不可分，而且和人的语言表达能力也密切相关。要对隐喻性空间关系构式进行深入探讨，无疑离不开相关理论的指导，这样，就有必要首先引入能够支撑本研究的有关理论，这将在第二章中进行。具体来讲，第二章将依次简要概述莱文森（Stephen C. Levinson）等的空间参照框架理论、塔尔密（Leonard Talmy）的图形-背景关系理论、兰艾克（Ronald W. Langacker）的识解理论、莱考夫等的概念隐喻理论和认知语言学中的构式观。

虚构性空间位移关系构式和抽象性空间位移关系构式是对不同的隐喻性位移事件的语言编码，隐喻性位移事件和现实位移事件既有联系，又有区别，会呈现出不同程度的客观性和主观性，这将在第三章中讨论。我们把隐喻性空间关系构式区分为虚构性空间位移关系构式和抽象性空间关系构式，把抽象性空间关系构式再分为抽象性空间方位关系构式和抽象性空间位移关系构式，再把抽象性空间位移关系构式区分为位移主体为抽象实体的抽象性空间位移关系构式和参照实体为抽象实体的抽象性空间位移关系构式，这两种抽象性空间位移关系构式可分别叫作甲型抽象性空间位移关系构式和乙型抽象性空间位移关系构式，这几类构式就构成了本书所要研究的主要内容。具体来讲，虚构性空间位移关系构式将在第四章中探讨，抽象性空间方位关系构式将在第五章中讨论，甲型抽象性空间位移关系构式和乙型抽象性空间位移关系构式将在第六章中探讨。这几种隐喻性空间关系构式与人这一认知主体对现实的识解方式和表达方式密切相关，因此，隐喻性空间关系构式可以体现出现实、人和语言之间的相互作用关系，这将在第七章中加以讨论。第八章将简要总结本书的主要内容和观点，提出可能存在的不足之处和有待开展的进一步探索。

虚构性空间位移关系构式和抽象性空间位移关系构式分别是对人这一认知主体所识解出的虚构性位移事件和抽象性位移事件的语言编码，抽象性空间方位关系构式则是对人这一认知主体所识解出的抽象性空间方位关系的语言编码。据此，本书将围绕以下问题展开：

一、什么是位移事件、现实位移事件和隐喻性位移事件？它们分别具有什么不同的性质？现实位移事件和隐喻性位移事件具有什么样的主观性和客观性？

二、隐喻性位移事件有几种？各有什么样的认知机制和限制条件？

三、什么是抽象性空间方位关系？抽象性空间方位关系的认知机制和限制条件是什么？

四、隐喻性空间关系构式有几种？它们各自的构成方式和限制条件是什么？它们各自所涉及的实体会呈现出什么样的图形-背景关系？它们分别是如何凸显路径的？

五、隐喻性空间关系构式体现了现实、人和语言三者之间的何种关系？

在以下各章中，我们将以从"美国当代英语语料库"（The Corpus of Contemporary American English，COCA）和北京语言大学的"BCC汉语语料库"中提取的英汉语真实语料为例，探讨隐喻性位移事件和抽象性空间方位关系，探讨上述几种隐喻性空间关系构式，以期发现英汉语隐喻性空间关系构式所呈现出的共性和个性。

第二章　理论基础

> 飞来山上千寻塔，闻说鸡鸣见日升。
> 不畏浮云遮望眼，自缘身在最高层。
> ——王安石/《登飞来峰》

无论是现实空间关系构式，还是隐喻性空间关系构式，描述的都是两个或两个以上的事物在空间中的关系，但事物之间的空间关系并不是客观世界中的自然之物，而是作为认知主体的人根据自己的观察、感知、体验和认知加工赋予事物的。认知主体在赋予事物以空间关系时，总是以一事物为参照来确定另一事物在空间中的位置或在空间中的位置变化，这就会形成性质不同的空间参照框架，而处于不同空间参照框架中的两个事物也会呈现出不同的图形-背景关系。隐喻性空间关系构式通常是由某种隐喻性认知机制促动的，因此与认知主体的隐喻能力和识解方式紧密相关，同时，隐喻性空间关系构式，作为特定的形-义配对体，又有虚构性空间位移关系构式、抽象性空间方位关系构式和抽象性空间位移关系构式之分。

据此，本章将简要概述莱文森等的空间参照框架理论、塔尔密的图形-背景关系理论、兰艾克的识解理论、莱考夫等的概念隐喻理论和认知语言学中的构式观，以便为以下各章的讨论提供理论参考和指导。

第一节　空间参照框架理论

邓乃平（1965：4-5）曾说，"运动和静止都是相对来说的。要描述一个物体的运动情况，必须事先选定另一个物体（或者几个相对不动的物体）当作参考"。同样，要描述一个物体的位置情况，也必须事先选定一个或几个物体当作参考。这就表明，空间关系可以是动态的，也可以是静态的，但都要涉及至少两个事物。需要说明的是，处于某一空间关系中的两个事物具有不同的作用或功能，一个是认知主体要确定其在空间中的位置或位置变化的事物，一个是用以确定另一事物之空间位置或位置变化的事物。通常，要确定其在空间中的位置或位置变化的事物叫作目的物，用以确定目的物在空间中的位置或位置变化的事物叫作参照物，而在各种因素的作用下，处于空间关系中的目的物和参照物往往会形成不同类型的空间参照框架。

所谓空间参照框架，实际上是一种有界空间域（a bounded region in space）（Clausner & Croft 1999），这种空间域的有界性，本质上取决于参照物所提供的边界清晰的空间范围。莱文森曾把前人关于空间参照框架的研究归纳概括为五种二元对立的类别，即相对空间与绝对空间（relative vs. absolute space）参照框架、以自我为中心的与以他人为中心的（egocentric vs. allocentric）参照框架、以观察者为中心的与以物体为中心的（viewer-centred vs. object-centred）参照框架、受方向约束的与不受方向约束的（orientation-bound vs. orientation-free）参照框架和指示性与内在性（deictic vs. intrinsic）参照框架（Levinson 1996，2003：25-55）。然而，莱文森对这种二元对立的五分法持有不完全相同的看法。在卡尔森-拉德温斯基和欧文（Laura A. Carlson-Radvansky & David E. Irwin 1993）的以观察者为中心的参照框架、以物体为中心的参照框架和以环境为中心的（environment-centred）参照框架的三分法的基础上,莱文森从认知的角度,提出了自己的空间参照框架三分法,将空间参照框架区分为内在参照框架(intrinsic frame of reference)、相对参照框架(relative frame of reference)和绝对参照框架(absolute frame of reference)。下面就来分别简要概述莱文森所提出的这三种空间参照框架。

所谓内在参照框架,就是一种以物体[①]为中心的坐标系,其坐标由起背景作用的参照物的固有特征(inherent[②] features)决定。参照物的固有特征,就是它自身所具有的本质性概念特征(conceptual properties),如"前/后""上/下""内/外"等(Levinson 1996: 140-141,2003: 41-43)。内在参照框架表达的是一种二向空间关系(binary spatial relation),涉及目的物和参照物这两个要素。在这种参照框架中,认知主体对目的物在空间中的位置或位置变化的判断和确定,要以参照物的固有特征为根据,而不以其主观意志或观察视角为转移。例如:

(1) Chip Reid is outside the Capitol Hill hearing room.
(2) Dewey came into the clubhouse.

在例(1)和例(2)中,参照物分别为the Capitol Hill hearing room 和 the clubhouse 所指的实体,它们显然是具有"内/外"这样的固有特征的实体。因此,在例(1)中,目的物 Chip Reid 的空间位置是以参照物 the Capitol Hill hearing room 的"内/外"这一固有特征而确定的,即前者处于后者所标示的空间范围之外;在例(2)中,目的物 Dewey 在空间中的位置变化以参照物 the clubhouse 的"内/外"

[①] 莱文森这里所说的物体指的应是在该参照框架中充当参照物的物体。
[②] 赫斯考维茨(Annette Herskovits 1986)在讨论参照框架时使用的是 intrinsic 一词。该词和 inherent 的意思差不多,都有"内在的、固有的、本质的"或"与生俱来的"之义。参考有关说法,我们把 intrinsic features 和 inherent features 视为同义语并译为"固有特征",以说明这种特征是内在参照框架中的参照物自身所拥有的,而非外力施加的。

这一固有特征而得以确定,即前者移动到了后者所标示的空间范围之内。这就说明,在内在参照框架中,参照物的固有特征在认知主体识解目的物和参照物之间的空间关系时起着决定性的作用。

相对参照框架是一种三向空间关系(ternary spatial relation),是一种以观察者为中心的坐标系统。换句话说,相对参照框架是以观察者身体平面为基准来确定参照物的"前/后""左/右"的一种参照框架(Levinson 1996: 142-145, 2003: 43-47)。这就说明,相对参照框架涉及三个要素,即观察者、目的物和参照物,而在这三者之中,作为观察者的认知主体的自身特征和观察视角决定着目的物和参照物之间的空间关系。例如:

(3) They stood in front of the stone.
(4) The boy ducked behind the stone.

这两例描述的都是三向空间关系,其中,目的物分别为they和the boy,参照物均为the stone,而作为观察者的认知主体却隐而未表,但其作用不可忽视,因为参照物the stone所指的实体本为一种没有"前/后"这样的固有特征的实体,是观察者以其自身的空间特征把"前/后"赋予了参照物the stone,从而得以把目的物they和the boy分别描述为站在the stone的前面和躲藏到了the stone的后面。这就说明,在相对参照框架中,目的物和参照物之间的空间关系是以观察者这一认知主体的自身特征和观察视角为基准来确定的。

绝对参照框架也是一种二向空间关系,只涉及目的物和参照物这两个要素。这种参照框架本质上并不以说话人的位置为参考,而总是以基本方向(cardinal directions[①])为基准,而其起始点也总是以参照

[①] 参考李行健(2004)的《现代汉语规范词典》对"东""西""南""北"的释义,如"东"的释义是"四个基本方向之一,太阳升起的一边(跟'西'相对)",我们把cardinal directions译为"基本方向"。

物为基准，通过对参照物的演算来确定目的物的坐标位置（Levinson 1996：147，2003：50）。由此可知，绝对参照框架是以空间的基本方向，即"东/西/南/北"，为基准来判断目的物和参照物之间的空间关系的一种参照框架。例如：

（5）In San Francisco, the Bay is to the east of the City.

（6）In San Francisco, the Pacific Ocean is always to the west of the City.

这两例描述的均为二向空间关系，都是以"东/西/南/北"这样的基本方向为基准来判断目的物和参照物之间的空间关系的。这两例中的目的物分别为the Bay和the Pacific Ocean所指的实体，参照物均为the City所指的实体，在这两例中，目的物the Bay和the Pacific Ocean的空间方位都是按照空间的基本方向、以the City为参照而得以确定。从中可以看出，在绝对参照框架中，目的物和参照物之间的空间关系既不是按照参照物的固有特征，也不是按照作为观察者的认知主体的自身特征和观察视角确定的，而是以基本方向为基准确定下来的。

在对上述三种参照框架进行区分和讨论之后，莱文森又讨论了三者的性质与联系。他认为，内在参照框架和绝对参照框架属于以他人为中心的参照框架，与以自我为中心的参照框架相对。绝对参照框架和相对参照框架属于受方向约束的参照框架，与不受方向约束的内在参照框架相对。这就是说，在某些方面，内在参照框架和绝对参照框架的观察视角基本相同，均不以观察者自我为起始点；绝对参照框架和相对参照框架则在另一种维度上基本相同，即它们的方向均由外在坐标系（external coordinates）确定（Levinson 1996：151，2003：54-55）。莱文森（2003：55）用表2-1来概括内在参照框架、绝对参照框架和相对参照框架的性质与联系。

表2-1 三种参照框架的性质与联系

内在参照框架	绝对参照框架	相对参照框架
参照系起始点≠自我	参照系起始点≠自我	参照系起始点=自我
以物体为中心的参照系	以环境为中心的参照系	以观察者为中心的参照系
以他人为中心的参照系		以自我为中心的参照系
不受方向约束的参照系	受方向约束的参照系	

　　莱文森的上述观点在学术界得到了广泛认可，产生了重要影响。道奇（Ellen Dodge）和莱考夫认为，在内在参照框架中，空间坐标系是用界标物（landmark object）（即参照物）的固有特征[①]来确定的。在相对参照框架中，空间坐标系是从某一特定视角确定的。这种参照框架虽然涉及界标物和图式结构的使用，但并不涉及界标物的固有图式结构特征，而是使用了观察者的身体图式特征。因此，在相对参照框架中，虽然界标物也处于在场状态，但观察者的视角才是这种空间参照框架中的空间坐标定位的关键。绝对参照框架则不以界标物或观察者为参照对象，而是以绝对坐标系（absolute coordinates）为参照对象来确定事物间的空间关系。总之，在这几种空间参照框架中，界标物、观察者和环境（environment）都可用来对事物的空间方位实施定位（Dodge & Lakoff 2005：66-67）。

　　黄衍也指出，按照完形心理学（Gestalt psychology）的观点，参照框架实际上是空间坐标系统（coordinate systems），用以依据一事物确定另一事物的空间位置。他认为，莱文森所提出的相对参照框架、内在参照框架和绝对参照框架分别属于以自我为中心、以物体为中心和以绝对坐标为中心的坐标系。以自我为中心的坐标系表达的是观察者、目的物和参照物三者之间的空间关系，且目的物和参照物与观察

[①] 所谓事物的固有特征，就是在人脑中形成并储存下来的关于事物的固有意象图式结构（inherent image-schematic structure）。

者泾渭分明，该坐标系从观察者的视角来判断目的物和参照物之间的空间关系。以物体为中心的坐标系是以参照物的固有特征来确定目的物的空间位置，与观察者的观察视角无关。以绝对坐标为中心的坐标系不同于前两种坐标系，既不以观察者为中心，也不以参照物的固有特征为参照，而是以"东/西/南/北"这样的基本方向来确定目的物和参照物之间的空间关系（Huang 2007：149），也与观察者的观察视角无关。

由以上讨论可知，在相对参照框架中，目的物和参照物的空间关系以观察者为中心而得以确定。而内在参照框架和绝对参照框架虽然也离不开观察者的参与，但目的物和参照物的空间关系与观察者的位置和视角无关。在内在参照框架中，目的物和参照物的空间关系以参照物自身的固有特征来确定。在绝对参照框架中，目的物和参照物的空间关系则以空间的基本方向，即绝对坐标而得以确定。

上述还表明，莱文森等学者所提出的每一种空间参照框架都包含着三个必不可少的重要因素，即目的物、参照物和观察者；其中，观察者为观察、识解目的物和参照物之空间关系的认知主体，目的物和参照物是认知主体观察、识解其空间关系的基础，目的物是认知主体观察、识解其空间方位的对象，参照物为认知主体观察、识解目的物之空间方位的衬托。由此可知，在这三个要素中，观察者是观察、识解目的物和参照物之空间关系的关键，目的物和参照物是构成一定空间关系和观察者对此关系进行能动观察、认识的基础，三者缺一不可。所以，无论是相对参照框架，还是内在参照框架，还是绝对参照框架，无论是以自我为中心，还是以物体为中心，还是以绝对坐标为中心，观察者都是观察、识解事物空间关系的至关重要的关键因素。这是因为，观察者的观察视角、物体的固有属性和绝对坐标系都是人观察、认识客观世界和客观事物及其关系并进而概念化的结果。

第二节 图形-背景关系理论

塔尔密的图形-背景关系理论是受完形心理学中的图形和背景概念的启发而提出的。完形心理学（王鹏等 2009：97）认为：

> 人类知觉是由内在有意义的格式塔组成的，并来源于经验和环境，而且知觉形式不是因为一些相联系的因素而是由一个组织的驱动力程序驱动的，点线的聚集不是一堆不相关、片断的单元和混乱的聚集，而是以相似性、接近性、闭合性、连续性等原则组织成了有意义的完形，知觉组织是受一些动力过程控制的，如图形优化趋势，这是一种趋向于简单格式塔的趋势。它的一个意义是指视觉中物体的组织不是一个偶然的或随意的活动，而是受一些经济而又简单的原则控制的有规律的程序，它能使结果具有很大限度的稳定性和不变性。换句话说就是指人们总是采用直接而统一的方式把事物知觉为统一的整体（格式塔），而不是知觉为一群个别的感觉。

据此，完形心理学提出了一系列有实验佐证的知觉组织原则（law of perceptual organization），即完形组织原则（Gestalt laws of organization），说明了知觉主体是按怎样的形式把经验材料组织成有意义的整体。完形心理学提出的完形组织原则包括图形-背景原则（law of figure-ground）、接近性原则（principle of proximity）、相似性原则（principle of similarity）、闭合性原则（principle of closure）和连续性原则（principle of continuity）（详见 Evans & Green 2006: 66-67; Evans 2007: 79-81, 2010: 31-35）。这些"知觉组织原则的基本前提是，无论在何时我们一看见（或听到）不同的形状或模式，就立即会知觉到一种结构。知觉场的各部分是连接起来的,这些部分的各个群或集合形成各种结构,而这些结构和背景也不相同。无论何时,个体只要察看它的周围环境,就会自然地和不可避免地产生这种基本的知觉结构。"(王鹏等 2009:98)

这五种知觉完形组织原则中的图形-背景原则是由丹麦心理学家鲁宾(Edgar Rubin)的图形-背景区分(figure-ground distinction)观点发展而来的。鲁宾在1915年运用其设计的"人面/花瓶幻觉图"(face/vase illusion)(如图2-1所示),研究了图形-背景现象,对视觉感知中如何区分图形和背景进行了深入分析,并认为图形和背景是可以互换的。"鲁宾将较大的图形(在较大的图形上面或里面可以见到较小的图形)称为'背景',而将较小的图形称为'图形'。""图形就其特征而言有赖于背景,图形出现在背景之上。背景起着一种框架[①]的作用,由于图形悬浮于其中,因此框架决定了图形"(考夫卡 1997:239-241)。

图2-1 人面/花瓶幻觉图

在完形心理学中,图形-背景原则是指,"在一个具有一定配置

[①] 在考夫卡(1997)中文版中,黎炜把framework译为"格局",这里将其改译为"框架"。

的场（field）内，有些对象突出出来形成易于被感知的图形，而其他对象则退居次要地位成为背景"（车文博 1998：426）。"在一般情境下，图形[①]与背景是主副关系，图形是主题，背景是衬托"，而且"图形必须有背景的衬托始能显现"。（张春兴 1994：118）"一般来说，图形有形状，背景没有；图形均在背景之前；图形看来离观察者近，而且有确定的空间位置，背景则比较远，好像没有确定的位置；图形比背景容易给人留下深刻的印象；图形看起来比背景亮一些。图形与背景区别愈大，图形则愈突出而成为知觉的对象"（车文博 1998：427）。"例如，我们在寂静中比较容易听到清脆的钟声，在绿叶中比较容易发现红花。反之，图形与背景的区分度越小，就越是难以把图形与背景分开，军事上的伪装便是如此。要使图形成为知觉对象，不仅要具备突出的特点，而且应具有明确的轮廓、明暗度和统一性。需要指出的是，这些特性不是物理刺激物的特性，而是心理场的特性。"（李维 2010：9）

　　鲁宾曾指出，图形和背景之间具有可互换性。"原来为图形的可变成背景，原来为背景的可转换为图形"（车文博 1998：427）。"在从背景向图形的转变过程中，一个场部分变得更加稳固，而在从图形向背景的转变过程中，一个场部分变得更加松散"（考夫卡 1997：243）。实际上，图形和背景之间的可互换性是人在感知外界事物过程中注意焦点的变化所致。就拿图 2-1 所示的"人面/花瓶幻觉图"来说，人在观看此图时可能看到两种结果，一是看到一个花瓶，一是看到两个面孔，但是，在一般情况下，人不可能同时看到这两种结果，因为人通常不可能把注意力同时集中在两个事物之上。这一点还可以河南少林寺内一块石碑的局部图（如图 2-2 所示）再加以说明。

---

　　① 张春兴（1994）把 figure 译为"形象"，为保持上下文一致，这里将其改译为"图形"。

图2-2 一人独坐/二人对坐图

人对此图的观看和感知也会有两种可能的结果。一是看到一个独坐的人,二是看到两个对坐的人。这与鲁宾所设计的"人面/花瓶幻觉图"有异曲同工之妙,但稍有不同。图2-1表明:当人把注意力集中于中间的空白部分,他看到的是一个花瓶,花瓶成为图形,而两边的黑色部分则退居为背景;当人把注意力集中在两边的黑色部分之上,他看到的是两个人面,人面成为图形,中间的空白部分则退居为背景。这就是说,在图2-1中,图形和背景是可以互换的,要么人面为图形,花瓶为背景,要么花瓶为图形,人面为背景。同样,图2-2表明,当人把注意力聚焦于圆内部分时,该部分既可以被知觉为一个实体,即一个独坐的人,也可以被知觉为两个实体,即两个对坐的人。在前一种情况下,一个独坐的人在圆这一背景的衬托之下被感知为图形。而在后一种情况下,两个对坐的人同时既被知觉为图形,又被知觉为背景,即左边的部分在作为背景的右边部分的衬托之下被凸显为图形,同时右边的部分在作为背景的左边部分的衬托之下被知觉为图形。在这种情况下,圆被完全忽略,被排除在人的感知范围之外。因此,在图2-2中,图形和背景是变化的,而不是互换的,要么一个独坐的人为图形,圆为背景,要么两个对坐的人同时互为图形和背景。

上述表明，完形心理学中的图形和背景概念主要用于说明和解释人是如何区分知觉场中的有关对象的，其要旨在于对场景中的事物加以区分，而不在于对场景中事物之间的关系做出解释。对于场景中的事物与事物之间的关系做出合理的解释正是塔尔密所提出的图形-背景关系理论的创新性所在。

克罗夫特（William Croft）和克鲁斯（D. Alan Cruse）在《认知语言学》一书中认为，认知语言学中的图形-背景关系概念显然是从完形心理学借入的，而首先将其引入认知语言学研究的是美国语言学家塔尔密（Croft & Cruse 2004：56）。这一点最早见于塔尔密1972年的博士学位论文，他在该论文中提出，一个情境就是一个物体相对于另一个物体而移动或处于某一位置。这一情境可以包括几个部分或者说可以被分成几个部分，而部分与部分是相互联系的。如果一个物体被视为相对于另一物体而移动或处于某个位置，这个物体可称为图形。如果一个物体被视为另一物体移动或处于某一位置的相关物体，这个物体可以称为背景。表示一物体相对于另一物体而移动或处于某一位置的成分可称为方向性成分（DIRECTIONAL），而表示物体的移动状态或处所状态的成分则可叫作动源成分（MOTIVE）。他认为，各种语言都会使用特定的句法结构来表达这种情境。情境中的不同部分可由不同的语法范畴成分表示。图形成分和背景成分由名词性成分表达，方向性成分由介词性成分表达，动源成分由动词表达（详见Talmy 1972：10-12）。

塔尔密后来运用图形-背景关系来研究复合句中两个事件之间的关系。他认为，一般来讲，从句表达的是发生较早或表示原因的事件，倾向于被看作背景，主句表达的则是发生较晚或表示结果的事件，倾向于被视为图形（Talmy 1978：625，632-633）。例如：

(7) He exploded after he touched the button. (Talmy 1978: 632)

在例(7)这一复合句中,主句和从句中的两个事件之间是一种时间关系。从句中的"按按钮"事件(button-touching event)发生在主句中的"爆炸"事件(explosion event)之前,后者以前者为参照而被凸显出来。因此,主句表达的"爆炸"事件被视为图形,从句表达的"按按钮"事件被视为背景。这两个事件也可以表达为例(8),但效果不同。

(8) He touched the button before he exploded. (Talmy 1978: 633)

例(8)表达的仍是两个事件之间的时间关系,主句表达的事件和从句表达的事件仍分别为图形和背景。但是,这两例表达的意义是不一样的。在例(7)中,说话人以"按按钮"事件为参照来凸显"爆炸"事件,而在例(8)中,说话人则是以"爆炸"事件为参照来凸显"按按钮"事件。因此,例(8)似乎更像是"一种官方调查,是对一个已知死亡事件的可能死因的描述"(参见 Talmy 1978:633)。

此后,塔尔密又进一步发展完善了这一观点,提出了图形-背景关系(Figure-Ground relation)[①]理论。图形-背景关系可以用来解释位移事件和方位事件中在空间上相关的两个物体及其相互关系。他指出,在这种关系中,图形指的是一个可动的或概念上可动的实

---

① 塔尔密用首字母大写的Figure(图形)和Ground(背景)代替了完形心理学中首字母小写的figure和ground,意在表明他是在语言学意义上使用这两个概念(Talmy 2000a: 312)。另外需要注意的是,在完形心理学中,图形/背景是一种感知关系(perceptual relation),而在塔尔密的认知语义学中,图形-背景是一种概念关系(conceptual relation)。因此,在The chair is to the left of the desk中,the desk并不是用作the chair的感知背景(perceptual background),而是塔尔密图形-背景概念关系中确定图形the chair的空间位置的背景(参见 Herskovits 1986:197)。

体（entity），其路径（path）、位置（site）或方向（orientation）为变项，这种变项的具体价值则在于其相关性。背景指的是一个参照实体（reference entity），这一参照实体在某一相关参照框架（reference frame）中具有一种固定情景（stationary setting）的作用，图形的路径、位置或方向依背景而定并得到凸显（Talmy 1983：232，2000a：311-312）。据此可以认为，图形和背景是同一认知框架所涉及的两个实体，其中移动的或相对可动的实体为图形，而不动的或相对不动的实体是背景，而且正是在这种动与不动的相互关系之中，图形以背景为参照而得到凸显。

塔尔密把图形-背景关系应用于解释自然语言中的空间关系。他认为，在图形-背景关系中，图形是指一个需要定位的实体，背景则是一个实施定位的实体，因此，语言中的各种空间关系，如位移关系和方位关系，都可以用一个实体（图形）与另一个相关实体（背景）的相对位置来确定（参见Talmy 2000a：311）。例如：

（9）The boy's father is outside the house.
（10）Olson ran to a neighbor's house.

例（9）和例（10）表达的均为空间关系，前者表达的是一种静态的方位关系，而后者表达的则是一种动态的位移关系。在例（9）中，图形the boy's father的位置以背景the house为参照而得以确定，说明图形the boy's father处于背景the house所标示的空间范围之外；在例（10）中，图形Olson以背景a neighbor's house为参照而发生了空间位置变化，说明图形Olson从某一空间位置移动到了背景a neighbor's house所标示的空间位置。从中可以看出，例（9）和例（10）描述的是性质不同的空间关系，前者为静态空间方位关系，后者为动态空间位移关系。

塔尔密继而在深入系统地研究后指出，图形与背景分别具有不同的本质特征（definitional characteristics）[①]和联想特征（associated characteristics）（Talmy 2000a：315-316），如表2-2所示。

表2-2 图形和背景的本质特征和联想特征

	图形	背景
本质特征	具有未知的、需要确定的时空特征	作为参照实体，具有可以标明图形之未知性的已知特征
联想特征	较可动	较固定
	较小	较大
	（几何形状）较简单	（几何形状）较复杂
	进入场景/意识较晚	较熟悉/已预料到的
	引起较多关注/更加相关	引起较少关注/较少相关
	即时意识性小	即时意识性大
	一旦意识到，凸显性强	背景性强
	依赖性强	独立性强

塔尔密所指出的图形和背景的这些本质特征和联想特征，可以很好地解释为什么有些空间关系构式是正常的表达式，而有些则是异常的表达式。例如：

（11）The bike (F) is near the house (G).（Talmy 2000a：314）

（12）?The house (F) is near the bike (G).[②]（同上）

实际上，例（11）和例（12）体现的均为A is near B这样的空间认知框架。在这一空间认知框架中，实体A以实体B为参照而确定其空间位置，反之则不然。也正因为如此，实体A和实体B构成了图

[①] 匡芳涛、文旭（2003）和文旭（2014：104）把definitional characteristics和associated characteristics分别译为"定义特征"和"联想特征"。

[②] 问号"?"表示"异常的表达式"或"不可接受的表达式"。下同。

形-背景关系,前者以后者为参照点而得到凸显。所以,例(11)中的 the bike 和 the house 分别符合表2-2所列的图形和背景的本质特征和联想特征,符合一般的认知图式,构成一个正常的表达式;而例(12)中的 the bike 和 the house 的换位使 the bike 成了确定 the house 的空间位置的参照实体,从而与表2-2所列的图形和背景的本质特征和联想特征不符,也不符合一般的认知图式,故是一个异常的表达式。同时,这也证明了语言表达中的图形-背景关系有时是不对称的(asymmetrical)。

在同一个空间认知框架中,可以有一个图形和一个背景,如上例(9)—(11)所示,也可以有一个图形和一个以上的背景。例如:

(13) Emma drove from Brunswick to Savannah.

(14) The station café was between the medical room and her office.

例(13)涉及一个图形和两个背景,描述的是图形 Emma 驱车从一个背景 Brunswick 到达另一个背景 Savannah 的位移事件。例(14)也涉及一个图形和两个背景,描述的是图形 the station café 位于背景 the medical room 和 her office 之间的方位事件。

在图形-背景关系中,一个实体到底是图形还是背景不是一成不变的,而是可以随着语境的变化而发生变化。这就是说,"同一个实体在一个语境中可以具有图形的功能,而在另一个语境中可能具有背景的功能"(Croft & Cruse 2004: 56-57),即语境在确定图形-背景关系的过程中起着不可忽视的作用。例如:

(15) [The cat] is on [the table]. (Croft & Cruse 2004: 57)
　　　[图形]　　　[背景]

(16) I found [a flea] on [the cat]. (同上)
　　　　　　[图形]　　[背景]

（17）[*The speaker is composing a scene for a photograph*:]
I want [the house] to be behind [Susan]!（同上）
　　［图形］　　　　　　［背景］

例（15）和例（16）都包含the cat这一实体，但根据图形和背景的本质特征与联想特征，在例（15）这一语境中，the cat为图形，the table为背景。这是因为，相对来讲，the cat小而可动，the table大而不可动，但在例（16）这一语境中，相比较而言，a flea小而可动，the cat大而不可动，所以，a flea是图形，the cat为背景。一般来讲，人是可动实体，而房屋是不可动实体。但是，在例（17）这一语境中，由于说话人正在为拍摄一幅照片而取景，在取景过程中，他既可以把the house拍摄在Susan的左边或右边，也可以将其拍摄在Susan的后边，但最终选取了后者。这说明，在说话人取景时，让Susan处于某一不变的位置和不动的状态，调整the house在取景框中的位置。这样看起来，取景框中的the house一直在移动，而Susan则未动。因此，在例（17）中，the house在取景框中的空间位置是以Susan为参照而确定的，故the house成为图形，而Susan则成为背景。这就充分说明，语境在确定图形-背景关系时具有至关重要的作用。

由此可知，塔尔密提出的图形-背景关系理论旨在揭示场景中事物与事物在空间上的联系，即一事物以另一事物为参照而呈现出的空间关系。事物与事物之间的空间关系既可以是静态的方位关系，也可以是动态的位移关系。这和完形心理学中的图形-背景原则是不完全相同的。后者旨在揭示人如何在知觉场中区分出图形和背景，关注的是如何从背景中分离出图形，而不太关注图形和背景之间有什么样的关系。塔尔密的图形-背景关系理论不仅关注图形和背景之间的关系，而且关注图形是如何获得凸显的。因此，文旭（2014：99）认为，图形-背景论（Figure-Ground theory）是以凸显原则为基础的一种理论。

兰艾克在其认知语法理论中也对图形和背景概念进行了详细论述。他把图形/背景组织（figure/ground organization）[①]视为人的一种基本认知能力。他认为，概念结构中的图形/背景组织对于语义结构和语法结构都非常重要。某一情景中的图形是从其余部分（即背景）被感知为"突出"的次结构，是一个被赋予了特别凸显性的实体，情景是围绕这一实体组织起来并为其提供场景的部分。对于一个给定情景来说，图形/背景组织一般不是自主确定的，同一情景往往可以通过选择不同的图形来进行建构。然而，各种各样的因素影响着图形选择的自然性和可能性。一个与周围环境具有强烈对比而且相对紧凑的区域倾向于被选择为图形。因此，如果在一个黑色场中有一个白色的点，这个白色的点就最有可能被选择为图形（Langacker 1987a：120）。兰艾克还认为，图形/背景组织几乎是完全主观的。在某一情景中，虽然把一个实体选择为图形是由某些客观特性（如紧凑性、移动性、对比性等）促动的，但图形/背景关系并不是情景中固有的，而是认知主体识解的结果（Langacker 1991a：308）。

克罗夫特和克鲁斯指出，图形-背景关系不同于范畴化（categorization）和隐喻（metaphor）。图形-背景关系是一种比较关系，是由同一情景中两个实体相互比较而产生的一种关系。判断不同实体是否属于同一范畴、或判断不同实体之间是否存在隐喻关系，均要依据实体之间的相似性。因此，范畴化和隐喻是通过相似性判断实现的，而图形-背景关系则是通过对比性判断实现的（Croft & Cruse 2004：54-58）。

[①] 需要说明的是，兰艾克是在讨论焦点调节中的视角时探讨图形-背景关系的。另外，他还提出了侧显和基体与射体和界标这两对相关概念来分析词语意义和构式。射体和界标大体上分别相当于图形和背景（参见Langacker 1987a：217-220，231-232；Croft & Cruse 2004：58）。

由上述讨论可知，塔尔密借鉴完形心理学中的图形-背景原则，提出了图形-背景关系理论，概括出了图形和背景的本质特征和联想特征，该理论的要旨在于解释同一场景中的两个实体之间的关系，尤其是两个实体之间的静态或动态空间关系。克罗夫特和克鲁斯指出了语境在确定实体之间的图形-背景关系时所具有的不容忽视的作用，也就是说，在图形-背景关系中，一个实体是充当图形还是充当背景是可变的，是由语境决定的。兰艾克则指出，图形-背景关系不是客观存在的，而是认知主体识解的结果。因此，图形-背景关系往往带有人这一认知主体的自我印记，具有相当程度的主观性。

第三节 识解理论

兰艾克的认知语法（Cognitive Grammar）不是一般意义上的语法，而是一种"语言学理论"（Langacker 2008a：1），更确切地说，是一种认知语言学理论。该理论"无疑是认知语言学中发展最完善、同时也是影响最大的语言理论模型"（Evans 2009a），其中的许多理论概念，如活跃区（active zone）、射体（trajector）、界标、识解（construal）、认知域（domain）、侧显（profiling）、象征单位（symbolic unit）等，已被广泛接受并应用于认知语言学领域的其他理论分析框架之中（Evans 2009b）。本节将主要概述兰艾克的识解理论。

兰艾克认知语法中的识解理论经历了一个由意象（image/imagery）到识解的提出、发展与完善的过程。意象概念是兰艾克于1976年在《语义表征与语言相对性假设》一文中首次提出的，他在该文中指出，实质上，语言在一定程度上都是比喻性的（figurative）。他刻意使用术语"比喻"和"意象"而没有使用"隐喻"，是因为他的意象概念不仅包括隐喻表达式，而且包括以不同方式（alternate means）识解（construe[①]）和表征同一情景的表达式。同一情景的不同表达式体现不同的心理图像（mental picture），即同一意义可以使用不同的意象来表达（Langacker 1976）。1982年，他把意象视为人的一种能力，这种能力包括人在各个抽象层次上对情景的概念化能力、人有选择地把注意力聚焦于某一构型的次结构之上的能力、人调整不同取向（orientation）的能力和人把不同的图形/背景组织赋予某一情景的能力（Langacker 1982）。

　　后来，兰艾克在1984—1987年间发表的论文中又多次探讨了意象概念及其维度。他指出，认知语法中的意象并不是一般意义上的视觉意象或知觉意象，而是指对语义内容的不同识解和组织（Langacker 1984），是在语言表达中情景的概念化方式和组织方式（Langacker 1985），是人以不同方式识解和组织认知域内容的能力（Langacker 1986b），是人能够采用不同方式来识解同一认知域的能力（Langacker 1987a）。1984年，他认为意象包括精确度（precision）和详略度（specificity）、视角（perspective）、凸显（prominence）和基体/侧显（base/profile）四个方面（Langacker 1984）；1985年，他认为意象包括辖域（scope）、详略度、凸显（salience）、图形/背景组织、观察点（vantage point）和背景（background）六个方面（Langacker 1985）；1986年，兰艾克在《认知语法引论》一文中又明确提出了六个略有不同的意象维度（dimension of imagery），即基体和侧显、详略度、述义结构（predication）的辖域、凸显、情境识解（construal of a situation）和视角（Langacker 1986b）；1987年，兰艾克在《名词与动词》一文中认为，意象包括侧显/基体区分（PROFILE/BASE distinction）、辖域、详略度、凸显、图形/背景组织、观察点、识解和主观方向性这八个维度（Langacker 1987b）。

[①] 此时，兰艾克仅把construe用作一般实义动词，还未将其用作专门术语。

经过十多年的探索与发展，意象概念在兰艾克1987a和1991a的两卷本《认知语法基础》中逐渐趋于成熟和完善。在《认知语法基础：理论前提》一书的第二章"基本概念"和第三章"认知能力"中，兰艾克集中讨论了意象问题；这就表明，意象是认知语法中的一个非常重要的理论概念，他指出，意象是我们以各种不同方式识解某一情景的认知能力。词汇和语法中存储有大量的规约意象，这些意象会因语言的不同而呈现出差异。不同的语言会使用不同的意象来组织表达相同的基本概念内容（conceptual content）（Langacker 1987a：47）。在"认知能力"这一章的"意象"一节，兰艾克指出，认知语法中的意象有其特定的含义，既有别于"隐喻"和"比喻语言"，也不同于知觉意象、视觉意象和听觉意象。意象是我们以不同方式，通过不同的具体意象（images），识解某一情景并运用语言加以表达的能力。这一能力包括选择、凸显、抽象程度、详略度和视角五个方面（Langacker 1987a：110）。然而，用以描述同一情景的意象会因参数数量的多寡而发生变化。兰艾克将这种变化统称为焦点调节（focal adjustment）。焦点调节包括选择、视角和抽象三个参数。选择决定着涉及情景的哪些方面；视角决定着观察情景的位置和角度；抽象则决定着描述情景的详略程度（Langacker 1987a：117）。选择包括认知域选择、级差选择和辖域选择。一个述义结构所选择的认知域就是其要描述的方面。级差选择是对认知域中的可比较方面的选择。述义结构的辖域包括基体和侧显，辖域有最大辖域（maximal scope）和直接辖域（immediate scope）之分，而侧显总是包含在直接辖域之中（Langacker 1987a：117-119）。视角包括图形/背景组织、视点（viewpoint）、指示（deixis）、主观性和客观性（subjectivity/objectivity）。图形/背景组织是一种普遍现象，是认知的一种有效而基本的特征。概念结构中的图形/背景组织对于语义结构和语法结构都非常重要。某一情景中的图形是一个从其余部分（即背景）中"突出"出来的次结构。图形/背景组织一般不是自主确定的,对于一个给定情景,往往可以选择不同的图形来加以建构。然而,各种各样的因素影响着某一选择的自然性和可能性。一个与周围具有强烈对比、相对紧凑的区域倾向于被选择为图形。视点包括观察点和取向。观察点就是观察某一情景时的位置。取向与视觉场轴线或坐标系一致。实际上,从一个给定位置观察,所观察的情景往往可以呈现出不同的取向(Langacker 1987a:120-123)。指示与背景[①](ground)密切相关。背景包括言语事件、参与者和场景(setting)。兰艾克所说的指示实际上是指示表达式(deictic expression)。指示表达式就是以述义结构辖域内某一背景成分为参照的表达式,往往涉及分析层次、表达式类型和观察背景成分的客观程度。主观性和客观性是指一个指示表达式中的背景成分被识解的客观程度。背景成分既可以起到述义结构的来源的作用,也可以起到述义结构中的参与者的作用,因此,指示表达式的主观性和客观性要依背景成分的这种双重作用而定(Langacker 1987a:126-130)。焦点调节的另一个参数是抽象。人具有在各个抽象层级上对情景进行概念化的认知能力。在兰艾克看来,抽象是指图式(schema)相对其实例而言所具有的抽象性。图式的抽象性在于,图式与实例相比,即使它们包含同样的认知域和基本属性,图式提供的信息量要少于其实例,因而允许的选择范围就会大一些,适应的场景也会多一些(Langacker 1987a:132-137)。

1988年,兰艾克在《认知语法概说》一文中明确声明,认知语法秉持主观主义意义观。这种意义观认为,表达式的语义值不仅仅取决于所描写的实体或情景的固有特性,更重要的是,还要涉及人在对该实体或情景进行思考和心理描述时所选择的方式。因此,同等条件下为真或具有相同指称或外延的表达式,由于心理识解(mentally

---

[①] 此处的"背景"不同于"图形/背景组织"(figure/ground organization)中的"背景",而相当于"言语情境"(speech situation)(Langacker 1987a:126)。

construe）同一客观情景时所采用的方式不同，常常会在意义上呈现出明显差异（Langacker 1988：6-7）。在该文中，Langacker 把意象视为人以不同方式对某一情景进行心理识解的能力。他指出，语言表达式和语法构式包含规约意象，规约意象又构成其语义值的重要方面。因此，某一特定表达式或构式的选择，实际上就是说话人以一定方式识解情景的结果，即说话人从一组意象中选择一个特定意象来组织表达其概念内容的结果（Langacker 1988：7）。这就表明，语言表达式和语法构式的意义与识解方式密切相关，即使是对同一情景的描述，识解的方式不同，形成的意象就不同，表达的意义自然也就不同。

在《认知语法基础：理论前提》于1987年出版之后的两三年间，兰艾克仍然沿用意象这一术语。即使在其1989年的《自足识解》这篇论文中，他仍然用意象来指人对概念内容的组织描写方式，即人以不同方式识解情景的认知能力。直到1990年，兰艾克才在其《主观化》一文中开始把"识解"用作专门术语[1]。他在该文中指出，"一个表达式的确切语义值取决于识解的许多方面。这些方面包括详略度、背景、凸显和视角"（Langacker 1990：6，另见 Langacker 1993a：323）。在其1993年的另外两篇论文中，兰艾克认为，识解对于语义结构和语法结构都是至关重要的。识解是相对于内容的一个概念，但两者不能截然分离。相同概念内容的语言表达，由于识解方式不同，语义会有明显差异。作为一种多维现象，识解包括详略度、背景、视角、辖域和凸显五个维度。这些维度反映了人的基本认知能力（Langacker 1993b，1993c）。兰艾克1994年指出，在这五个维度中，背景本质上属于外部因素，而其他四个维度则属于内部因素

---

[1] 前文所说的以兰艾克的两卷本《认知语法基础》为界来讨论其意象概念和识解概念，一是为了便于叙述，二是《认知语法基础》的两卷本确实是一个有机的整体系统，无法断然分开。另外，兰艾克的《主观化》一文的发表比《认知语法基础：描写应用》早了一年，我们猜测，这可能是著作和论文的出版周期不同造成的。所以，我们倾向于认为，兰艾克首次把识解用作专门术语的最早文献为《主观化》一文。

(Langacker 1994：13-14)。

1995至1997年，兰艾克基本上沿用上述观点（参见Langacker 1995a，1995b，1997a），只是在其《认知语义学的语境基础》一文中，他首次说明了放弃"意象"概念，改用"识解"概念的原因。他说，之所以用识解来代替原来所用的意象，是因为后者往往引起混淆[①]。他同时还说，区分"内容"和"识解"主要是为了便于说明和解释，更重要的是为了强调后者对于语义的重要性。实际上，两者不可分割，任何区分都会是任意的（Langacker 1997b：250）。

从1998年到2008年，兰艾克的识解概念一直处于调整和发展过程之中（详见Langacker 1998a，2000，2001，2002，2003a，2003b，2005b，2007，2008a，2008b，2008c）。在这一阶段，识解概念的含义基本未变，只是在措词上有时候有个别调整。识解的维度一般为四个或五个，这可能是根据所述内容而做出的调整。除详略度、背景、视角、凸显和辖域外，兰艾克有时会提到其他维度，如心理扫描方向（direction of mental scanning）、观察排列（viewing arrangement）、隐喻（Langacker 2000）、动态性（dynamicity）（Langacker 2007）等。2008年，兰艾克出版了《认知语法导论》一书，至此，兰艾克的识解理论已趋于完善，识解的维度也已基本确定。下面就以该书为据简要述之。

识解理论在兰艾克的认知语法中有着举足轻重的地位和作用，识解与概念内容密切相关。意义既包括概念内容，又包括识解该内容的特定方式。识解是我们人类的一种显而易见的认知能力，即以不同方式来构想和描述同一情景的能力。在概念层面，我们可以用一种相对中性的方式来思考概念内容。但是，一旦要对该内容进行语言编码，我们就必然会把一定的识解方式施加其上（Langacker 2008a：

---

① 这一说明另见Langacker（2008c）第43页注12。

43）。比如，图2-3中A所示的概念内容至少可以有两种识解方式，若用英语对此进行语言编码，则可以编码为如例（18）和例（19）所示的构式。

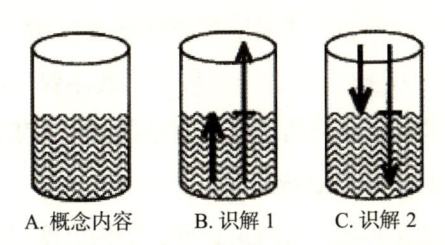

A. 概念内容　　B. 识解1　　C. 识解2

图2-3　概念内容与识解方式的关系（Langacker 2008a：44）

（18）The glass is half-full.（Langacker 2008a：43）
（19）The glass is half-empty.（同上）

  这两个构式都是对图2-3A所示的概念内容的语言描述，但由于识解方式不同，表达的意义也就不同。具体来讲，例（18）是从有水的角度来识解的，说话人的注意力集中在杯子中的所容物部分，表达的是杯子里有半杯水，如图2-3B所示；而例（19）则是从无水的角度来识解的，说话人的注意力集中在杯子中空的部分，表达的是杯子里有一半是空的，如图2-3C所示。这就说明，概念内容和识解方式是构成语义的两个有机组成部分，对于语言表达具有同等重要的作用。实际上，在观察情景时，我们所看到的内容取决于四个因素：观察的详略程度、选择观察的主要内容、注意的焦点和观察的角度，这些都是识解的重要因素。兰艾克将这些因素视为识解的四个维度[①]，即详略度、调焦（focusing）、凸显和视角（Langacker 2008a：55），每一维度又包括若干次维度。

[①] 哈马万德（Zeki Hamawand 2016：169-186，2021：245-252）将识解区分为凸显、视角和调焦三个维度，这三个维度又各分为三个次维度。凸显（prominence）包括侧显、射体-界标联结和凸显（salience）；视角包括主观性、客观性和动态性；调焦分为前景化、背景化和辖域。

详略度是指识解情景的精确程度和详细程度，可与精细度（granularity）和分辨率（resolution）交替使用。一个高度详细的表达式是以高精细和高分辨率的方式来描述情景，而一个简略的表达式则是以低精细和低分辨率的方式对情景进行描述。与详略度相对的是图式性（schematicity）。图式性由一些具体图式体现，是具体图式抽象化的结果。图式具有范畴化的功能，即保存和体现我们以往经验并可用于新经验的功能（Langacker 2008a：55-57）。

调焦是一个程度问题，与特定目的、结构维度和结构层次密切相关。调焦包括选择、前景与背景（foreground vs. background）、辖域等。语言表达式往往以某一认知域集合作为其意义基础。认知域集合通常叫作矩阵（matrix）。就绝大多数表达式而言，矩阵都是由多个认知域组合而成的复合体（Langacker 2008a：44）。然而，在某一给定场景，并非矩阵中的所有认知域都会被激活，只有少数几个认知域被激活。这实际上就是选择，而且所选择的认知域被激活的程度不一，被高度激活的认知域就成为前景（Langacker 2008a：57）。对于语言表达而言，调焦首先是对概念内容的选择。这种选择包括两个方面：一是表达式可及的特定认知域集合；二是可及认知域中表达式的"覆盖"（coverage）范围。对于矩阵中的每个认知域来讲，每个表达式都有一个包含该认知域覆盖范围的辖域。辖域分为最大辖域和直接辖域。最大辖域就是表达式概念内容的整个覆盖范围，而直接辖域则是与特定目的直接关联的那部分内容。直接辖域通常以最大辖域为背景而被前景化（Langacker 2008a：62-63）。

"凸显是一种概念现象，本质上取决于我们对世界的理解，而不在于世界本身"（Langacker 2008a：72-73）。凸显主要包括侧显和射体-界标联结（trajector/ landmark alignment）。一个表达式往往将其概念内容的某一特定部分选择出来作为其意义基础，这就是概念基体。从广义上讲，表达式的概念基体等于整个认知域矩阵中的最大辖域；

而从狭义上讲，基体等于被激活的认知域中的直接辖域。直接辖域中作为注意中心突出出来的部分就是表达式的侧显。如果侧显的是一种关系，参与者就会被赋予不同程度的凸显性。最凸显的参与者为射体，次凸显的参与者为界标。射体往往就是要定位、评估或描述的实体。表达式可以具有同样的内容，侧显同样的关系，但会因为射体和界标的选择不同而表达不同的意义（Langacker 2008a：66-70）。

视角就是人观察情景时所选用的角度。兰艾克将其视为观察排列。观察排列包括观察点和动态性两个方面。所谓观察排列，就是观察者与被观察情景之间的总体关系。观察者既包括言者，也包括听者，言者和听者均为认知主体。观察排列可分为默认排列（default arrangement）、相对排列（relative arrangement）和分离排列（separate arrangement）三种情况。在默认排列中，观察点就是言者和听者所处的实际位置。同一客观情景可以从不同的观察点进行观察和描述，观察点不同，观察的结果就会不同，表达的意义也就会不同。在相对排列中，观察点不必是言者和听者所处的实际位置，可以是移动的，也可以是虚拟的。若观察点处于移动状态，观察者的移动路径则往往是隐含的。在分离排列中，言者和听者处于不同的空间或时间，因此，言者的观察点和听者的观察点往往要依各自所在的时空而定。与观察点密切相关的是主观性和客观性，兰艾克以眼镜为例对此进行了形象而清楚的说明："当我戴着眼镜进行观察的时候，眼镜是我视觉系统的组成部分，帮助我形成视觉体验，但我并不看眼镜本身，眼镜也没有得到凸显，这就是主观识解。然而，当我取下眼镜来看眼镜的时候，眼镜成了我观察的对象，因而得到了凸显，这就是客观识解"[①]

[①] 在此例中，"我"即"认知主体"。当我这一认知主体戴着眼镜进行观察时，眼镜为认知主体的一部分，当取下眼镜来看眼镜时，眼镜为认知主体的观察对象。这就是说，在前一种情况下，"我"和所戴的眼镜共同构成认知主体，也就是对它物进行识解的主体；在后一种情况下，眼镜则为我这一认知主体对其进行识解的客体。

(Langacker 2008a：77)。动态性是概念化的固有本质，因为概念化不是静态存在的，而是动态发生的。每一概念化的发生都需要一定的加工时段。作为识解的维度之一，动态性涉及概念化在加工时间（processing time）中发生和展开的方式。时间既可以是描述情景的维度，也可以是描述的对象。作为认知活动发生维度的时间为加工时间，而作为观察和描述对象的时间则是被构想时间（conceived time）（Langacker 2008a：79)。

从2008年到2013年，兰艾克对识解的定义及其维度基本保持未变[①]（参见Langacker 2010a，2011a，2013a，2013b），在很多情况下，他都是根据所述对象直接使用识解这一概念，而没有再加以定义（详见Langacker 2009a，2009b，2009c，2009d，2010b，2011b，2012a，2012b)。

然而，兰艾克在其《识解》这一专论中虽然仍将识解界定为"我们以不同方式构想和描述同一情景的能力"（Langacker 2015：120，2019：140)，但把识解的维度调整为视角、选择、凸显、动态性和想象力（imagination）。前四个维度基本上保留了兰艾克原有的看法，这里从略，下面仅对他提出的想象力这一新的维度加以简要概述。

兰艾克指出，所有认知都是想象性的，因为我们所体验的世界都是由心智建构出来的。心智绝非对现实的被动镜像，而要取决于非确定性的认知加工活动，从根本上讲，任何认知加工活动都会把某种识解方式施加于所要理解的内容之上。如果把某一概念叫作"虚构性的"（fictive）、"虚拟性的"（virtual）或"想象性的"（imaginative），我们就已经预设了与那些不是"虚构性的""虚拟性的"或"想象性

[①] 虽然兰艾克在2013年出版的《认知语法精要》中详细讨论了识解及其维度，但是，正如他自己所说，这不是一本新著，而只是其2008年的《认知语法导论》前两部分的重印（Langacker 2013a：v)。因此，《认知语法精要》不能视为认知语法的新发展，此书对识解及其维度的论述也不能视为识解概念的新发展。

的"事物的比较。虽然这是一个相对性问题，也没有明晰的界限，但我们的很多种体验，如对物质实体和事件的观察和体验，都明显地打上了这种特殊烙印。根据这种基线（baseline），我们可以通过不同层次的概念详述（conceptual elaboration）建构起我们的心智世界。这就表明，基线和想象性概念取决于包蕴力（extensionality）、整合力（integration）、分离力（disengagement）和抽象力（abstraction）这样几种基本心智能力（Langacker 2015：135，2019：157）。

包蕴力与整合力密切相关。包蕴力是指把多个实体包蕴为某一单一体验之部分的能力，单一体验即为同一表征空间（representational space）或加工窗口（processing window）。同一表征空间或加工窗口中的实体通过心智操作而联系起来，这就是整合力。包蕴力会对整合力产生影响，譬如，某一时间加工窗口中的一组音节可以通过韵律组合和语音整合而被感知为一个词；出现在视觉场中的两个实体通过心智操作联系起来，从而整合成某种空间关系；加工窗口中大小不等、简繁不一的象征结构可以通过整合力而联系起来，构成复合结构（Langacker 2015：135，2019：157-158）。

分离力是指，源自某种语境的加工活动会在其后的加工活动中脱离该语境而独自运作。分离力通常体现心理模拟，如对以往体验的回忆、未来事件的预测、非现实视点的采取、他人体验的理解，等等。分离力是虚构性位移中的一个关键因素，在理解现实位移时，认知主体通过实际的空间和构想时间对动态事件进行心理扫描，而在理解虚构性位移时，心理扫描则与实际的空间和构想时间相分离，转而对静态事件进行心理扫描（Langacker 2015：136-137，2017b：265，2019：159-160）。

抽象力是指形成心理表征过程中具体信息的减损情况。一个记忆、概念或语义结构，相对于它所基于的原体验所具有的丰富而具体的信息而言，必然是信息贫乏的。一个抽象结构，就其内在特征或其在信息丰富的语境中的位置而言，也必定是信息贫乏的。一个典型的例子就是英语中的bird一词，该词在以上两个方面都是非常有限的。一方面，其特征是从各种鸟的具体特征中抽象而来的；另一方面，该词表征的是一个类，而非该类中的任何实例。因此，由bird所象征的类概念是从区别和识别各个实例中抽象而来的（Langacker 2015：137，2019：160）。由此可知，兰艾克这里所说的抽象力也是人的一种认知能力，也就是人能够对具体实例进行抽象和概括，进而加以概念化的能力。

　　以上是对兰艾克认知语法中的识解理论由意象到识解的发展过程的简要概述。从中不难看出，意象和识解都经历了提出和修正以及维度调整的过程，最终前者由后者所替代，但意象和识解的定义基本保持未变，始终都是指作为认知主体的人以不同方式构想和描述同一情景的能力，变化的只是对意象和识解的维度的调整。在《认知语法基础：理论前提》中，兰艾克将意象的维度设为选择、视角和抽象三个；在《认知语法基础：描写应用》中，他将其参数调整为详略度、凸显、视角、背景和辖域五个，其中，详略度基本等于抽象，选择被置于凸显之中。而在《认知语法导论》中，兰艾克不仅用识解替代了意象，还将原有的背景和辖域归入调焦，识解的维度被调整为详略度、调焦、凸显和视角四个。相对而言，识解的维度更具一致性，其解释力也随之增强。可以说，兰艾克（2008a）对识解的界定和维度调整，相对于他（1987a）对意象的分类来说，是一种进步（Evans 2009b），表明其理论更加成熟。而他在2015年和2019年所补充的想象力这一新的维度更为其识解理论增添了新意，说明人对世界的感知、体验和表达都离不开人的想象能力。正如约翰逊所说，"没有想象力，世界上的任何事情都不会有意义；没有想象力，我们的体验就不会有任何意义；没有想象力，我们就无法推知和达及现实知识。因此，人类的想象力在意义、理解和推理中都起着关键性的作用"

(Johnson 1987：ix)。这就表明，想象力本质上就是人所具有的"一种建构能力"(陈嘉映 2016：38)。

兰艾克曾分别于1997年和2008年两次以注释的方式说明，他之所以用识解替代意象，是因为意象概念常常会引起混淆。其实，这只是原因之一，另一个原因可以从他对意象和识解这两个概念的定义英语原文中看出。

> [T]hey (= the term image and its derivatives) describe our ability to construe a conceived situation in alternate ways—by means of alternate images—for purposes of thought or expression.（Langacker 1987a：110）
>
> Construal is our multifaceted ability to conceive and portray the same situation in alternate ways.（Langacker 1997b：250）
>
> The term **construal** refers to our manifest ability to conceive and portray the same situation in alternate ways.（Langacker 2008a：43）

在意象的定义中，兰艾克把意象定义为人以不同方式识解情景的能力，但又把"不同方式"解释为"不同意象"，这样就似乎成了用意象来定义意象；而在识解的两个定义中，兰艾克把识解定义为我们以不同方式构想和描述同一情景的一种显而易见的多维能力，这样就完全避免了循环论证的嫌疑。同时，兰艾克所用的动词conceive的义项之一就是to form a conception of或imagine（Mish 1998：238），这一义项本身就包含了image的mental picture和mental conception（同上：578）之义。由此可以认为，兰艾克对识解的定义起到了一石三鸟的作用：避免了意象可能引起的混淆，排除了以意象定义意象的循环嫌疑，还保留了意象原定义中的应有之义。

从总体上说，兰艾克的识解理论是一种颇具解释力的认知理论。哈马万德从识解方式和语言表达两个方面将识解理论的优势概括为以下五点：(1) 识解理论可以使认知主体以不同方式对某一情景加以概念化和语言编码；(2) 识解理论可以使认知主体在选择使用语言表达方式的过程中将语义和语用因素统筹考虑；(3) 识解理论既强调语言表达式的结构形式，也强调语言表达式的语义匹配，语言表达式的结构形式可以体现对概念内容的特定识解方式，语言表达式的语义匹配则可以体现语言表达式的组成成分之间的语义相容性（semantic compatibility）；(4) 识解理论可以有效解释语言中的同义现象，成对的语言表达式，即使具有相似或相同意义，在实际语言使用中，仍然是有区别的；(5) 识解理论还可以有效解释语言中的多义现象，同一个多义词可以用于不同的语境，表达不同的意义（详见 Hamawand 2021：244-245）。

根据以上所述，我们可以认为，兰艾克的识解理论很好地揭示了作为认知主体的人、语言和世界三者的关系。人对世界的观察和体验需要用语言加以表达，而语言表达不仅取决于周围世界中的情景，而且取决于人对情景的识解，所以，"每个语言表达式都包含着对概念内容进行识解的特定方式，因此，识解不仅成为语义中不可或缺的方面，同时也成为词汇语法成分的规约语义值的一部分"（Langacker 2011a：46-47）。据此可以认为，概念内容和识解方式对于语言表达是同等重要的，两者均为语义的有机组成部分，但就概念内容和识解方式的关系而言，概念内容是基础，识解方式是关键，两者共同决定着语义表达。需要说明的一点是，识解的主体毕竟是人，而人往往会以不同的方式对同一概念内容进行识解，所表达的意义也就会因此而有所不同。换言之，同一概念内容，识解的方式不同，表达的意义就会不同。

第四节　概念隐喻理论

隐喻是语言使用中的一种很常见的现象，是哲学、心理学、修辞学、文学、文体学、语言学等诸多领域中的热点话题之一。英语中的 metaphor 一词源于希腊语中的 metaphora[①]，该词由 meta 和 pherein 派生而来。在希腊语中，meta 意为 across 或 over，即"跨越"，pherein 意为 to carry，即"运送、转移"，metaphora 的字面义就是 carrying over 或 transference from one point to another，即"从一点运送或转移至另一点"（Kirby 1997；Mikics 2007：180）。这样，隐喻就是一种特殊的语言过程，在该过程中，一事物的某些方面被转移到另一事物之上，从而使后一事物得以像前一事物那样被述说（Hawkes 2018：1）。

传统上，隐喻主要是文学家、修辞学家以及符号学家所关注的对象，"主流的语言学家对此是不屑一顾的，这是因为他们把隐喻看作一种特殊的修辞手段，是有异于日常使用的普通语言的诗歌语言"（张敏 1998：87）。理查兹（I. A. Richards）和布莱克（Max Black）突破了这种传统上的隐喻的修辞观，提出了隐喻的互动观，莱考夫和约翰逊则更进一步，提出了隐喻的认知观。胡壮麟（2004：17，2020：19）根据隐喻的实质认为，"大致说来，早期的理论集中于三点：第一，隐喻的实质是替代，以同义域里的一个词语替代另一个词语；第二，隐喻的实质是比较，分别来自两个义域里的词语的相似性经过比较建立联系；第三，隐喻的实质是互动，两个分属不同义域的词语在语义上互相作用，最后产生新的意义。"这就是隐喻研究中的所谓替代论、比较论和互动论。

[①] 隐喻这一术语的希腊文拼写为 μεταφορά（Wood 2017）。

束定芳（1996，2000：2）认为，从研究的范围和方法来看，西方的隐喻研究可以分为三个不同的时期[①]：从亚里士多德（Aristotle）到理查兹，大约从公元前300年到20世纪30年代，为隐喻的修辞学研究；约从20世纪30年代到70年代初期，从逻辑和哲学角度对隐喻的语义研究和从语言学角度对隐喻的语义研究，为隐喻的语义学研究；从20世纪70年代至今，认知心理学、哲学、语用学、符号学、现象学、阐释学等对隐喻的多角度、多层次研究，为隐喻的多学科研究。科韦切什（Zoltán Kövecses 2002：vii-viii；2010：ix-x）则把隐喻研究比较笼统地分为两个时期：一个是隐喻的传统研究时期，包括束定芳（1996，2000）所说的隐喻的修辞学研究和隐喻的语义学研究；一个是隐喻的当代研究时期，仅包括束定芳（1996，2000）所说的隐喻的多学科研究中的一个特定学科，即隐喻的认知研究时期。

参照束定芳和科韦切什对西方隐喻研究时期的划分，下面将首先简要梳理亚里士多德的隐喻修辞观与理查兹和布莱克的隐喻互动观，然后着重讨论莱考夫和约翰逊的隐喻认知观，以期厘清西方隐喻研究的发展脉络，更好地理解和把握概念隐喻理论。

一、隐喻的修辞观

隐喻在传统上被视为比喻性语言中一种最基本的形式，一直是作为一种修辞格（figure of speech）来加以研究的。在两千多年来的西方修辞学研究中，但凡严肃的隐喻研究，无不肇始于亚里士多德的《诗学》和《修辞学》。亚氏的这两部著作对隐喻的探讨直到今天仍然具有很大的影响。亚里士多德关注的是隐喻和语言的关系以及隐喻在

[①] 张沛则将西方隐喻研究细分为五个时期，即古代希腊罗马时期（修辞学-诗学时期）、中世纪至文艺复兴（过渡与准备时期）、16至19世纪（诗学-语言学时期）、20世纪上半叶（语言哲学-人类学时期）和20世纪下半叶（认知研究-多元研究时期）（详见张沛2004：19-49）。

交际中的作用，他基于类比原理（principle of analogy）把隐喻视为一种隐性比较（implicit comparison），该观点用现代的术语来说，可以叫作隐喻的比较论（comparison theory of metaphor）（Ortony 1993：3）。亚里士多德在其《诗学》中指出，隐喻就是用一个表示某物的词来借喻他物，他据此把隐喻分为以属（genus）喻种（species），以种喻属，以种喻种和彼此类推四种（Aristotle 2006：52；参见亚里士多德 1996：149）。

所谓以属喻种，如"我的船停在这儿"（Here stands my ship），"泊"（mooring）是"停"（standing）的一种；所谓以种喻属，如"俄底修斯的确做过一万件美事"（truly ten thousand good things has Odysseus done），其中"一万"（ten thousand）是"多"（many）的一种，此处代替"多"；所谓以种喻种，如"用铜刀吸出血来"（drawing off the soul with bronze）和"用坚硬的铜火罐割取血液"[①]（cutting blood with indestructible bronze），其中用"吸"喻"割"，又用"割"喻"吸"，二者均为"取"（taking away）的方式；所谓彼此类推，指的是这种情况：当b对a的关系等于d对c的关系时，可用d代替b，或用b代替d，如"老年之于生命，犹如黄昏之于白昼，因而可称黄昏为'白昼的暮年'，称老年为'生命的黄昏'或'生命的夕阳'（Old age is to life as evening is to a day; accordingly, one will call evening the old age of day, or call old age the evening of life, or the sunset of life）"（Aristotle 2006：52-53；参见亚里士多德 1996：149-150；亚理斯多德、贺拉斯 1962：73-74）。

亚里士多德继而指出，以上各种隐喻要以恰当的方式加以使用，而善于使用隐喻本身就是人的一种天赋，就是一种看出事物间相似之

---

① 罗念生对这两例的注释为：前一个例子指医生用刀放血，后一个例子指医生用铜火罐吸血，即在罐中烧一点可燃之物，把罐口放在疮上，罐中空气冷却后，即能吸血（亚理斯多德、贺拉斯 1962：73）。

处的能力（Aristotle 2006：56；参见 Cassin 2014：34）。实际上，亚里士多德对隐喻工作机制的解释，不仅蕴含了对两个事物的比较，而且蕴含了在比较的基础上创造出新的意义（参见 Lanham 1991：100），这就是隐喻为什么能够"使人从相似的事物中突然有所领悟，因而感到惊奇"（罗念生 1991：10）的缘故。

约翰逊认为，亚里士多德的隐喻观有四个特征：（1）隐喻是一种词汇现象，而非句法现象；（2）隐喻是字面用法（literal usage）的变异；（3）隐喻基于两个事物的相似性；（4）隐喻是明喻的省略式（Johnson 1981：5-7）。实际上，约翰逊的本意在于指出亚氏隐喻观的不足以及给隐喻研究带来的困扰。

牛宏宝（2013：46）则明确指出，亚里士多德的隐喻观存在三个方面的问题：（1）亚氏把词语与事物混在了一起。隐喻到底是在词语之间还是在事物之间建立？（2）相似性理论会导致这样的结论：所有隐喻不过是一种相似性的断言。（3）如果隐喻仅仅建立在两种事物之间的相似性基础上，那么，相似性何以形成一种与直说不同的意义表达呢？说"人是狼"与说"人是凶残的"或"人像一匹狼"，总存在着某种语义差异。这种差异就是隐喻陈述的意义。很明显，亚氏的相似性理论无法圆满阐述隐喻陈述中隐喻意义的产生。

然而，对亚里士多德的隐喻修辞观持肯定态度也好，持质疑态度也罢，亚氏对隐喻研究的贡献是不可磨灭的，也是不可否认的。

二、隐喻的互动观

自亚里士多德之后，对隐喻及其理解的研究文献，浩如烟海，不胜枚举，但比较成系统的基本理论却寥若晨星，屈指可数。有些研究把隐喻视为明喻的省略形式，完全忽视隐喻的认知功能；有些研究则明确区分隐喻和明喻，认为前者无法从认知上还原为后者（参见

Johnson 1981：24）。比尔兹利（Monroe C. Beardsley）认为，自亚里士多德时期至20世纪60年代的隐喻研究有两种取向：一是事物研究，可称为对象比较论（Object-comparison Theory）；二是词语研究，可称为词语对抗论（Verbal-opposition Theory）。前者认为，隐喻话语涉及两个或两个以上对象的比较，后者认为，隐喻涉及两个语义内容之间的词语对抗（Beardsley 1962；参见Searle 1979：85；牛宏宝 2013）。诺斯（Winfried Nöth 1985：2）认为，布莱克（1962）把隐喻研究的不同理论归纳为了三种，即替代论（the substitution theory）、比较论（the comparison theory）和互动论（the interaction theory）。然而，布莱克本人则分别使用替代观（substitution view）、比较观（comparison view）和互动观（interaction view）称之。秉持隐喻表达式用以代替相应的字面表达式的观点，为隐喻的替代观；秉持隐喻是对潜在的类比或相似性之表征的观点，为隐喻的比较观；秉持隐喻是两个事物的共有特征相互作用之产物的观点，为隐喻的互动观（详见Black 1954-1955，1962：25-47；Johnson 1981：24-28）。替代观认为，隐喻所表达的意义可以由字面形式直接表达出来。比较观认为，隐喻是明喻的浓缩式或省略式，即隐喻式可以由相应的字面比较式替代。从这一点来看，比较观是替代观中的一个特例。然而，两者还是有区别的，譬如，对于Richard is a lion这一隐喻，按照替代观，这句话大致上等于Richard is brave；而按照比较观，这句话就相当于Richard is like a lion (in being brave)，括号中的内容则没有明确说出来，只能由听者来理解（Black 1954-1955，1962：35-36）。互动观是针对替代观和比较观之不足而提出的一种隐喻观。

实际上，布莱克的隐喻互动观是受理查兹关于隐喻意义的形成源自共现想法之互动（interaction between co-present thoughts）这一洞见的启发而提出的（Johnson 1981：27）。这就是说，隐喻互动观是有传承性的。正如束定芳（1997：24）所说：

理查兹对隐喻的论述，突破了传统修辞学将隐喻仅仅作为一种辞格来研究的局限，提出了人类思想和行为的隐喻性的概念，并对隐喻陈述的结构进行了详尽的分析，提出了隐喻研究中著名的"互相作用理论"(Interaction Theory)[①]，奠定了其在隐喻研究史上无可替代的历史地位。一般的说法是，理查兹首先提出了"互相作用"的概念，布莱克在此基础上发展和完善了"互相作用理论"。然而到了后来，人们渐渐地把布莱克的"互相作用理论"视为真正的"经典理论"，反而淡忘了该理论的奠基者的开创性的贡献。

由此可知，理查兹为隐喻互动观的形成奠定了重要而坚实的理论基础，是隐喻互动观当之无愧的奠基者；布莱克为隐喻互动观的进一步发展和不断完善做出了突出的理论贡献，是隐喻互动观理所当然的发展者和完善者。隐喻互动观认为，在使用隐喻时，我们所拥有的关于不同事物的两个想法(thoughts)会一起被激活，由一个单词或短语支撑，隐喻的意义就是这两个想法互动的结果。而从根本上讲，隐喻是不同想法之间的借用，是不同想法的交流，是语境之间的交流。因此，隐喻必须要有两个想法共同合作，相互作用，才能形成意义(Richards 1936: 93-94, 191; Black 1962: 38-40)。理查兹和布莱克提出的互动观是对隐喻研究的巨大贡献。所谓互动，就是把一物的常见现象投射到另一物之上，从而形成对另一物的新的观察视角，形成对另一物的新的概念建构(Johnson 1981: 28)，隐喻所创造出的新的意义也就随之产生。

王文斌在其《隐喻的认知构建与解读》一书中对西方隐喻研究理论中的替代论、比较论、互动论、映射论（即下文将要讨论的隐喻的认知观）等进行了深入细致的梳理、概括、总结和解释。王文斌

[①] "互相作用理论"即上文所说的"互动论"。

(2007：44) 认为：

> 替代论实际上是将始源域看作完全等同于目标域，即"A=B"。比较论虽然没有将始源域与目标域完全等同起来，可这一理论侧重于这两个域之间的类比和相似性，即将这两个域之间的关系看作是"A≈B"。互动论强调始源域与目标域两者之间的互动关系，其形式可以表示为"A↔B"。映射论认为始源域与目标域两者之间的关系是一种映射关系，即始源域将部分特征映射到目标域上，表现出单向的映射特征，其形式可以表现为"A$_{(部分)}$→B$_{(部分)}$"。

可以认为，王文斌对这几种隐喻理论中始源域与目标域两者之间关系所诠释归纳出的几种表现形式，即替代论（A=B）、比较论（A≈B）、互动论（A↔B）、映射论（A$_{(部分)}$→B$_{(部分)}$），言简意赅，准确地揭示了这几种西方隐喻理论在隐喻的工作机制、隐喻的形成和隐喻的意义产生几个方面的特点和差异。

三、隐喻的认知观

科韦切什在其《隐喻实用导论》一书中指出，在隐喻的传统研究时期，隐喻概念具有如下五个普遍接受的特征。(1) 隐喻是一种语言现象，具有词汇性特征。(2) 隐喻的使用以艺术和修辞为目的，如莎士比亚的名句 All the world's a stage。(3) 隐喻以通过比较而识别出两个事物之间的相似性为基础。譬如，只有比较、识别出了 Achilles 和 lion 所共有的某种特征，才能使用 lion 来描述 Achilles，才能使用 Achilles is a lion 这样的隐喻表达式。(4) 隐喻是一种有意识、有目的地使用词汇的结果，只有拥有特殊天赋的人才能够用隐喻，才能够用好隐喻，如莎士比亚这样的大文豪和丘吉尔这样的能说会道的演说家。亚里士多德就说过，掌握隐喻是最伟大的事情，是天才的标志。

（5）隐喻是一种可用可不用的修辞格，使用隐喻只是为了达到某种特殊效果，而不是人类日常交际中必不可少的有机组成部分，也不是人类日常思维和推理的有机组成部分（Kövecses 2002：vii-viii，2010：ix-x）。

需要注意的是，即使在科韦切什（2002，2010）所说的隐喻的传统研究时期，隐喻的研究也是在不断发展的。譬如，在20世纪初至60年代，理查兹和布莱克就摒弃了其前的隐喻替代观和比较观，提出了隐喻的互动观，并开始强调隐喻的认知价值（蓝纯 2005：111）。此外，在哲学、心理学、人类学等领域，也有不少学者都把隐喻作为一种认知现象来探讨，把隐喻首先视为一种感知过程和思维过程，其次才是一种语言过程。哲学家尼采（Friedrich Wilhelm Nietzsche）声称所有思维都是隐喻性思维；心理学家沃纳（H. Werner）认为，隐喻是人洞察、领悟周围自然现象的工具；哲学家、文化哲学创始人卡西尔（Ernst Cassirer）认为，隐喻有助于塑造语言，尤其是空间语言，他还认为，神话和语言一样，也是隐喻思维的产物（Dirven 1985：85-86）。

总之，从20世纪30—60年代开始，隐喻研究发生了认知转向（the cognitive turn），其先行者为理查兹和布莱克（Slavin 2018：95），而真正开启对隐喻进行系统深入的认知研究的则是语言学家莱考夫和哲学家约翰逊，其标志就是他们1980年合作出版的《我们赖以生存的隐喻》，这一隐喻认知研究的开山之作被公认为认知语言学诞生的标志性著作之一。该书"开辟了一条新的从认知角度来研究隐喻的途径"（蓝纯 2005：111），"开创了隐喻研究的新局面，也开创了认知研究的新局面，对哲学、语言学、心理学、认知科学、传播理论等领域影响深远"（周世箴 2006：20）。"该书具有划时代意义，因为它提出了三个与以往关于隐喻的根本不同的观点：（1）隐喻普遍存在于语言之中；（2）日常语言中的隐喻具有内在关联性（coherence）和系性；（3）隐喻是一种思维方式。这三个基本观点从根本上否定了2000多年来人们对隐喻的传统看法"（刘正光2007：10）。同样重要的是，该书的出版也标志着一反传统的概念隐喻理论（conceptual metaphor theory）的诞生，这一新的隐喻理论不仅推进了对隐喻的研究，也改变了我们对隐喻的看法（牛宏宝2013）。该理论认为，隐喻不是语言装饰手段，而是一种概念工具，这种工具可以建构现实，重构现实，甚至创造现实（Kövecses 2017a：13，2020：1）。因此，隐喻的核心是思维，而非语言；隐喻是我们对世界进行概念化的惯常方式中必不可少的重要部分；我们的日常活动反映我们对经验的隐喻性理解（Lakoff 1993：204）。正是因为这一全新理论的洞见及其核心观点，概念隐喻理论对当代隐喻研究产生了巨大影响，以至于有人说，"当代隐喻研究若不参照概念隐喻理论，就无法进行述说"（Hampe 2017：4）。

科韦切什更加明确地指出，莱考夫和约翰逊的这一新的隐喻理论以系统而清晰一致的方式对传统的隐喻理论提出了全面挑战。这体现在他们提出的隐喻概念所具有的五个方面的特征：（1）隐喻本身是概念性的，而不是词汇性的，也就是说，隐喻本质上具有概念性特征；（2）隐喻的作用是更好地理解概念，而不仅仅是为了艺术或美学的目的；（3）隐喻常常不是基于相似性的；（4）隐喻是大众都可以在日常生活中轻松自如地使用的，而不只是具有特殊天赋之人的专利；（5）隐喻是人类思维和推理的必然过程，而绝非可有可无的语言取悦手段（Kövecses 2002：viii，2010：x）。由此可以看出，莱考夫和约翰逊的隐喻认知观和亚里士多德的隐喻修辞观迥然不同，科韦切什对这两种隐喻观中隐喻特征的认识和概括（如表2-3所示）准确地揭示了两者的根本性差异，也在某种意义上说明了隐喻的认知观是对隐喻的修辞观之全面挑战的合理性。

表2-3　修辞观和认知观中隐喻的特征对比

修辞观中隐喻的特征	认知观中隐喻的特征
语言性，词汇性	概念性，非词汇性
以艺术和修辞为目的	以更好地理解概念为目的
以相似性为基础	以具身经验[①]为基础
有意识、有目的地使用词汇的结果，拥有特殊天赋者的标志	大众都可以在日常生活中轻松自如地使用，而非特殊天赋者的专利
可用可不用的修辞格，是实现特殊效果的手段，不是人类日常交际、日常思维和推理的有机组成部分	绝非可有可无的语言取悦手段，是人类思维和推理的必然过程

关于隐喻的本质特征，约翰逊本人认为，隐喻根植于人们的日常经验之中，具有建构我们的日常语言、思维和行为的作用，新的隐喻可以使概念系统发生变化，从而使我们能够以新的方式来体验和谈论世界。因此，隐喻不仅仅是一种语言现象，而且是一种思维和行为的基本原则（Johnson 1981：33，43）。莱考夫和约翰逊明确指出，但凡要对意义和真理做出合理的解释，就必须弄清楚隐喻建构我们概念系统的方式，同时也必须对其加以详细探究（Lakoff & Johnson 1980a：486）。

认知语言学通常把概念隐喻定义为以一个概念域来理解另一个概念域（Kövecses 2010：4），这是一个比较笼统的界定。科韦切什后来提出了一个清晰而易于理解的"标准定义"：所谓概念隐喻，就是以一个具体经验域来理解一个抽象经验域（Kövecses 2017a：13；参见Lakoff & Johnson 1980b，2003）。从中可以看出，概念隐喻包括两个概念域，一个是源域（source domain），一个是目标域（target domain）。"所谓目标域，就是要加以解释说明的概念域；源域，也

[①] 隐喻所基于的经验既可以是身体的，也可以是感知的、认知的、生物的或文化的（Kövecses 2010：325）。

叫基底（base），就是用作来源知识的概念域"（Gentner 1983：157）。在概念隐喻中，具体而清晰的概念域通常为源域，相对抽象而欠清晰的概念域则为目标域（Kövecses 2010：17）。之所以如此，是因为"某一知识域一旦为人所熟知，就会用作源域（即基底）来理解新的概念（即目标域——笔者注）"（Feldman 2006：209）。科韦切什还指出，上述标准定义表明，概念隐喻既是过程，也是结果。概念隐喻的过程就是用一个经验域来理解和概念化另一个经验域的认知过程，即用源域来理解和概念化目标域的认知过程，而隐喻的结果就是由这一认知过程所形成的概念模式（Kövecses 2015：20，2017a：13，2020：1）。实际上，概念隐喻的过程与结果并不像楚河汉界那样泾渭分明，而是相随相伴，相伴而生，是相互缠绕在一起的。所以，概念隐喻研究通常对此并不做严格区分。

关于概念隐喻的本质和结构，莱考夫在其《当代隐喻理论》这一概念隐喻理论的经典名篇中给出了深入而精当的解释。他指出，隐喻具有六大本质特征：（1）隐喻是我们理解抽象概念和进行抽象推理的主要机制；（2）大多数主题，从简单常识到深奥的科学理论，都只能通过隐喻来理解；（3）从本质上讲，隐喻基本上是概念性的，而不是语言性的；（4）隐喻性语言是概念隐喻的一种表层体现；（5）我们的概念系统虽然大部分是隐喻性的，但有相当一部分则是非隐喻性的；因此，隐喻性理解要以非隐喻性理解为基础；（6）隐喻使我们能够以比较具体的事物来理解相对抽象的事物，使我们能够以结构性强的事物来理解结构性弱的事物（Lakoff 1993：244-245）。他还指出，隐喻具有八大结构特征：（1）隐喻是跨概念域的映射（mapping[①]）；（2）

[①] mapping 这一术语，源于数学上两个集合中的每一成员两两对应的规则。心理学上则借以说明物质世界与概念世界对应关系的思维符号表征形式。认知科学所探讨的来源域（即源域——笔者注）与目标域之间的对应关系之譬喻（即隐喻——笔者注）运作亦属此类（周世箴 2006：76）。

这种映射具有不对称性（asymmetry）和局部性（partiality）；（3）每一映射都是源域中实体和目标域中实体之间的一个固定的本体对应集；（4）这些固定对应一旦被激活，映射就会把源域的推理模式投射到目标域的推理模式之上；（5）隐喻映射遵从恒定原则（Invariance Principle），即源域的意象结构以一种与目标域的固有结构相一致的方式投射到目标域之上；（6）映射不是任意的，而是以我们的身体构造、日常经验和知识为基础的；（7）一个概念系统包含成千上万的常规隐喻性映射，这些常规隐喻性映射又构成概念系统中高度结构化的次系统；（8）映射有两种，一种是概念映射，一种是意象映射。这两种映射都遵从恒定原则（Lakoff 1993：245）。李福印（2008：132-133）根据莱考夫的上述观点把概念隐喻理论的核心内容简洁明了地概括为：隐喻是认知手段；隐喻的本质是概念性的；隐喻是跨概念域的系统映射；映射遵循恒定原则；映射的基础是人体的经验；概念系统的本质是隐喻的；概念隐喻的使用是潜意识的；概念隐喻是人类共有的。文旭和肖开容（2019：28）则把概念隐喻的核心思想归结为：隐喻是人类认知事物的一种方式，体现于隐喻的本质是用一种事物来理解另一种事物；隐喻是概念性的，隐喻可以通过人类的认知和推理将一个概念域系统地、对应地映射到另一个概念域；概念隐喻是人类共有的语言现象和思维方式；隐喻有一个完整的系统，包括本体隐喻、方位隐喻和结构隐喻[①]；隐喻的跨域映射遵循一定的认知原则。

　　莱考夫和约翰逊指出，就我们的思维和活动而言，我们的日常概念系统，从本质上讲，基本上是隐喻性的。隐喻无处不在，普遍存在于我们的日常生活之中，不仅广泛存在于语言之中，而且存在于我

[①] 需要注意的是，莱考夫和约翰逊在其《我们赖以生存的隐喻》第二版后记中，就他们在该书第一版对隐喻类型的划分做了如下的澄清与说明：把隐喻区分为本体隐喻、方位隐喻和结构隐喻三种是任意的（arbitrary）。所有的隐喻都是结构隐喻，因为隐喻都是将结构映射到另外的结构上；所有的隐喻都是本体隐喻，因为隐喻都创建目标域实体；许多隐喻都是方位隐喻，因为隐喻映射的都是空间意象图式（Lakoff & Johnson 2003：265）。

们的思维和活动之中。隐喻建构着我们对世界的感知方式、我们的思维方式和我们的活动。具体来讲，隐喻的本质就是以一种事物或经验来理解和体验另一种事物或经验（Lakoff & Johnson 1980a：454-455，1980b：3-5）。例如：

（20）While he was in school *he fell in love*, but *the relationship didn't go anywhere* and it quickly cooled off — *it was a complete dead-end*.（Ritchie 2013：68）

例（20）至少使用了两个概念隐喻，一个是"爱情即容器"（LOVE IS A CONTAINER），另一个是"爱情即旅行"（LOVE IS A JOURNEY）。在he fell in love这一隐喻性表达式中，说话人是用"容器"这一具有三维空间意义的具体事物来理解和体验"爱情"这一抽象事物，描述的是所谈论的对象he坠入"爱情"这一"容器"之中。而在the relationship didn't go anywhere和it was a complete dead-end这两个隐喻性表达式中，说话人是用"旅行"这一日常经验来理解和体验恋人之间的"爱情关系"，描述的是he与其恋人的爱情关系止步不前，进入了死胡同。此例还表明，正是因为隐喻在我们的日常生活和语言之中无处不在，"语言中的隐喻性表达式才往往会揭示出潜存其背后的概念隐喻"（Ritchie 2013：68）。这就是说，he fell in love这样的隐喻性表达式之所以能够常常出现于日常语言表达之中，是"爱情即容器"这一概念隐喻在起作用，而the relationship didn't go anywhere和it was a complete dead-end这样的隐喻性表达式之所以能够常常出现于日常语言表达之中，则是"爱情即旅行"这一概念隐喻在起作用。

概念隐喻理论认为，"每个隐喻都要涉及一个源域、一个目标域和一个从源域到目标域的映射（source-to-target mapping）"（Lakoff 1987：276）。在例（20）所使用的两个概念隐喻中，"爱情即容器"这一概念隐喻涉及的源域为"容器"，目标域为"爱情"，两者之间的映射是从"容器"到"爱情"的映射。也就是说，在"爱情即容器"这一概念隐喻中，认知主体依据对"容器"这种比较具体的事物来感知、体验和理解"爱情"这一抽象事物，把"容器"所具有的"内/外"固有特征映射到"爱情"之上，从而可以使用如例（20）中的he fell in love这样的表达式来描述某人坠入爱河的情况。"爱情即旅行"这一概念隐喻涉及的源域为"旅行"，目标域为"爱情"，两者之间的映射是从"旅行"到"爱情"的映射。这一概念隐喻是由如图1-1所示的"起点－路径－终点"意象图式促动的，是把"旅行"所具有的"起点"和"终点"固有特征映射到"爱情"之上的结果，从而可以使用如例（20）中的the relationship didn't go anywhere这样的表达式来描述恋人之间的爱情关系停止不前的状态，使用it was a complete dead-end这样的表达式来表达恋人关系走到终点的结局。

　　由上述可知，隐喻能够使我们用比较熟悉的、具体的概念去理解、思维和感知抽象的、难以直接理解的概念，其方式就是把源域的结构映射到目标域上，这样的映射是在两个不同的认知域之间实现的，其基础就是经验。可见，一个概念隐喻要涉及四个基本要素：源域、目标域、经验基础和映射。源域和目标域是概念隐喻中最重要的两个基本要素，一般说来，源域较具体，目标域较抽象。隐喻的经验基础就是人的认知基础，这个认知基础就是动觉意象图式。动觉意象图式有很多种，都是基于身体经验的。这些意象图式有容器图式、部分－整体图式、起点－路径－终点图式，等等（文旭、叶狂 2003；文旭 2014：53-56）。

　　所谓映射，实为概念映射（conceptual mapping），是两个概念域之间的一种映射，确切地说，是一种从源域到目标域的映射，这就说明，映射具有单向性特征。另外，映射通常不是把源域的全部特征都投射到目标域之上，因此，映射又具有局部性特征。映射的单向性就是其方向性。概念隐喻通常把具体的概念用作源域，把抽象的概念用作目标域，把前者的特征映射到后者之上。隐喻过程是从具体概念到抽象概念，而不能相反，这就是概念隐喻的映射单向性原则（principle of unidirectionality）①（Kövecses 2010：7；Johnson 2017：155）。这就是说，在概念隐喻中，映射只能是从源域到目标域的映射，而不能是反向映射，即"只有源域被投射到目标域之上，而目标域不能被同时投射到源域之上"（Barcelona 2003：6-7）。莱考夫和特纳（Mark Turner）从实例中敏锐地观察到，两个隐喻即使共享两个相同的认知域，它们依然是两个不同的隐喻；之所以如此，首先是因为，它们所涉及的两个相同认知域在这两个隐喻中用作源域和目标域的认知域是不同的，其次是因为，这两个隐喻所映射的内容也是不同的（Lakoff & Turner 1989：132）。所以，即使在这种情况下，映射的单向性原则依然有效（Evans 2019：310）。譬如，在"人即机器"（PEOPLE ARE MACHINES）和"机器即人"（MACHINES ARE PEOPLE）这两个概念隐喻中，它们所涉及的两个认知域就同为"人"和"机器"。乍看起来，它们似乎没有什么不同，但实质上却是两个不同的概念隐喻。"人"和"机器"这两个认知域在前者中分别为目标域和源域，但在后者中则分别为源域和目标域。更重要的是，这两个隐喻中的映射是完全不同的。在"人即机器"这一隐喻中，映射是从"机器"到"人"的映射，是把机器的机械属性和功能属性映射到人身上；而在"机器即人"这一隐喻中，映射是从"人"到"机器"

---

① 有人依据心理实验认为，概念隐喻的映射并非是单向的，而是双向的。譬如，个人对温度的体验会影响对他人或情景做出友好或不友好的判断；反过来，对于社会情景友好或不友好的想法也会影响受试对于室温的判断（Shen & Porat 2017：62-63，80；另见张炜炜 2020：20）。实际上，这里所说的是两个概念隐喻，前者以"温度"为源域来判断和理解目标域"他人或情景"，后者以"友好/不友好的想法"为源域来判断和理解目标域"室温"。从中可以看出，这两个概念隐喻碰巧共享了两个基本相同的认知域，由此导致了映射具有双向性的误判。我们认为，在这两个概念隐喻中，映射依然都是从源域到目标域的单向映射，而没有从目标域到源域的反向映射，所以，概念隐喻中的映射具有双向性的观点应该是不能成立的。

的映射，是把人的情感属性、意志属性映射到机器之上。然而，在这两个不同隐喻中，映射的方向却仍然相同，依然遵循着映射的单向性原则，映射依然是从源域到目标域的映射。埃文斯和格林将这种情况总结为：即使两个概念隐喻共享了相同的两个认知域，它们仍然是两个性质不同的概念隐喻，因为它们所用的映射是完全不同的（Evans & Green 2006：297；Evans 2019：310）。

映射的局部性是指，在从源域到目标域的映射过程中，并不是源域的全部特征都映射到目标域之上，而只是源域的某一个（些）特征映射到目标域之上，即"不是源域矩阵（domain matrix）的所有方面都被用于隐喻概念化"，而是"只有源域矩阵的某些方面参与了源域概念和目标域概念之间的映射过程"（Kövecses 2017b）。因此，当人们运用一种事物来理解和体验另一种事物时，并不是使用源域的所有特征来理解和体验目标域，而只是使用源域的某一个（些）方面的特征来理解和体验目标域（张克定 2018）。在John is a lion这一隐喻性构式中，说话人就只是把源域lion所具有的"勇猛"这一个特征映射到了目标域John的身上，即运用源域lion所指实体的"勇猛"这一特征来谈论目标域John，来说明John的勇猛品格。

映射的局部性自然而然地引出概念隐喻的另一对特性：聚焦（highlighting）与遮蔽（hiding）。这是一对相互预设、如影随形的特性（Kövecses 2002：80，2010：92），聚焦预示着遮蔽，遮蔽也预示着聚焦。一般来讲，任何概念都有着许多不同方面的特征，概念隐喻中的源域和目标域也是如此。正如上述所说，概念隐喻中，在从源域到目标域的映射过程中，源域所具有的特征中只有一个（些）特征被用于理解和体验目标域。"当源域应用于目标域时，目标域的特征中只有一个（些）特征成为焦点，而不是全部特征都成为焦点"（Kövecses 2002：79，2010：91）。换句话说，"在用源域来建构目标域时，目标域的某些方面会得以聚焦，与此同时，目标域的其他方面则会被遮蔽"（Evans & Green 2006：303-304；Evans 2019：316）。在"论辩即战争"（AN ARGUMENT IS WAR）这一概念隐喻中，源域"战争"的"战胜"或"防御"特征被映射到目标域"论辩"之上，从而使目标域"论辩"的"战胜"或"防御"特征得以聚焦而凸显，但"论辩"的其他特征则被遮蔽而隐去，如例（21）和例（22）所示。

（21）He *won* the argument.（Evans 2019：316）
（22）I couldn't *defend* that point.（同上）

至此，我们简略梳理了西方隐喻研究的修辞观、互动观和认知观，简述了它们关于隐喻的主张和观点。从中可以看出，隐喻研究源远流长，异彩纷呈，各有优长。仅就传统修辞学和认知语言学而言，它们对隐喻所秉持的主张和观点虽然不同，但并无严格意义上的对错之分。可以说，传统修辞学关注的是隐喻的表达层面，而认知语言学关注的则是隐喻的认知层面。对此，周世箴（2006：68-70）在为《我们赖以生存的譬喻①》所作的《中译导读》中做了颇具说服力的说明和解释，特转引如下：

> 其实，认知派的观点与修辞说的观点相较，与其说是水火不容的对错关系或是世代交替的新旧关系，倒不如说是不同角度的

---

① 周世箴把莱考夫和约翰逊（1980）的 *Metaphors We Live By* 一书书名中的 metaphors 译为"譬喻"，可能有他自己的考虑。在其《中译导读》第69页上，他所说的"譬喻"就包括了"隐喻""明喻""略喻"和"借喻"。这和陈望道《修辞学发凡》把"譬喻"分为"明喻""隐喻"和"借喻"三类（陈望道 1984：72）的做法基本一致，他们都将"譬喻"视为上位概念，其他的则为下位概念。实际上，莱考夫和约翰逊（1980）一书中除了用大部分章节讨论 metaphor 之外，还专列了两章来分别讨论 personification（拟人）和 metonymy（转喻）。从某种意义上说，莱考夫和约翰逊也是把 metaphor 看作上位概念，而把"拟人"和"转喻"看作下位概念。所以，可以说，周译之"譬喻"与莱考夫和约翰逊的意欲之意是契合的。

互补关系：如果将譬喻性语言①视为一座冰山，那么修辞派注重的是露出水面的表象，有许多不相关联的山头，类别依形而定，所以分类繁细。而认知派注重的则是冰山的水下部分，往往发现水表分立的山头在水下却有共同的基底。但若回到表达层面，还是要借助表层的语言表达式，此即修辞学所关注的层面。所以两者并非全无交集，只是分析语言现象的着眼点不同。

此外，作为一种语言现象，隐喻不仅可以出现在文学语言之中，而且可以出现在日常语言之中，不仅可用于言语交际，也可用于非言语交际。作为一种认知工具和思维工具，隐喻在人类活动中无处不在，在人类语言中具有基本相同的运作机制，因此，隐喻具有广泛的普遍性（universality）。但是，世界上的各个民族、各种语言，都有各自的民族传统、文化习俗、地理环境、历史背景等方面的特性，所以，隐喻在不同民族、不同文化、不同语言中又呈现出明显的差异性（variation）②。这无疑也是非常值得探究的领域。

第五节　认知语言学中的构式观

在西方语言学文献中，construction 是一个早已有之的语言学术语，但在不同的语言学理论中，这一术语的含义却大不相同。据葛德伯格（Adele E. Goldberg）和卡森希瑟（Devin Casenhiser）所说，英语中的 construction 一词源自古罗马演说家西塞罗（Marcus Tullius Cicero）

---

① 周世箴这里所说的"譬喻性语言"可以作狭义理解，仅指"隐喻性语言"（即英语中的 metaphorical language），也可以作广义理解，指包括"隐喻、明喻、略喻、借喻等在内的譬喻性语言"（即英语中的 figurative language）。无论是取狭义理解，还是取广义理解，周世箴这段话所述的基本道理是不变的。

② 关于隐喻的普遍性和差异性，可参阅科韦切什（2005）的专著《文化中的隐喻：普遍性与差异性》。

用以指称一组词的constructio。到了13世纪[①]，摩迪斯泰学派（the Modistae）的语言学家，"即思辨语法家"（姚小平 2011：80），用了大量时间探讨construction的性质，并将其定义为形式上一致且语义上完整的一组词，其基本标准为：一个construction由至少两个词组成，其中的一个词支配另一个词或其他词。总之，摩迪斯泰学派认为，construction不能只根据形式（即句法）来界定，而要把形式和功能（即语义）结合起来加以界定（Goldberg & Casenhiser 2006：343）。

到了20世纪上半叶，美国结构语言学家布龙菲尔德（Leonard Bloomfield）在其《语言论》一书中对construction[②]的界定、构成和区分提出了如下观点：从直接成分的角度，句法结构就是其中没有任何一个直接成分是粘着形式的结构；从意义和复现的角度，任何有意义的、重复出现的法素（taxeme[③]）单位就是句法结构；从构成成分的角度，每个句法结构都是由两个或两个以上的自由形式成分组合而成的；从结构整体与其直接成分（即中心词）在形式和功能上是否一致的角度，结构可区分为向心结构（endocentric construction）和离心结构（exocentric construction），譬如，poor John、fresh milk之类的结构为向心结构，beside John、in the house之类的结构为离心结构（Bloomfield 1935：184，194-195）。

莱考夫曾经指出，在当代语言学中，语法结构是一个极具争议的

[①] 葛德伯格和卡森希瑟此处所标的时间是12世纪（twelfth century），但根据有关西方语言学（史）著作，实际上应为13世纪（Robins 1967：74，1997：88；Lyons 1968：14-15；Harris & Taylor 1997：75；Lombardi 2007：77；Allan 2009：30，41；刘润清 2013：29）。因为"摩迪斯泰学派兴盛之时，正是经院哲学昌隆的年代（1200—1350）"（姚小平 2011：81），所以，确切地说，摩迪斯泰学派的活跃期是在13世纪中叶至14世纪中叶（Itkonen 2013：758-759；陈平 2020）。

[②] 袁家骅等把布龙菲尔德《语言论》中的construction这一专门术语译为"结构"，这种译法是贴切的，与结构语言学理论是契合的。本书采用此种译法。

[③] 这是布龙菲尔德从phoneme（音位）类推出来引入的一个术语，指语法配置的最小单一特征，如"词序""一致关系""音高"的语法功用、"动作者-动作-目标"关系的组构成分等（Crystal 2008：477-478；另见戴维·克里斯特尔 2000：355）。

概念，尤其是在当代大多数形式理论中，语法结构没有任何地位，被认为是一种附带现象（Lakoff 1987：467），这一点在生成语言学中尤其如此。乔姆斯基（Noam A. Chomsky）1957年出版的《句法结构》在语言学界产生了巨大影响，引起了一场语言学理论革命，即"乔姆斯基革命"。这一革命不断修正，不断发展，先后经历了经典理论、标准理论、扩充式标准理论、管约论、最简方案诸多阶段，并有不同名称称之，如转换语法、转换生成语法、生成语法等。在该理论的经典理论和标准理论时期，除了句法结构（syntactic structure）这一核心理论概念外，乔姆斯基还使用了construction[①]的概念来讨论一些具体句子结构。经典理论代表作《句法结构》的第七章在讨论英语中的一些结构转换时，就涉及了动词+小品词结构（verb + particle construction）和动词+补语结构（verb + complement construction），分别如bring in、call up、drive away和Everyone in the lab considers John incompetent.（Chomsky 1957：75，76）。在《句法理论的若干问题》这一标准理论代表作中，乔姆斯基也谈到了诸如比较结构（comparative construction）、NP-is-形容词结构（"NP-is-Adjective" construction）、致使结构（causative construction）等，分别如John is more clever than Bill. John is sincere. It makes John afraid.（Chomsky 1965：178，186，189）。然而，生成语法在最简方案时期将注意力转向了探索人类语言背后的心智原则与参数，"摒弃了语法结构的概念，随之也摒弃了特定结构的规则"（Chomsky 1995：170，2015：156）。这样，"结构"概念也就随之失去了理论上的重要性。从此，各种结构就被仅仅视为附带现象，只是普遍原则与参数互动所形成的结构集而已（Hoffmann & Trousdale 2013：2-3；Hoffmann 2017：286），"结构"也就最终滑到了主流生成语法研究的边缘。

---

① 参照黄长著等所译乔氏的《句法结构》和《句法理论的若干问题》，我们也将construction译为"结构"（详见诺姆·乔姆斯基1979：75-76，1986：175-186）。

从上述可以看出，以布龙菲尔德为代表的结构语言学主要是从句法形式和语法作用的角度来界定结构的，而没有涉及结构的意义方面。以乔姆斯基为代表的生成语言学则仅从句法形式的角度来界定结构，并不断淡化结构概念，逐渐将其排除到了研究范围之外。

然而，到了20世纪70年代，随着认知语言学的诞生，construction又"回归"到了语言研究的中心（Tomasello 1998a），成为认知语言学研究的关注焦点和核心对象。我国认知语言学界曾经将construction译为"构造""句式""构块""构件""构块式""构架""架构""框架""构式"，等等，后来日渐趋同，现在学界普遍认可的译法为"构式"①。在认知语言学中，以构式为核心和对象的研究逐渐形成了不同的构式语法模型。克罗夫特和克鲁斯2004年曾梳理讨论了四种构式语法模型：菲尔默（Charles J. Fillmore）和凯伊（Paul Kay）的构式语法（Construction Grammar）主要探索句法关系和承继性（inheritance）问题（Fillmore & Kay 1993；Kay & Fillmore 1999）；莱考夫和葛德伯格的构式语法更多地集中于构式之间的范畴化关系研究（Lakoff 1987；Goldberg 1995）；兰艾克的认知语法集中研究语义范畴和语义关系（Langacker 1987a，1991a，1991b，1999b）；克罗夫特的激进构式语法（Radical Construction Grammar）则集中探讨句法范畴和普遍类型学问题（Croft 2001）。这些语法模型之所以都被称为构式语法，是因为它们都秉持这样三个基本原则：（1）作为符号单位的构式是独立存在的；（2）语法知识在人脑中具有一致的体现；（3）语法中构式是可以加以分类组合的。此外，后三种构式语法都属于基于用法的语法模型（usage-based model）（详见Croft & Cruse 2004：265-290；另见张克定2005）。刘润清（2013：464-465）认为，"以上四个小派，是大同小异，即在哲学基础和研究方法上相同，在关注点和细节上有

---

① 关于construction的不同译法，王寅（2011：23-52）进行了非常细致深入的分析、比较和讨论，有兴趣者可参考。

区别。"他还认为，上述构式语法理论呈现出如下几个主要特征：整体性，非模块性（non-modularity）；非派生性（non-derivational），单层面性（monostratal）；一致性；全面性。此外，构式语法还重视语用研究。

随着认知语言学的发展，构式语法理论不断深入，研究方法更加丰富，研究目标也大大拓展。2013年出版的《牛津构式语法手册》就集中综述介绍了以下七种构式语法模型。（1）伯克利构式语法（Berkeley Construction Grammar[①]）就是上文所说的菲尔默和凯伊的构式语法，该理论认为，无论是核心语法结构，还是边缘语法结构，都要用同样的机制进行描写和解释。这种构式语法主要使用两种分析工具，一是框盒套叠表征法（box within box representation），一是属性值矩阵标记法（attribute-value-matrix notation）。（2）基于符号的构式语法（Sign-Based Construction Grammar）由伯克利构式语法和语核驱动短语结构语法（Head-Driven Phrase Structure Grammar）演化而来，但有同有异。和伯克利构式语法与语核驱动短语结构语法一样，基于符号的构式语法也使用属性值矩阵标记法和特征结构来建构语言分析模型；和伯克利构式语法不同但与语核驱动短语结构语法相似，该构式语法中的特征结构按层级传承分类法区分为各种类型。在这种构式语法中，词库为句法-语义界面提供模型，词汇类构式定义词汇类别，组合类构式定义短语构式。（3）动变构式语法（Fluid Construction Grammar）是一种以构式语法、计算语言学和人工智能为基础的构式语法形式化模型，主要研究语法分析和产出的计算背景、基本数据结构与操作的形式化和复杂语言现象计算实现（computational implementation）的方法和技术。（4）体验性构式语法（Embodied Construction Grammar）旨在解决语言是如何在实际

[①] 菲尔默将他和凯伊提出并发展的构式语法改称为Berkeley Construction Grammar，意在有别于其他构式语法模型（Hoffmann & Trousdale 2013：5）。

交际环境和社会语境中使用的问题，目的是把潜存于人的语言行为背后的认知机制和神经机制在计算机上模拟出来，并根据心理语言学的证据，建构基于体验性构式语法的语言理解模型。（5）认知语法是由兰艾克独立发展的一种认知语法理论，其基本假设为：语言根植于人的体验性经验，根植于独立于语言的认知过程，如联系性、自主性、图式性、范畴化等。（6）激进构式语法是一种极具语言类型学色彩的构式语法模型，倡导句法-语义映射的样本语义模型，坚持非分解主义立场，把构式视为整体的完形现象。（7）认知构式语法（Cognitive Construction Grammar）就是上文所说的莱考夫和葛德伯格的构式语法，该语法理论认为，任一语言学模型原则上都应该能够解释说话人语言知识的所有方面；语法构式是语言的基本构件。认知构式语法不仅激发了对不同语言中各种构式的研究，也影响了语言习得和语言变化的研究（详见 Hoffmann & Trousdale 2013：111-252；另见张克定 2014b，2014c）。

葛德伯格（2013：15-16）认为，这七种构式语法模型采取的都是构式主义方法（constructionist approaches），它们共同持有且不同于乔姆斯基主流生成语法的五个原则：（1）语法构式是习得的形式和功能配对体；（2）语法不涉及任何转换或派生，语义直接与表层形式相联系；（3）各类构式构成一个网络，网络中的节点由传承性连接相联系；（4）语言之间存在着广泛的差异，跨语言概括可通过基本域的认知过程或所涉及构式的功能进行解释；（5）构式语法是一种基于用法的语法模型（参见张克定 2014b，2014c）。葛德伯格（2013：16）还指出，这些采取构式主义方法的构式语法也深受以下认知语言学主流观点的影响：（1）语义取决于说话人对情景的识解，而不是客观真值条件；（2）语义、信息结构和语用相互关联，各具功能，都是概念系统的有机组成部分；（3）概念化并不涉及充分必要条件，而是对典型的、规约化的实例之概括；（4）语言的首要功能是传递信息；（5）社会认知和身体经验对于解释说明语言学习和意义是绝对必要的。

在以上各种构式语法模型中，构式都是一个处于核心地位的关键概念，"具有象征性和表征性"（Boas & Fried 2005：2；Croft 2007：473）。菲尔默认为，语法构式（grammatical construction）指的是语言中的任一句型（syntactic pattern）。句型被指派一个或多个约定俗成的功能，并对其所在结构的意义或用法产生规约性影响（Fillmore 1988：36）。莱考夫认为，每一种构式[①]都是一个形式和意义的配对体（F，M），在这一配对体中，F是限制句法形式和音位形式的各种条件的集合，M是限制意义和使用的各种条件的集合（Lakoff 1987：467）。葛德伯格认为，构式是语言中的基本单位，是形式和意义或功能相匹配的配对体，而且形式或意义的某些方面不能从其构成成分中得到完全预测，也不能从其他先前已有的构式中得到完全预测。每个构式都把某些形式特征与某一交际功能进行匹配，这种形式与功能的匹配具有规约性。作为形式和意义的配对体，构式不依赖特定动词而存在。也就是说，构式本身承载意义，而其意义也不取决于句中的词语（Goldberg 1995：1-4，2006：3-5）。博厄斯（Hans C. Boas）和弗里德（Mirjam Fried）指出，把语法构式定义为语言形式和意义或功能的规约化联系（conventionalized associations），就使构式具有了人类语言的基本构成要素的地位（Boas & Fried 2005：2）。由上述可知，在构式主义方法中，句法特征和语义特征不再分别放置在句法部分和语义部分，而是被匹配在一起，这种匹配的结果就是形式-意义配对体，即构式。这就使我们能够对表达式的形式（包括句法、形态、音系）和功能（包括语义、语用、语篇功能）进行整合性的描述和解释

[①] 此处参考了梁玉玲等（1994：658）所译的《女人·火与危险事物——范畴所揭示之心智的奥秘》中的译法。该译著和李葆嘉、章婷、邱雪玫（2017）所译的《女人、火与危险事物：范畴显示的心智》都把construction译为"结构"，我们根据国内认知语言学界普遍接受的译法，将其改译为"构式"。

（Kanetani 2019：35）。可以说，采用构式主义方法，就是要对每种语言的整体进行描述和解释（Kay & Fillmore 1999）。这就是为什么葛德伯格（2003）会提出如下观点的缘由：我们语言知识的全部都可以由构式网络（即构式库）来解释清楚。

葛德伯格继承并发展了莱考夫的构式语法思想，提出了认知构式语法，先后出版了《构式：论元结构的构式语法研究》和《运作中的构式：语言中概括的本质》两部专著，在认知语言学界产生了巨大影响，"不仅引发了学界对不同语言中语法构式的研究，而且影响了一语习得、二语习得和语言变化等方面的研究"（Boas 2013：233）。构式是认知构式语法中极为核心的概念，对于构式，葛德伯格曾经给出了两个广为引用但又引起一定争议的定义。第一个是她在《构式：论元结构的构式语法研究》这部由其博士学位论文修改而成的专著中提出的（Goldberg 1995：4）：

> 构式是这样的形-义配对体，其"形"的某一方面或其"义"的某一方面不能从其组成成分中完全预测出来，也不能从先前已有的其他构式中完全预测出来。

"这个带有否定、排除特征的定义实际上针对的是生成语法的知识观——构式内部关系的组合性和构式之间的派生性（这是生成语法早期的派生观），进而凸显了构式语法范式中构式的整合性（完形性）和非派生性"（施春宏 2021：4）。具体来讲，这一定义有两个关键，一个是"形-义配对体"，一个是"不可预测性"。前者把语言的"形"和"义"结合起来加以匹配，使"形"和"义"融为一体；后者引入了一个判断构式的标准，要求作为形-义配对体的构式在"形"或"义"的某一方面不能得到完全预测。希尔珀特（Martin Hilpert）认为，这一标准抓住了习语所共有的特点，即习语的意义要大于其中各个词语意义之和，如英语中的 Let's call it a day, all of a sudden, by and large 等（Hilpert 2014：10）。这是习语意义的非组构性和不可预测性使然。我们认为，葛德伯格提出的不可预测性标准实际上是一种限制，意在强调凡是作为形-义配对体的构式，其"形"或"义"都不可完全预测。这样，"就把那些'形'和'义'完全可以预测出来的图式性构式（schematic construction）都排除在了构式之外，譬如，The farmer shot the rabbit 这一在英语中其形其义均可完全得到预测的构式，按照葛德伯格的定义，就不能被视为构式"（Taylor 2004：57，62，另见 Taylor 2002：567）。但是，这与语言事实不完全相符，使得构式成了一个无法准确把握的概念。就连她本人也在对该定义的注释中承认，"这一定义当然存在着某种不确定性"（Goldberg 1995：229）。实际上，任何语言中都有许多构式的"形"和"义"是可以预测的，如英语中的 The cup is on the table 和汉语中的"总经理在办公室里"，毫无疑问，这两个表达式显然分别属于某种形-义配对体，即属于某种构式，而且它们的"形"和"义"都是可以预测的。由此看来，"不可预测性"的限制力过于强大。实际情况应该是，语言中有些构式的"形"或"义"是不可完全预测的，但有些构式的"形"或"义"则是可以完全预测的。正因为如此，熊学亮（2015：8）"把构式分成构式义不能直接从其内部构分直接推得的增效构式和构式义可以直接从其内部构分直接推得的非增效构式，也就是说，如果用数字代表语言块，1+1=2 的构式就是非增效的构式，1+1>2 的构式即为增效构式"。由此可以认为，语言中既有其形其义可以完全预测的构式，也有其形其义不可完全预测的构式。所以，把"不可预测性"视为判断构式的强制性标准是非常不妥的。

葛德伯格对构式的第二个定义是在其《运作中的构式：语言中概括的本质》一书中提出的（Goldberg 2006：5）：

  任何语言构型，只要其形式或功能的某一方面不能从其组成成分中完全预测出来，也不能从业已存在的其他构式中完全预测出来，就可视为构式。此外，即使可以完全预测出来、但使用频率足够高的构型，也是作为构式而存储的[①]。

该定义中的第一句话是一个优先界定，构式仍具有不可预测性，凡有不可预测特征者，都仍应界定为构式，但第二句扩大了该定义的范围，把使用频率足够高且被作为构式记忆下来的形式结构也囊括进来了（Hilpert 2014：13-14）。这无疑有扩大化之嫌。不仅如此，葛德伯格在该定义之前还有如下表述（Goldberg 2006：5）：

> 语法分析的所有层面都涉及构式：即习得的形式与语义功能或语篇功能的配对体，包括语素、词、习语、半固化的短语和固化的短语。

这就大大扩大了构式的范围，"使得任何形式与内容的两面体都成了构式，形式面包括句法、词汇、语音特征，内容面涉及语义、语用、话语功能特征，所有的语言单位便都成了构式"（熊学亮 2009：323）。因此，陆俭明（2011：163，2016）指出，葛德伯格"将构式的范围弄得过于宽泛，以致造成了自身不可克服的矛盾，有些地方恐怕难以自圆其说"。这在无形中使构式变得不可捉摸，也让人无所适从。

葛德伯格对构式的界定虽然有失严谨，但仍有不可低估的理论价值和应用价值。从整体上说，她和莱考夫提出的认知构式语法是一种发展很成熟的认知语言学理论。可以说，认知构式语法具有很高的理论价值，提醒我们不要将句法格式（即构式）所表示的语法意义误归

[①] 继上述两个构式定义之后，葛德伯格在其2019年出版的新著中基于对人类记忆、（语言）学习和范畴化的理解又提出了构式的新定义：构式可理解为有损的记忆痕迹的涌现集群（emergent clusters of lossy memory traces），它们在共有的形式、功能和语境维度的基础上与我们的高维概念空间相匹配，相一致（Goldberg 2019：7）。这一定义更加宽泛模糊，故不在此讨论。

到构式中某个词的身上。认知构式语法对语言的应用研究也有直接的参考价值，有助于我们去进一步探索影响句子意思的因素，去进一步探索句子意思的组成。而更重要的一个方面则是认知构成语法为语言研究，尤其是为语法研究提供了一种新的视角，引起我们对以往语法理论的新的反思和思考，有助于开拓语法研究的新领域。（参见陆俭明 2011：156-160）

同认知构式语法一样，激进构式语法也认为，构式是形式和意义的配对体，也就是句法结构同语义结构的配对体；同时，激进构式语法还接受认知语法中构式为象征结构的观点，也认为构式本质上为象征单位（参见Croft 2001：18，203-204，2013：213）。据此，克罗夫特以图解的方式对构式进行了如图2-4所示的界定（Croft 2001：18；另见Croft & Cruse 2004：258）。

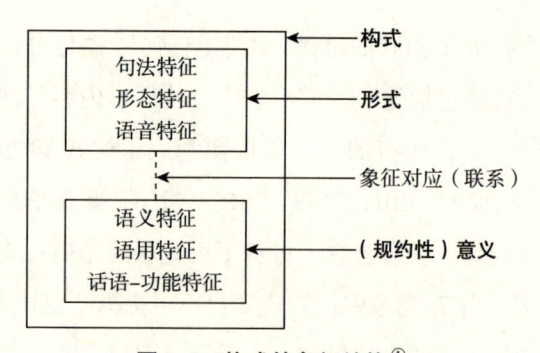

图2-4　构式的象征结构[①]

图2-4清楚地展示了克罗夫特关于构式的观点。构式（如大矩形所示）由形式和意义（如小矩形所示）相匹配而成，形式包括句法、形态、语音特征，意义即规约性意义（conventional meaning），包括语义、语用、话语-功能特征，形式和意义由象征对应在构式内部进行匹配而联系起来（如虚线所示）。图2-4中的"（规约性）意义"意

---

① 在图2-4中，"形式""（规约性）意义""构式"的英语原文均为大写，即FORM、(CONVENTIONAL) MEANING、CONSTRUCTION，故用黑体字示之。

在表征构式功能的所有规约化方面,包括情景特征、语篇特征、语用特征、言者特征等等,因此,克罗夫特所说的"意义"和"语义"是指构式之功能的所有规约化特征(Croft 2001:19)。图2-4还表明,构式的形式与意义/功能并不是各自独立存在的,而是紧密联结在一起的,是构成构式的不可分离的组成部分(inseparable parts)(Boas 2021:281)。克罗夫特进一步总结道,构式是一种固化现象,因此是基本语法单位;构式是语言社团中经常使用的,因此具有规约性;构式涉及形式和意义的配对,因此具有象征性(Croft 2005:274,Croft 2013:217)。简而言之,在激进构式语法看来,构式就是一种基本的规约化象征单位。

认知语法是兰艾克从其1982年提出的空间语法(space grammar)逐步建立起来的一种最具系统性的认知语言学理论,其代表性著作为1987年的《认知语法基础:理论前提》和1991年的《认知语法基础:描写应用》。作为一种富于创新意义的"语言学理论"(Langacker 2008a:1),认知语法坚信语言在本质上具有象征性、认知性、自然性(naturalness)、离散性(discreteness)、实体性(substance)和复杂性(complexity)(详见Langacker 1987a:11-30)。兰艾克(1987a:76,2008a:15)认为,在语法研究中只要设立三个基本单位,就可以大致描述语言在人们心智中的表征情况(参见王寅 2011:18)。这三个基本单位分别是语音单位(phonological unit)、语义单位(semantic unit)和象征单位,它们又分别叫作语音结构(phonological structure)、语义结构(semantic structure)和象征结构(symbolic structure)。语音单位是指语言的显性体现,既指语言的物质表征,即语音,也指语言的抽象表征,即音位,还可指手势和拼写表征;语义单位就是语言表达式的意义,包括表达式的命题内容、识解、功能、语用因素以及语言理解所依赖的百科知识等;象征单位具有双极性(bipolar),包括一个语音极(phonological pole)和一个语义极

(semantic pole），具有将语音单位和语义单位加以匹配的作用，因此，象征单位中的语音极（形）和语义极（义）不可分离，相互激活，共同构成形-义配对体（Langacker 1987a：76-86，2008a：15-21，2017a：85-86；Taylor 1996：58-61，2002：20-22；王寅 2011：18-19）。从这个意义上讲，构式这种形-义配对体也就是由语言形式和概念意义相匹配的象征单位（Hilpert 2021：6）。泰勒（John R. Taylor 2002：21）根据象征单位的性质和作用，把象征单位理解为象征关系（symbolic relation），并将其和语音单位与语义单位之间的象征关系图解为图2-5。

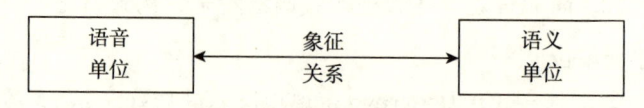

图2-5　语音单位和语义单位之间的象征关系

图2-5表明，任何语言表达式，无论大小，无论简繁，无论是词、短语、句子，还是语篇，都是形-义配对体，其"形"（即语音单位、语音极）其"义"（即语义单位、语义极）通过象征关系而得以联结和匹配。

认知语法认为，语言在本质上具有象征性；认知语法还认为，"语法（即语法结构）本质上也具有象征性"（Langacker 1987a：56，2008a：161），这是认知语法的一个核心理论观点，是其所秉持的"象征论"（symbolic thesis）（Taylor 2002：20）的体现。"语法涉及多个语素和更大的表达式的组合，这些组合进而形成更为复杂的象征结构，这些象征结构就叫作语法构式，因此，构式就是象征复合体。也就是说，构式是由两个或两个以上的构成成分所组成的象征结构"（Langacker 1987a：82），这是"语言所具有的复杂结构由简单结构组合而成这一本质属性"（Langacker 2008a：15）使然。泰勒的观点与兰艾克基本相同，他认为，"构式可以大致定义为任何可被分解成组成部分的语言结构"（Taylor 2002：561）。托马斯洛（Michael

Tomasello 1998b：xvi）认为，从根本上讲，语言构式（linguistic construction）是同类象征单位的认知图式，并存在于其他认知域中。这些图式或构式大小不等，既可以是简单的，也可以是复杂的，既可以是具体的，也可以是抽象的。

"构式语法和认知语法均认为，词汇和语法构成一个有意义的构式连续体"（a continuum of meaningful constructions）（Langacker 2009c：225）。两者都把构式作为语言研究的对象和分析的基本单位，并认为，"语法分析的所有层面都涉及构式"（Goldberg 2006：5），而语法分析的目的就是要清晰准确地详细描述语言中的构式（Langacker 2008a：161）。克罗夫特在其激进构式语法中也持有基本相同的观点。他指出，"构式由与语义结构相匹配的句法结构组成，其成分通过象征关系与语义结构相联结，而象征关系正是语法意义之所在"，因此，"语言描写就是要比较详细地描写每一构式的语义、语用和语篇功能，因为构式是象征单位，其功能不仅是构式之形式的一部分，也是语言规约的一部分"（Croft 2001：203，60）。由此可以认为，作为语言的基本单位，构式具有规约性、象征性和图式性，是形式和意义/功能相匹配的统一体。

以上简要概述了认知构式语法、激进构式语法和认知语法关于构式的观点和界定，他们的看法同大于异，都把构式视为语言研究和描述的主要对象，都将构式看作形式-意义配对体，都认为词汇和语法表征的是构式连续体，都认为构式在不同的具体层级上各具特点，低层级构式与图式性构式同等重要（Langacker 2017b：263）。

第六节 隐喻性空间关系构式

上一节简述了认知语言学中的构式观，着重概述了认知构式语法、激进构式语法和认知语法中的构式观。本节所要探讨的隐喻性空间关系构式属于比较特殊的构式，它除了本身所具有的隐喻性之外，还具有完句性和部分组构性特质。

所谓完句性，是就结构而言的，是指隐喻性空间关系构式要包含一套完整的主谓结构，应是一个完整的句子。构式是语言的基本单位，是语法分析的各个层面都会涉及的对象。作为语言的基本单位，"构式具有复杂度不一、图式性不一的本质特征"（Hilpert 2021：7），也就是说，构式本身会有大小之分，会有简繁之别。在认知构式语法中，葛德伯格曾举例说明了构式的大小与简繁。她认为，最小的构式是语素，最大的构式是句子（Goldberg 2003，2006：5），如表2-4所示（参见刘国辉 2007）。

表2-4 葛德伯格（2003，2006）对构式的分类及例示

构式	例子
语素	pre-, -ing
词	avocado; anaconda; and
合成词	daredevil; shoo-in
半固化合成词	[N-s]（指规则变化的复数名词）
固化习语	going great guns; give the Devil his due
半固化习语	jog \<someone's\> memory; send \<someone\> to the cleaners
共变条件构式	the more you think about it, the less you understand
双及物构式（双宾语构式）	he gave her a fish taco; he baked her a muffin
被动构式	the armadillo was hit by a car

后来，她的看法稍有改变，最大的构式仍是句子，但最小的构式则是词（Goldberg 2009，2013：17），如表2-5所示。

表2-5 葛德伯格（2009，2013）对构式的分类及例示

构式	例子
词	Iran; another; banana
半固化词	pre-N; V-ing
合成词	textbook; drive-in
固化习语	going great guns; give the Devil his due
半固化习语	jog <someone's> memory; <someone's> for the asking
共变条件构式	the more you watch, the less you know
双及物构式（双宾语构式）	she gave him a kiss; he fixed her some fish tacos
被动构式	the armadillo was hit by a car

在认知语法中，兰艾克则直言不讳地说，他是在一个十分宽泛的意义上使用构式这一概念的。构式就是大小不等的表达式，既可以是语素、词、短语，也可以是句子；另外，由反复使用、反复出现的表达式抽象而来的图式，也是构式（罗纳德·兰艾克2007：94；Langacker 2017c：90）。同葛德伯格一样，兰艾克又在其《认知语法导论》中说，构式可以是词、短语、小句、句子，甚至可以是语篇（Langacker 2008a：161）。由此看来，认知语言学界对于构式的大小与简繁还没有完全达成共识。但就现实空间关系构式而言，"有一点是可以肯定的：语素和词不可能成为空间关系构式，因为语素和词不可能涉及两个事物，故无法表达事物之间的关系，包括空间关系"（张克定2016a：21）。而就隐喻性空间关系构式来讲，不仅语素和词（至少在英语和汉语中）不可能成为隐喻性空间关系构式，短语也不可能成为隐喻性空间关系构式，因为短语性构式虽然会涉及两个事物，但是无法明确表达事物之间的隐喻性空间关系。譬如，the path along the vegetable garden，the great man in love和an idea from my friend Brittany这三个名词短语虽然都表达了中心词path，man，idea

所指实体分别与介词引导的名词短语the vegetable garden, love, my friend Brittany所指实体之间的某种（空间）关系，但体现不出任何隐喻性（空间）关系。若要表达上述三对实体之间的隐喻性空间关系，就要使用完句性构式，即含有一套完整主谓结构的构式，如例（23）—（25）所示。

（23）The path runs along the vegetable garden.
（24）The great man is in love.
（25）An idea comes from my friend Brittany.

例（23）表达的是一种虚构性空间位移关系，这是认知主体将可动实体的可动性特征赋予不可动实体，进而将其构想为沿着另一实体移动的结果。例（24）表达的是一种抽象性空间方位关系，是"爱情即容器"这一概念隐喻使然。例（25）表达的是一种抽象性空间位移关系，这是认知主体将可动具体实体的可动性特征赋予抽象实体，进而将其构想为以另一实体为起点而移动的结果。同样，例（26）—（28）这三个汉语构式表达的也是隐喻性空间关系，分别为虚构性空间位移关系、抽象性空间位移关系和抽象性空间方位关系。

（26）一条羊肠小道穿过九层陡崖十条沟。[①]
（27）这对年轻人很快坠入爱河。
（28）安夫还在梦乡中。

这就表明，英语和汉语在表达由某种认知机制促动的隐喻性空间关系时，使用的都是含有一套完整主谓结构的小句[②]性构式（clausal

---

[①] 本书所用的中文例句，除注明出处者外，均来自北京语言大学"BCC语料库"，网址为http://bcc.blcu.edu.cn/。

[②] 英语中有clause（小句，分句）和sentence（句子）之分，但在具体语言使用中，两者很多时候是重叠的。如果前者单独运用，就成了句子，即简单句；如果用于并列句或复合句则成为其中的分句。本书所说的小句仅指前一种情况，即含有一套完整主谓结构的简单句。

construction），而不是低于小句层面的短语、词或语素。据此可以认为，在英语和汉语中，隐喻性空间关系构式通常均具备完句性特质。

所谓部分组构性，是就意义而言的，是指隐喻性空间关系构式的意义不能从其组成成分的意义直接相加而来。关于语言表达式的意义，有两种组构性（compositionality）观点，一种是完全组构性（full compositionality）观点，一种是部分组构性（partial compositionality）观点。完全组构性观点主要是生成语言学和形式语义学（formal semantics）所秉持的观点，这种从弗雷格（Gottlob Frege）传承下来的观点通常也被称作"组构性原则"（principle of compositionality）（Partee 2004：153；Portner 2005：34；Löbner 2013：11）。根据该原则，一个句子的意义是由其部分的意义和其部分的组构方式决定的（Koeneman & Zeijlstra 2017：245-246；Kemp 2018：27-28）。多数学者在讨论说明完全组构性时没有使用"句子"（sentence），而是使用"复合表达式"（complex expression），他们认为，语言中复合表达式的意义是由其句法组成成分的意义与组成成分的结合方式决定的（Hinzen et al. 2012：1），或者说，复合表达式的意义是其组成成分的意义和组成成分的句法组合方式的函数关系（Cann 1993：4；Janssen 2012：19；Partee 2016：7）。米勒（Alexander Miller 2018：18）则把复合表达式的"意义"叫作"语义值"（semantic value），认为复合表达式的语义值取决于组成成分的语义值和组成成分的组合方式。泰勒将完全组构性称为绝对组构性（strict compositionality），并将其理解为：复合表达式的意义完全是由其构成部分的意义和构成部分的结合方式决定的。他还将这一理解具体分解为：（1）一个复合表达式中的每一组成成分都有一个固定不变的意义；（2）简单成分组合成为复合表达式的方式对复合表达式的意义的贡献也是固定不变的；（3）表达式组成成分的语义特征完全包含在复合表达式之中；（4）除组成成分的意义和组合方式之外，没有任何"额外"（surplus）意义可以添加到复合表达式上（Taylor 2002：98）。由此可以看出，按照完全组构性观点，复合表达式中的成分意义加上组合方式就可以构成其整体意义。这就是说，复合表达式的整体意义就是其部分意义之和。

部分组构性观点是认知语言学所秉持的观点。所谓部分组构性，就是复合表达式的组成成分并不完全决定表达式整体的意义，而只是为表达式整体贡献意义（Taylor 2002：589）。莱考夫认为，构式的意义不能通过一般规则从其组成成分的意义计算出来，而是由其组成成分的意义促发出来的（Lakoff 1987a：582）。葛德伯格认为，构式本身具有意义，该意义独立于语句中的词语而存在，而一个表达式的意义则是由词项意义和构式义整合而来的（Goldberg 1995：1，16）。兰艾克也指出，一个表达式的意义不是其组成成分意义的简单堆砌，而是由相互关联的组成成分以特定方式整合出来的，是由对应性、范畴化和象征复合体的语义极侧显等共同阐释而来的（Langacker 2008a：168）。这就说明，复合表达式的意义仅呈现出部分组构性，而不是完全组构性。根据部分组构性，复合表达式的构成成分不是用作它的构件，而是用以从各个方面来引发、促动其意义的概念化。此外，复合表达式意义的部分组构性还在于，实际的语言使用往往要利用其他资源信息，如一般常识、语境知识、百科知识等（Langacker 2017a：87-88，2017c：116，120）。认知语言学的这种部分组构性观点与完形心理学中的"整体大于部分之和"（Koffka 1935：176）的基本原理完全一致。

据此可以认为，隐喻性空间关系构式具有部分组构性特质。这类构式的意义不仅要包括其构成成分的意义和构成成分的组合方式，而且还要包含认知主体对情景的感知、体验、识解、认知加工、凸显、概念化、语境信息等许多语言之外的资源信息。这就是说，隐喻性空间关系构式的构成成分及其组合方式只为其提供了部分意义，其整体意义还需要语言外意义的加盟。譬如，上例（23）这一虚构性空间位移关系构式的意义就包含其三个构成成分 the path、run 和 along the vegetable garden 的意义以及这三个成分的组合方式，还包含了认知主体把静态空间方位关系识解为动态空间位移关系的方式、把不可动实体构想为可动实体的想象力、把可动实体的可动性赋予不可动实体之上的隐喻方式，等等。这就说明，隐喻性空间关系构式，毫无疑问，属于1+1>2的增效构式，而不属于1+1=2的非增效构式。

第三章 位移事件的客观性和主观性

> 诗是由真实经过想象而出来的,不单是真实,亦不单是想象。
> ——戴望舒/《望舒诗论》

客观世界中存在着各种各样的事物,事物在空间中也占据着一定的位置。在人们感知到的情景中,有些事物是不可动的,有些事物则是可动的。当人们观察、感知、体验不可动事物时,会识解出静态情景;当人们观察、感知、体验可动事物时,会识解出动态情景。所谓动态情景,就是可动事物在空间中发生了位置的变化,即位移。一事物以另一事物为参照从一个空间位置移动到另一空间位置,即从起点位置移动到终点位置的过程,就是位移事件(motion event)。位移事件既离不开客观事物,也离不开人这一认知主体的观察、感知、体验、识解和认知加工,因此,位移事件既有客观的一面,也有主观的一面。本章就来讨论位移事件的客观性和主观性问题。

第一节 位移与位移事件

在客观世界中,占据着一定空间位置的事物常常会在空间中发生位置上的变化,这种事物在空间中的位置变化是事物的运动形式之一。正如亚里士多德所说,"运动总是事物的运动,离开了事物,就无所谓运动。运动的形式有：本体的生灭、性质的变化、数量的增减和位置的移动"（汪子嵩 2016：66）。在这四种运动形式中，事物位置的移动不仅涉及事物，而且必然涉及空间。据此可以认为，事物位置的移动就是事物在空间中的位置变化，即事物从一个空间位置移动到另一个空间位置，事物在空间中的这种位置移动可称为位移。

位移可以是可动事物在空间中实际发生的位置变化，这种位移通常叫作现实位移（factual motion）。位移也可以是不可动事物或抽象事物由认知主体构想出的位置变化，这种位移通常叫作隐喻性位移（metaphorical motion）。现实位移是认知主体通过直接感知所观察到的、实际上发生的真实位移（veridical motion）（Talmy 1996a, 2000a）。隐喻性位移是认知主体基于对客观世界中现实位移的感知和体验，运用认知想象能力所构想出的、实际上并未发生的视觉上的或心理上的位移。

无论是现实位移，还是隐喻性位移，都必然要涉及至少两个实体，一个是移动的或被构想为移动的实体，一个是作为参照物的实体，前者相对于后者而移动。移动的或被构想为移动的实体可称为位移主体（mover），衬托位移主体在空间中发生位置变化的实体可叫作参照实体。位移主体相对于参照实体在空间中从起点移动到终点的运动过程则可称为位移事件，实际上确实发生的位移事件为现实位移事件（factual motion event），而由认知主体运用一定的隐喻机制所构想出的位移事件则为隐喻性位移事件（metaphorical motion event）。

在认知语言学界，大家一般都认为，最早对位移和位移事件展开探索研究的是塔尔密。作为认知语言学的创始人之一，塔尔密早在1985年就开始关注位移和位移事件，他从语言类型学和词汇化两个角度对位移事件的研究引起了认知语言学界的广泛兴趣。在探讨不同语言对空间和位移的词汇化模式（lexicalization patterns）时，塔尔密把含有运动（movement）或位移（motion）和持续处于某处的情景视为位移事件（Talmy 1985：60，1991，2000b：25，2007：70）。从中可以看出，含有运动或位移的情景是具有运动性质的动态事件，而含有处所的情景则是具有持续存在性质的静态事件（李福印 2017）。在其后的研究中，有些学者直接沿用塔尔密的观点而未加深究，如严辰松（1998）、邵志洪（2006）、王义娜、张晓燕（2007）、史文磊（2012，2014）、Gennari et al.（2002）、Bohnemeyer et al.（2007）、Beavers et al.（2010）、Vulchanova & van der Zee（2013）、Batoréo（2016），等等；有些学者则对位移事件进行了深入的再思考，提出了更加具体明晰的定义，如 Chu（2004）、Radden & Dirven（2007）、Filipović（2007）、Filipović & Ibarretxe-Antuñano（2015）、Gaby & Sweetser（2017）、范立珂（2015，2016）、Lin（2015，2019），等等。

储诚志认为，位移（事件）可理解为一物体在一定时间内沿着一定的空间跨度相对于另一（些）物体连续从一个位置移动到另一个位置（Chu 2004：6）。这就是说，位移事件就是一物体在时间和空间中相对于另一（些）物体所发生的位置变化。雷顿（Günter Radden）和德温（René Dirven）从位移图式的角度指出，"位移事件具有方向性，通常会激活'起点-路径-终点'意象图式，即物体或人从起点出发沿着路径到达终点的意象图式"（Radden & Dirven 2007：278）。菲利珀维奇（Luna Filipović）等认为，"位移事件是发生在一定时空场域中的一种事件，要对位移事件进行分类和描述就必须涉及空间特征和时间特征，据此，位移事件可定义为这样一种位置变化：一个处于某一位置的实体在时点 A 开始移动，在时点 B 结束于另一位置"（Filipović 2007：315；Filipović & Ibarretxe-Antuñano 2015：528）。加比（Alice Gaby）和斯威策（Eve Sweetser）认为，"每一个位移事件都涉及位置变化与时间推移，如一列火车在时点 α 时处于位置 α，继而在时点 β 移动到了位置 β"（Gaby & Sweetser 2017：635）。范立珂（2015：2，2016）认为，位移是"事物处所的空间位置发生的相对改变",位移事件是"位移动体从起点开始到终点结束的一次位移运动"。林静霞(音译)把位移事件视为一物体相对于另一物体而移动并改变位置的事件(Lin 2015:322,2019:1)。

从上述定义可以看出,位移事件是一种具有时空性、参照性和方向性的位移图式。这种位移图式的时空性在于,一个实体的移动总是发生在一定的时间和空间之中;其参照性在于,一个实体的位置变化总是以另一个(或几个)实体为参照而发生;其方向性在于,一个实体的位置变化总是从起点开始沿着一定的路径移动到终点,而不能相反。据此,位移事件就可定义为一个实体在一定的时间和空间中以另一实体为参照从起点开始移动到终点的位置变化过程。在位移事件中,位置发生变化的实体为位移主体,衬托位移主体之位置变化的实体为参照实体;位移主体发生位移前所处的位置为起点,位移主体发生位移所到达的位置为终点;位移主体从起点移动到终点所经过的线性位移轨迹为路径,位移主体发生位移时所占用的时间和空间为时空框架。据此,我们就可以把位移事件再定义为位移主体在一定的时空框架中,以参照实体为衬托,沿着一定的路径,从起点移动到终点的运动过程。

塔尔密(1985:61,2007:70,2000b:25)认为,位移事件通常包括四个基本要素,即位移主体、参照实体、位移和路径。所谓位移主体,就是在时空框架中发生位置变化的实体;所谓参照实体,就是衬托位移主体之位置变化的实体,参照实体可以是一个实体,也可以是一个以上的实体,参照实体可以是位移主体发生移动的起点,可以是位移主体发生移动时所到达的终点,还可以是位移主体移动过程中经过的地点或整个路径;所谓位移,就是位移主体在参照实体的衬托下所发生的位置变化的全过程;所谓路径,则是指位移主体从起点移动到终点所经过的线性位移轨迹。例如:

(1) Corrales walked out of the room.

(2) Jeremy and I walked back to the car.

(3) I walked out of my trailer towards the gate of my backyard.

(4) On foot patrol, he walked smoothly across the overgrown field.

(5) 周总理走进6号楼,沿着长长的走廊走进毛主席的卧室。

这几例描述的都是位移事件,但涉及的基本要素不完全相同。在例(1)所描述的位移事件中,Corrales所指的实体为位移主体,动词walked表示位移,短语介词out of表示路径,the room所指的实体为参照实体,是位移主体Corrales发生位移的起点。在例(2)所描述的位移事件中,Jeremy and I所指的实体为位移主体,动词walked表示位移,介词to表示路径,the car所指的实体为参照实体,是位移主体Jeremy and I发生位移时所到达的终点。例(3)所描述的位移事件涉及两个参照实体,一个是位移的起点,一个是位移的终点,其中的I所指的实体为位移主体,动词walked表示位移,短语介词out of和介词towards表示路径,分别标示起点和终点,my trailer和the gate of my backyard所指的实体为参照实体,前者为位移主体I发生移动的起点,后者为位移主体I发生位移时所到达的终点。例(4)所描述的位移事件涉及整个路径,其中he所指的实体为位移主体,动词walked表示位移,介词across表示路径,the overgrown field所指的实体为参照实体,是位移主体he移动时所经过的地方,顺便提及,此例中的smoothly表示位移主体移动的方式。例(5)这一汉语例子分段描述了一个连续的位移事件,前段为"周总理走进6号楼",后段为"(周总理)沿着长长的走廊走进毛主席的卧室"。在这一连续位移事件的前段中,位移主体为"周总理",动词"走"表示位移,趋向动词"进"表示路径,"6号楼"所指的实体为参照实体,是此段位移事件中位移主体到达的终点。在这一连续位移事件的后段中，位移主体是隐含的，仍为"周总理"，介词"沿"表示路径，助词"着"表示动作的持续，"长长的走廊"所指的实体为参照实体，是位移主体移动时所经过的地方，动词"走"表示位移，趋向动词"进"表示路径，"毛主席的卧室"所指的实体也是参照实体，是位移主体移动到达的终点。从整体上看，例（5）描述的位移事件是："周总理"先从外面"走进""6号楼"这一终点，然后，继续沿着楼内"长长的走廊"这一路径，"走进""毛主席的卧室"这一目的地终点。

由上述可知，在位移事件的四个基本要素中，位移主体和参照实体是两个基本而关键的要素。若没有位移主体，就没有位移；若没有参照实体，位移主体就没有位移的衬托，也就没有路径。因此，凡是位移事件，都必须涉及一个作为位移主体的实体和至少一个作为参照实体的实体。简而言之，位移事件至少涉及位移主体和参照实体这两个实体。世界中的实体具有不同的性质，既有具体实体，也有抽象实体，具体实体又有可动具体实体和不可动具体实体之分。如果依据位移事件所涉及的位移主体和参照实体这两个关键要素来考虑位移事件，那么，就可以有两大类位移事件：一类是现实位移事件，一类是隐喻性位移事件。现实位移事件就是其位移主体和参照实体均为具体实体的位移事件。隐喻性位移事件又有虚构性位移事件和抽象性位移事件之分。虚构性位移事件就是其位移主体为不可动具体实体、参照实体为具体实体的位移事件；抽象性位移事件又有两种：一种是其位移主体为抽象实体、参照实体为具体/抽象实体的位移事件，另一种是其位移主体为具体实体、参照实体为抽象实体的位移事件。据此，位移事件及其分类可总结为表3-1。

表 3-1　位移事件及其分类

位移事件						
现实位移事件		隐喻性位移事件				
^		虚构性位移事件		抽象性位移事件	
位移主体	参照实体	位移主体	参照实体	位移主体	参照实体
具体实体	具体实体	不可动具体实体	具体实体	抽象实体	具体/抽象实体
^	^	^	^	具体实体	抽象实体

表3-1所列举的各类位移事件虽然都涉及位移主体和参照实体这两个关键要素，但不同的位移事件对充当位移主体和参照实体的实体会有不同的要求和限制，隐喻性位移事件尤其如此。譬如，虚构性位移事件就要求位移主体必须是具有相当长度的线性具体实体，抽象性位移事件对充当位移主体和参照实体的实体也有其自身的要求和限制。在位移主体为抽象实体的抽象性位移事件中，位移主体要求由指称想法类抽象实体或消息类抽象实体来充当，参照实体通常是由具体实体充当，但有时也可以由抽象实体充当；在参照实体为抽象实体的抽象性位移事件中，位移主体往往要求由指称人这样的具体实体来充当，参照实体则要求由指称人的情感状态或生活/生存状态的抽象实体来充当。

第二节　现实位移事件和隐喻性位移事件

在位移事件中，如果位移主体为可动实体，并在时空框架中相对于参照实体确实发生了实际的空间位置变化，这样的位移事件就是现实位移事件。如果位移主体本身为不可动实体或抽象实体，而只是认知主体依据其对客观事物的感知、体验和认知加工，运用一定的认知机制和认知想象能力将其构想为可动实体，使其在视觉上或心理上发生了相对于参照实体的位置变化，那么，这样的位移事件就属于隐喻性位移事件。由此可知，现实位移事件和隐喻性位移事件属于不同性质的位移事件，具有不同的认知特性。

无论是现实位移事件，还是隐喻性位移事件，都与认知主体的感知、体验和识解方式有关。前者是认知主体对空间中实际发生的位移事件识解的结果，后者是认知主体基于其感知和体验将空间中的静态事件或抽象事件识解为动态事件的结果。隐喻性位移事件可分为两类三种，一类是虚构性位移事件，一类是抽象性位移事件；抽象性位移事件又有两种，一种是位移主体为抽象实体的抽象性位移事件，另一种是参照实体为抽象实体的抽象性位移事件。虚构性位移事件是认知主体将可动实体的可动性特征赋予不可动实体，并将获得了可动性特征的不可动实体识解为以另一实体为参照而发生了视觉上的空间位置变化。例如：

（6）John runs along the seaside.

（7）我们沿着一条小径漫步，走向一小群矮小的，四四方方的单层建筑物。

（8）The highway runs alongside the bay.

（9）[几座草房子，傍着一泓秋水，]一条小径蜿蜒向深处。

例（6）和例（7）描述的均为现实位移事件。例（6）描述的是位移主体John以the seaside为参照实体而跑动这样一个实际发生的现实位移事件。例（7）描述的也是一个实际发生的现实位移事件，在这一现实位移事件中，位移主体"我们"以"一条小径"为路径参照实体"走向"终点参照实体"一小群矮小的，四四方方的单层建筑物"。例（8）和例（9）描述的均为虚构性位移事件。例（8）描述的是本为不可动实体的位移主体the highway以the bay所指的实体为参照而"跑动"这样一个由认知主体构想出来的虚构性位移事件。与例（8）一样，例（9）描述的也是一个虚构性位移事件，在这一虚构性位移事件中，本为不可动实体的位移主体"一条小径""蜿蜒"伸向参照实体"深处"这一终点。

由此可知，现实位移事件和虚构性位移事件有着本质性差异，其差异在于位移主体所具有的不同特性。例（6）和例（7）中的位移主体John和"我们"所指的实体均具有可动性特征，属于可动实体，可以在空间中发生实际的位置变化，因此，这两例所描述的均为现实位移事件。然而，在例（8）和例（9）中，位移主体the highway和"一条小径"所指的实体都不具备可动性特征，均为不可动实体，却被描述为以the bay和"深处"所指的实体为参照实体而发生了视觉上的空间位置变化，因此，这两例描述的均为虚构性位移事件。认知主体之所以能够构想出此类虚构性位移事件，是基于不可动实体的动态化机制。所谓不可动实体的动态化机制（详见第四章），就是"认知主体依据其对客观世界中物质实体的感知和体验把可动实体的可动性特征赋予或投射到不可动实体之上的认知机制"（详见张克定2018）。这一认知机制实际上与认知主体的认知想象能力、隐喻能力和识解能力密切相关。认知想象能力使认知主体能够将不可动实体构想为可动实体，隐喻能力使其能够把可动实体的可动性特征赋予不可动实体，识解能力使其能够将一个静态事件构想为一个动态事件，从而把一个不可动实体识解为可动实体，并以另一实体为参照在视觉上发生空间位置变化。

与虚构性位移事件一样，抽象性位移事件也是认知主体依据其对现实位移事件的感知和体验所构想出的一种隐喻性位移事件。在构想位移主体为抽象实体的抽象性位移事件的过程中，认知主体依据其对现实位移事件的感知和体验，运用其认知想象能力把抽象实体构想为可动实体，进而将其描述为以另一实体为参照实体而发生心理上的空间位置变化。可以认为，位移主体为抽象实体的抽象性位移事件，不同于现实位移事件，不是抽象实体在空间中发生了实际的位置变化，而是认知主体构想出来的、发生在心理上的位置变化的位移事件。这就是说，位移主体为抽象实体的抽象性位移事件是认知主体根据其对现实位移事件中可动具体实体在空间中发生位移的感知和体验，运用其认知想象能力将抽象实体构想为可动实体，通过能动的认知加工使其在心理上发生相对于参照实体的位置变化的一种隐喻性位移事件。认知主体之所以能够构想出位移主体为抽象实体的抽象性位移事件，是抽象实体的具体化和可动化机制（详见第六章）使然，这就是位移主体为抽象实体的抽象性位移事件的理据性所在。具体来讲，这一认知机制包括两个方面：第一，认知主体依据对具体实体在空间中发生位置变化的感知、体验和认知加工，把具体实体的具体性投射到抽象实体之上，从而使抽象实体具有了具体性；第二，认知主体依据对可动具体实体的体验和认知加工，把可动实体的可动性赋予抽象实体，从而使抽象实体在获得具体性的基础上又获得了可动性。这样，认知主体就可以把抽象实体构想为具体可动的实体而发生心理上的空间位置变化（参见张克定 2020）。例如：

（10）That decision came from the office of the Provost.
（11）This idea came from Masaccio.
（12）该消息来自一位与朝鲜关系密切的外交人士。
（13）张维伦的观点来自本报记者采访。

这几例描述的均为位移主体为抽象实体的抽象性位移事件。在例（10）和例（11）这两个英语构式中，that decision 和 this idea 所指的实体均为抽象实体，既没有具体性，也没有可动性。但是，认知主体运用抽象实体的具体化和可动化机制，把可动具体实体的具体性和可动性映射到 that decision 和 this idea 所指的抽象实体之上，进而将其构想为可动的实体，并分别以 the office of the Provost 和 Masaccio 所指的实体为参照而发生了心理上的空间位置变化。同样，在例（12）和例（13）这两个汉语构式中，"该消息"和"张维伦的观点"所指的也是既没有具体性，也没有可动性的抽象实体，但在抽象实体的具体化和可动化机制的作用下，被赋予了具体性和可动性，从而被构想为以"一位与朝鲜关系密切的外交人士"和"本报记者采访"所指的实体为参照实体而发生了心理上的空间位移。

另一种抽象性位移事件是参照实体为抽象实体的抽象性位移事件。同虚构性位移事件和位移主体为抽象实体的抽象性位移事件一样，参照实体为抽象实体的抽象性位移事件也是认知主体依据其对现实位移事件的感知和体验所构想出的一种隐喻性位移事件。在构想这种抽象性位移事件时，认知主体运用其认知想象能力把抽象实体构想为具有空间性的实体，并以其为参照实体来衬托某一具体实体发生心理上的空间位置变化。可以说，参照实体为抽象实体的抽象性位移事件是有理据的，其理据就是抽象实体的三维空间化机制（详见第六章）。认知主体运用这一机制赋予本身并无空间特征的抽象实体以空间特征，从而将其视为参照实体来衬托某一具体实体发生心理上的空间位移。在这种抽象性位移事件中，作为位移主体的具体实体可以移动到作为参照实体的抽象实体的抽象空间范围之内，也可以移动到作为参照实体的抽象实体的抽象空间范围之外。例如：

（14）Our growers have run into trouble.
（15）[他的话让我明白,] 他深深坠入了情网。
（16）Tony came out of the coma.
（17）最终两人携手走出险境。

这四例描述的均为参照实体为抽象实体的抽象性位移事件。在这几例中，our growers、"他"、Tony 和"两人"所指的具体实体为位移主体，trouble、"情网"、the coma 和"险境"所指的抽象实体为参照实体，作为具体实体的位移主体在作为抽象实体的参照实体的衬托下发生了心理上的空间位移，这是认知主体运用抽象实体的三维空间化机制赋予抽象实体以三维空间特征使然。这就是说，正是在抽象实体的三维空间化机制的作用下，trouble、"情网"、the coma 和"险境"所指的抽象实体才被赋予了三维空间特征，才被构想为参照实体来分别衬托位移主体 our growers、"他"、Tony 和"两人"发生心理上的空间位置变化。具体来讲，在例（14）和例（15）中，位移主体 our growers 和"他"分别移入了参照实体 trouble 和"情网"的抽象空间之中；在例（16）和例（17）中，位移主体 Tony 和"两人"分别从参照实体 the coma 和"险境"的抽象空间中移出。

第三节　现实位移事件和隐喻性位移事件的客观性和主观性

由上一节的讨论可以看出，现实位移事件是位移主体在空间中相对于参照实体而实际发生的位移事件，隐喻性位移事件则是认知主体运用一定的认知机制所识解出的、发生在视觉上或心理上的位移事件。无论是现实位移事件，还是隐喻性位移事件，都与认知主体的感知、体验、识解和认知加工密切相关，而且与客观现实中实体的位移情景也不无关系。这就是说，现实位移事件和隐喻性位移事件都具有一定的客观性和主观性。下面就来探讨现实位移事件和隐喻性位移事件的主观性和客观性问题。

一、哲学和语言学中的主观性与客观性

在哲学中，主观性和客观性是一对密切相关的概念。"从本体论上讲，主观性是一种存在方式，在这种存在方式中，一个事物的

存在是由于它为一个主体所感知和体验。从认识论上讲，如果在确定一种知识陈述的真值时需要给对这一见解具有第一人称观点的人以首要性，那么，这一知识陈述就是主观的"（Bunnin & Yu 2004：663）。因此，主观性取决于主体的感知和体验，而"客观性从属于客体，从属于不受偏见或偏好的限制或歪曲的概念或感觉，而不从属于作为主体的我们自身"（Bunnin & Yu 2004：484）。塞尔（John R. Searle 1995：8）指出，"我们常常把判断说成是'主观的'，这时我们是意指它们的对或错不能被'客观地'决定，因为对或错不是一个简单的关于事实的问题，而是要取决于判断者和听判断的人的一定的态度、感觉和观点。"由此可知，"主观性从属于主体（个体）的意识或思想，而客观性独立于主体或超越了主体"（Baggini & Fosl 2010：176）。

实际上，无论是主观性还是客观性，都离不开作为主体的人的能动参与。刘瑾（2009）认为，"主观性首先指的是用概念进行思维活动的人的精神意识状态，它是人之所以为人的标准。人和动物都有意识，但只有借助语言进行概念思维的人才能把自身的意识活动和其自身区别开来，从而对其意识活动本身作出赞同或反对的评判。"因此，"主观性作为人的精神意识状态也是一种客观必然"（刘瑾 2009）。而客观性虽然从属于客体，但是，如果没有主体对客体的能动认识，客体也仅仅是存在而已。所以，客观性也同样是与人的实践活动和能动认识紧密联系在一起的。由此可知，"主观性与客观性之间不是互不相干、泾渭分明的对立关系，它们是一对共存要素"（刘瑾 2009）。

我们认为，主观性和客观性之间并不是一种绝对关系，而应是一种相对关系，因为作为主体的人所做出的任何判断、所提出的任何观点、所表明的任何态度和感觉都是从某一特定视角出发而做出的。正如内格尔（Thomas Nagel 1986：5）所指出的那样，主观性和客观性的区别实际上是一个程度问题，与其把主观性和客观性视为一枚硬币的两面，倒不如将其看作一个谱系（spectrum）的两端。"一端是纯粹的主观性，即完全基于主体个人特性的观点；另一端则是我们从未实现的客观性，即那些完全独立于特定视角的知识。在这两者之间，我们可以将知识定位于不同的位置，即更具客观性或更具主观性"（Baggini & Fosl 2010：177）。据此可以认为，主观性和客观性构成一种相对关系连续体。如图3-1所示，该连续体两端的黑点分别代表主观性和客观性，双向箭头向左指向客观性，向右指向主观性。从中可以看出，箭头越趋于左端，客观性就越强，主观性就越弱；反之，箭头越趋于右端，主观性就越强，客观性就越弱。

图3-1 主－客观性相对关系连续体

在语言学中，主观性往往与作为主体的人在话语中所呈现出的种种自我印记有关。据笔者所知，较早关注主观性的是法国语言学家本维尼斯特（Émile Benveniste），他在1958年发表的《论语言中的主观性》一文中指出，"人在语言中并通过语言自立为主体（sujet），因为，实际上，唯有语言在其作为存在的现实中，奠定了'自我'的概念。主观性（subjectivité[①]）则是指说话人自立为'主体'的能力"，"是语言的一个基本特性在人身上的体现，言说的'自我'即存在的'自我'（Est 'ego' qui *dit* 'ego'）"（Benveniste 1966：259-260，1971：224；另见本维尼斯特 2008：293）。刘瑾（2009）认为，本维尼斯特在"主体"观上与当时欧洲大陆哲学的人文主义倾向大体一致，其"主观性"更加接近哲学意蕴上的"主体性"，从根本上应该

[①] 王东亮等将subjectivité译为"主体性"（见本维尼斯特 2008：293）。关于主体性和主观性的联系与区别，刘瑾（2009：11）解释说，"学者们倾向于将主观性和人的精神意识状态联系起来，而将主体性和人的实践活动及对客观世界的能动性、主导性相联系，并且总体上认为，主体性的范围要大于主观性，或者说主体性包含了主观性。"

是就主体的存在而言的，因此，本维尼斯特的"主观性"正是说话人通过语言构建现实存在的"自我"的基本主体属性。莱昂斯（John Lyons 1977：739）认为，本维尼斯特所说的主观性意在强调主观性标记语（indicateurs de subjectivité）的非描述作用，即说话人在说出话语时所使用的种种语言手段对其话语做出评论，同时表达说话人对其言说内容的态度。据此，莱昂斯把主观性视为说话人运用自然语言中的各种语言手段表达自我及其态度和信念的方式（Lyons 1982：102）。他还指出，语言学家关注的主观性是言内主观性（locutionary subjectivity），即话语主观性（subjectivity of utterance），这种言内主观性或话语主观性就是言内主体（locutionary agent）在言语活动中的自我表达（Lyons 1994，1995：337）。

　　此后的主观性研究主要是在主观化和交互主观性视角下展开的。范尼根（Edward Finegan 1995：1）认为，主观性关涉说话人的自我表达和话语中的说话人视角或观点的表征，也就是说话人在话语中的印记。主观化（subjectification）是指语言演化中实现主观性的结构和策略以及语言演化的相关过程。维哈根（Arie Verhagen 2005：4-5）把主观性视为人体验自我、将他人看作心理主体的能力。他认为，主观性这一复杂概念可以从两个维度加以解释。一个维度是：主体的概念化不同于客体的概念化，在这种意义上，主观性与客观性相对，这所包含的观点就是，一个人的想法和信念可能不同于现实。另一个维度是：我们有时会认为某一观点不同于其他的观点，而不是不同于现实世界，在这种意义上，主观性强调的是"个体性"（personal）和"非共享性"（not shared），而不考虑客观与否。

　　在认知语言学中，特劳戈特（Elizabeth Closs Traugott 1989，1995，1997，2006）与特劳戈特和达舍尔（Traugott & Richard B. Dasher 2002）从历时的角度关注语义变化过程中所呈现出的主观化和语法化问题[①]。兰艾克则从共时的角度运用其识解理论探讨主观性问题。他认为，主观性是识解的一个重要维度，而主观化是语义变化的一种，是语法化的一个因素（Langacker 1998b：71）。按照兰艾克的识解理论，主观和客观应该从观察排列的角度来考虑，它们与感知情景中的观察者和被观察实体之间的不对称性有关（Langacker 1985：120）。当一个实体处于"台下"（offstage）、不作为概念化的目标对象时，它就可以被识解为具有最大主观性（maximal subjectivity）；而当一个实体被作为明确的注意焦点置于"台上"（onstage）时，它就可以被识解为具有最大客观性（maximal objectivity）（Langacker 1990，1998b：71-72，1999c：149，2006：18，2008a：77）。实际上，兰艾克所说的主观性和客观性不同于哲学中所说的判断的主观性和客观性，也不同于主观主义和客观主义意义理论所说的主观性和客观性，而是认知主体用以识解某一特定实体或情景的主观性和客观性（Langacker 1990）。由此可以看出，他所说的主观性和客观性本质上是指作为认知主体的观察者和作为客体的被观察对象之间的识解关系（construal relationship），即"说话人或听话人与其所概念化和描述的情景之间的关系，这一关系既涉及作为说话人或听话人的个体和被构想的情景，也涉及焦点调节和意象"（Langacker 1987a：487-488）。当作为主体的观察者处于所观察情景之外，即处于"台下"时，观察者所做出的识解就是主观识解（subjective construal）；反之，当作为主体的观察者处于所观察情景之内，即处于"台上"时，他所做出的识解即为客观识解（objective construral）。

综合考虑哲学和语言学关于主观性和客观性的观点，我们侧重参

[①] 从历时角度探讨语义变化的主观化和语法化不是本书的重点，这里从略，有兴趣者请参见特劳戈特等的相关研究。另外，关于特劳戈特和兰艾克对主观性、主观化和语法化研究的不同取向，有学者（Athanasiadou, Canakis & Cornillie 2006：2-6）进行了比较详细而中肯的辨析，兰艾克（2006：17-18）也做了专门讨论，均可参考。

照认知主体和客观现实（包括客观情景和客观实体）之间的关系来理解主观性和客观性，而不涉及认知主体所表达的态度、感觉、情感或观点，也不涉及说话人和听话人之间的交互主观性。根据兰艾克关于"识解是我们人类的一种显而易见的认知能力，即以不同方式来构想和描述同一情景的能力"（Langacker 2008a：43）的观点，我们把客观性视为认知主体对客观现实的构想和描述与客观现实相符或接近的情况，而把主观性视为认知主体对客观现实的构想和描述与客观现实不相符或不接近的情况。同时，基于内格尔（1986）关于主观性和客观性的区别是一个程度问题的观点，我们还认为，认知主体对客观现实的构想和描述必定要基于客观现实，也必定要涉及其观察视角和识解方式。因此，认知主体对客观现实的构想和描述就必然既包含客观性，也包含主观性。

二、现实位移事件和隐喻性位移事件的主观性和客观性

俗话说，有比较才有鉴别。那么，要讨论隐喻性位移事件的主观性和客观性，就有必要结合现实位移事件来进行。由上述讨论可知，现实位移事件是可动物质实体以另一实体为参照在现实时空框架中实际发生位置变化的位移事件，隐喻性位移事件则是由认知主体构想出的、发生在视觉上或心理上的位置变化的位移事件。根据上文对主观性和客观性的讨论，现实位移事件与客观现实是相符的，因此具有客观性；而隐喻性位移事件则与客观现实是不相符的，因此具有主观性。例如：

（18）Peter runs along the bay.

（19）薄铁姑跑进了佛堂。

（20）The highway runs along the bay.

（21）这些小路跨沟越坎，穿进了林荫。

（22）An even more basic idea comes from Father Fink.

（23）一个想法飞进了她的脑袋。

（24）We were coming out of a depression.

（25）［望着面前的本子，］他陷进了沉思之中。

例（18）和例（19）所描述的都是现实位移事件，例（20）—（25）所描述的则是隐喻性位移事件，其中，例（20）和例（21）所描述的是虚构性位移事件，例（22）和例（23）所描述的是位移主体为抽象实体的抽象性位移事件，例（24）和例（25）所描述的则是参照实体为抽象实体的抽象性位移事件。在例（18）和例（19）所描述的现实位移事件中，Peter和"薄铁姑"所指的实体显然都是可动实体；作为位移主体，Peter沿着参照实体the bay持续跑动，其空间位置随着跑动动作的发生而不断变化着；位移主体"薄铁姑"的跑动也带来了她的空间位置变化，但衬托她跑动的参照实体"佛堂"是她位移的终点，也就是说，她从参照实体"佛堂"之外"跑进"了"佛堂"之内。在例（20）和例（21）所描述的虚构性位移事件中，the highway和"这些小路"所指的实体显然都是不可动实体，也没有发生任何实际的空间位置变化，但在不可动实体的动态化机制的作用下，被认知主体赋予了可动性特征；这样，the highway所指的实体就被构想成了一个可动实体，成为位移主体，并沿着参照实体the bay而跑动；同样，"这些小路"所指的不可动实体也被构想成了可动实体，成为位移主体，并跨越沟坎，进入了终点参照实体"林荫"之中。在例（22）和例（23）所描述的位移主体为抽象实体的抽象性位移事件中，an even more basic idea和"一个想法"所指的实体均为抽象实体，既没有具体性，也没有可动性，而且也没有发生任何实际的空间位置变化；但在抽象实体的具体化和可动化机制的作用下，被认知主体赋予了具体性和可动性特征而成为位移主体，并以另一实体为参照实体而发生了心理上的空间位置变化，即 an even more basic idea 从参照实体 Father Fink 这一起点而来，"一个想法"移入了参照实体"她的脑袋"这一终点抽象空间之中。在例（24）和例（25）所描述的参照实体为抽象实体的抽象性位移事件中，a depression 和"沉思"所指的实体均为抽象实体，它们并没有任何空间性可言，但在抽象实体的三维空间化机制的作用下，被赋予了三维空间特征，并被视为衬托位移主体we和"他"发生心理上的空间位移的参照实体；在例（24）中，位移主体we从参照实体 a depression 的抽象空间中移动而出，在例（25）中，位移主体"他"则是从另一空间进入了参照实体"沉思"的抽象空间之中。

　　相比较而言，例（18）和例（19）所描述的是现实中实际发生的空间位置变化，均为现实位移事件，因此，是与客观现实相符的，是具有客观性的。而例（20）和例（21）所描述的是虚构性位移事件，是发生在认知主体视觉上的空间位置变化，是认知主体对 the highway 和"这些小路"所指的实体与其参照实体 the bay 和"沟坎""林荫"之间的静态空间方位关系的动态总体扫描的结果；所以，虚构性位移事件与客观现实不相符而具有主观性。例（22）—（25）所描述的则是抽象性位移事件；例（22）和例（23）描述的是位移主体为抽象实体的抽象性位移事件，是发生在认知主体心理上的位置变化，是认知主体把 an even more basic idea 和"一个想法"所指的抽象实体与其参照实体 Father Fink 和"她的脑袋"之间的抽象事件构想为动态事件的结果；例（24）和例（25）描述的是参照实体为抽象实体的抽象性位移事件，也是发生在认知主体心理上的位置变化，是认知主体把 a depression 和"沉思"所指的抽象实体构想为三维空间实体，并以其为参照物来描述位移主体we和"他"所发生的心理上的空间位移的结果；因此，抽象性位移事件也与现实不相符合而具有主观性。由此可以认为，现实位移事件与客观现实相符而具有客观性，隐喻性位移事件（包括虚构性位移事件、位移主体为抽象实体的抽象性位移事件和参照实体为抽象实体的抽象性位移事件）与客观现实不相符而具有主观性。

然而，无论是现实位移事件，还是隐喻性位移事件，都离不开认知主体的能动观察和认识，都是认知主体运用一定的方式、从特定观察视角进行识解的结果。可以说，在大多数情况下，现实位移事件都是认知主体依据物质实体在客观现实中实际发生的位置变化所识解出的位移事件。但在有些情况下，认知主体也会依据其身体构造和观察视角来识解现实中发生的位移事件。也就是说，认知主体可以以自我为中心，从自我的视角来识解所观察到的位移事件，从而留下自我的印记。例如：

（26）The boy runs to the front of the stone.

（27）The boy runs to the back of the stone.

在这两例所描述的现实位移事件中，the boy 所指的实体是具有可动性特征的实体，为位移主体，而作为参照实体的 the stone 所指的实体本身显然并没有"前/后"这样的空间特征。但是，作为认知主体的说话人以自我为中心，从自我的视角，即依据自我的"前/后"特征，把 the stone 朝向自己的一面识解为"前"，而将其背向自己的一面识解为"后"，从而赋予 the stone 所指实体以"前/后"的空间特征。这样，作为认知主体的说话人才得以在此基础上把例（26）和例（27）中的位移主体 the boy 分别识解为移动到了参照实体 the stone 之前和之后。由此可知，像（26）和例（27）所描述的这类现实位移事件呈现出了较大的客观性，但也在某种程度上呈现出了一定的主观性。

与此相反，作为一种隐喻性位移事件，虚构性位移事件一般来讲都是认知主体运用其想象能力把静态情景构想为动态情景的结果，是认知主体主观识解的结果，因此具有很强的主观性。但是，由认知主体主观识解出的虚构性位移事件并不能无中生有，而必须建立在一定客观现实情景的基础之上。这是因为"不是任何不可动实体都可以被构想为可动实体，而是只有具有相当长度的线性实体才能够在不可动实体的动态化机制的作用下被赋予可动性特征而被构想为可动实体"（张克定 2018）。例如：

（28）The path ran beside a high hedge of crepe myrtle.
（29）这条小河穿过光秃秃的、炎热的、没有留下树荫的土地。
（30）Luis' scar ran down the side of his face, from ear to eye to the corner of his mouth.
（31）一道白色疤痕从他坚毅的下巴一路延伸到左眼旁。

在例（28）和例（29）中，the path 和"这条小河"所指的实体显然都是线性实体，因此，可以在不可动实体的动态化机制的作用下被赋予可动性特征，从而被构想为可动实体。这样，the path 以 a high hedge of crepe myrtle 所指的实体为参照实体而发生视觉上的空间位移，"这条小河"则在视觉上穿越了参照实体"光秃秃的、炎热的、没有留下树荫的土地"。一般来讲，人体上的疤痕可以是各种各样的形状，可以是点状的，片状的，也可以是线状的。从例（30）可以看出，Luis' scar 这一疤痕肯定是线状的，而不可能是点状或片状的；否则的话，Luis' scar 所指的实体就不能被赋予可动性特征，也不能被构想为可动实体而发生位移。也就是说，Luis' scar 所指的疤痕必须是一个线状且具有一定长度的疤痕才能被识解为在 Luis 面部的一侧从耳朵移动到眼睛又移动到嘴角。在例（31）中，"一道白色疤痕"所指的疤痕显然也是具有一定长度的线状疤痕，正因为如此，它才能够被构想为从"他坚毅的下巴"开始移动，且一直延伸到他的左眼旁边。实际上，这几例所描述的虚构性位移事件并不是凭空产生的，而是认知主体基于一定的客观情景构想出来的。可以说，例（28）所描述的虚构性位移事件是建立在The path is beside a high hedge of crepe myrtle所描述的静态空间方位事件基础上的，例（29）—（31）所描述的虚构性位移事件是分别建立在"光秃秃的、炎热的、没有留下树荫的土地中间有一条小河"、There is a long scar on Luis' face from ear to eye to the corner of his mouth和"他的脸上有一道从下巴到左眼旁的白色疤痕"所描述的静态存在性事件基础上的。由此可以认为，虚构性位移事件虽然总体上是主观的，但这种主观性却包含着一定的客观性。

同样，作为一种隐喻性位移事件，抽象性位移事件基本上是由认知主体主观识解出来的。但是，认知主体所做出的主观识解是基于其对现实位移事件的感知和体验，运用其心智中的"起点-路径-终点"意象图式，把抽象事件识解为动态位移事件的结果。例如：

（32）The idea came to Daley Kushner.

（33）蓦地，一个想法飞进了她的心底。

（34）Dr. Holloway has fallen into a depression [because he can't talk to his engineers].

（35）刘备此时已在襄阳西面的漳山陷入绝境了。

例（32）和例（33）所描述的是位移主体为抽象实体的抽象性位移事件。在例（32）中，the idea这一想法本为抽象的，是Daley Kushner所想到的，却被说话人这一认知主体识解为从某处移动而到达了参照实体Daley Kushner。同样，在例（33）中，"一个想法"本身也是抽象的，也是"她"所想到的，也被构想为从某处移动而"进入"了参照实体"她的心底"。在这两例中，the idea和Daley Kushner之间与"一个想法"和"她的心底"之间均为抽象关系，却被认知主体基于其心智中"起点-路径-终点"意象图式识解为动态的位移关系，其中的the idea和"一个想法"被构想为可动实体而分别在心理上移动到了终点参照实体Daley Kushner和"她的心底"。例（34）和例（35）所描述的是参照实体为抽象实体的抽象性位移事件。前者描述的是Dr. Holloway的情感状态变化，后者描述的是"刘备"的处境变化。在这两例中，认知主体运用"起点-路径-终点"意象图式，将情感状态变化和处境状态变化构想为动态的位移事件，将Dr. Holloway和"刘备"识解为位移主体而分别跌入参照实体a depression和"绝境"的抽象空间之中。这就表明，位移主体为抽象实体的抽象性位移事件和参照实体为抽象实体的抽象性位移事件基本上都是主观的，但也不无一定的客观性基础。

综上所述，现实位移事件总体上是客观的，但也带有一定的主观性；而隐喻性位移事件总体上是主观的，但也具有一定的客观性。但需要说明的是，现实位移事件和隐喻性位移事件所具有的主观性和客观性不是绝对的，而是相对的，是有强弱之分的。这就是说，现实位移事件具有强客观性和弱主观性，而隐喻性位移事件具有强主观性和弱客观性。由此可以认为，现实位移事件和隐喻性位移事件所呈现出的不同程度的主观性和客观性形成一种相对性连续体。这一主-客观相对性连续体可以参照如图3-1所示的主-客观性相对关系连续体图示为图3-2。

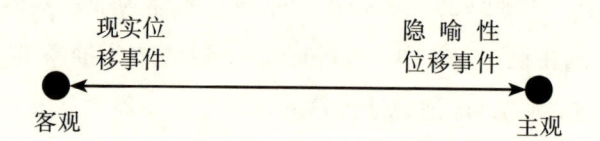

图3-2　现实/隐喻性位移事件主-客观相对性连续体

图3-2表明，就主观性和客观性而言，趋于主-客观相对性连续体左端的现实位移事件是带有一定主观性的客观性位移事件，而趋于主-客观相对性连续体右端的隐喻性位移事件则是带有一定客观性的主观性位移事件。

第四节 小结

综上所述,位移事件是指位移主体在一定的时空框架中,以参照实体为衬托,沿着一定的路径,从起点移动到终点的运动过程。位移事件若为位移主体在时空框架中以参照实体为衬托而发生的实际空间位移,即为现实位移事件。位移事件若为认知主体以对现实位移事件的感知和体验,运用一定的认知机制所构想出的视觉上或心理上的空间位移,则为隐喻性位移事件。也就是说,现实位移事件是可动物质实体在时空框架中发生实际空间位置变化的位移事件。隐喻性位移事件是认知主体运用其认知想象能力和识解能力,能动地运用一定的认知机制所构想出的位移事件。隐喻性位移事件又有虚构性位移事件和抽象性位移事件之分。虚构性位移事件是认知主体运用其认知想象能力把可动实体的可动性赋予不可动实体,并将其构想为以参照实体为参照而发生视觉上的空间位置变化的位移事件。抽象性位移事件可再分为两种:一种是位移主体为抽象实体、参照实体为具体/抽象实体的位移事件,另一种是位移主体为具体实体、参照实体为抽象实体的位移事件。在这两种抽象性位移事件中,位移主体都是以参照实体为衬托而发生在心理上的空间位移。因此,现实位移事件和隐喻性位移事件属于两种性质不同的位移事件。

按照兰艾克的识解理论,无论是现实位移事件,还是隐喻性位移事件,都离不开人这一认知主体的观察视角和识解方式,都是认知主体对特定现象概念化的结果。根据哲学和语言学关于主观性和客观性的观点,现实位移事件和隐喻性位移事件所呈现出的主观性和客观性虽然不涉及认知主体的态度、感觉、情感或观点以及说话人和听话人之间的交互主观性,但依然离不开认知主体的观察视角和识解方式,也就不可避免地带有人这一认知主体的自我印记，不过，这种印记应该是隐性的，而不是显性的。由于主观性和客观性的相对性和程度性特征，现实位移事件和隐喻性位移事件呈现出强弱不同的主观性和客观性特征。在现实位移事件中，客观性强于主观性，而在隐喻性位移事件中，主观性则强于客观性。

第四章　虚构性空间位移关系构式

茫茫九派流中国，沉沉一线穿南北。烟雨莽苍苍，龟蛇锁大江。黄鹤知何去？剩有游人处。把酒酹滔滔，心潮逐浪高！

——毛泽东/《菩萨蛮·黄鹤楼》

由第三章的讨论可知，作为认知主体的人不仅可以依据其对现实中一个实体相对于另一实体实际发生的空间位置变化，识解出现实位移事件，而且能够根据其对现实位移事件的观察、感知、体验和认知加工，将现实中的某一静态空间方位事件构想为视觉上的虚构性位移事件。在现实位移事件中，位移主体相对于参照实体在现实中发生实际的空间位置变化时，就会形成现实空间位移关系。在虚构性位移事件中，作为不可动实体的位移主体相对于参照实体在视觉上发生空间位置变化时，则会形成虚构性空间位移关系。不仅如此，认知主体还能够运用一定的语言表达式将位移事件及其空间位移关系表达出来，也就是能够对位移事件及其空间位移关系加以语言编码。据此，用以编码现实位移事件及其空间位移关系的语言表达式，就可叫作现实空间位移关系构式；用以编码虚构性位移事件及其虚构性空间位移关系的语言表达式，则可称为虚构性空间位移关系构式。本章将首先探讨虚构性位移事件的认知机制和限制条件，然后依次讨论虚构性空间位移关系构式的构成方式、限制条件、图形-背景关系和路径凸显。

第一节　虚构性位移事件的认知机制及其限制条件

虚构性位移事件是一种隐喻性位移事件。一般来讲，这种位移事件是认知主体运用其认知想象能力把静态情景构想为动态情景的结果。具而言之，虚构性位移事件是认知主体将某一静态情景中的不可动实体识解为可动实体，并以一个相关实体为参照实体而发生在视觉上的空间位置变化的结果。同现实位移事件一样，虚构性位移事件通常至少要涉及两个实体，一个是位移主体，一个是参照实体，前者以后者为参照而发生视觉上的空间位移。但是，在现实位移事件中，作为位移主体的实体本质上是可动实体；而在虚构性位移事件中，作为位移主体的实体本质上则是不可动实体。那么，本为不可动的实体为什么能够被认知主体识解为可动实体而发生视觉上的空间位移，进而形成虚构性位移事件呢？我们认为，这与人这一认知主体所具有的想象能力、隐喻能力、识解能力及其心智中积累的经验和百科知识有关。有比较才有鉴别。要找出虚构性位移事件得以形成的认知理据，就有必要和现实位移事件加以比较来进行。先来看描述现实位移事件的实例。

（1）Sam walked out of that warehouse.
（2）Dougherty ran to his squad car.
（3）记者走进462次列车的9号车厢。
（4）两个小偷溜进一位80岁的寡妇家里。

这四例所描述的均为现实位移事件，都涉及两个实体，一个是位移主体，一个是参照实体，而且作为位移主体的实体都是可动实体。在例（1）和例（2）这两个英语构式中，位移主体Sam和Dougherty

所指的实体均为人，都是可动实体，他们分别以 that warehouse 和 his squad car 所指的实体为参照实体发生了实际的空间位置变化，即 Sam 这一位移主体从 that warehouse 这一参照实体中走了出来，Dougherty 这一位移主体跑到了 his squad car 这一参照实体跟前。在例（3）和例（4）这两个汉语构式中，位移主体"记者"和"两个小偷"所指的实体也均为人，无疑也是可动实体，他们分别以"462次列车的9号车厢"和"一位80岁的寡妇家"所指的实体为参照实体发生了实际的空间位置变化，即"记者"这一位移主体走进了"462次列车的9号车厢"这一参照实体之中，"两个小偷"这一位移主体偷偷地进入了"一位80岁的寡妇家"这一参照实体之中。再来看描述虚构性位移事件的实例。

（5）This path goes to the rose garden.

（6）The highway ran straight through a seemingly endless expanse of shopping malls.

（7）山道弯弯，一条条羊肠小道通向"白云深处"的人家。

（8）高速公路横穿东坪遗址。

与例（1）—（4）中的位移主体不同的是，例（5）—（8）中的位移主体都是不可动实体，因此，例（5）—（8）所描述的均为虚构性位移事件。在这种虚构性位移事件中，位移主体所指的实体均为不可动实体，却被认知主体构想为可动实体且发生了视觉上的空间位置变化。在例（5）中，位移主体 this path "走"到了参照实体 the rose garden；例（6）中的位移主体 the highway "跑"过了参照实体 a seemingly endless expanse of shopping malls；例（7）中的位移主体"一条条羊肠小道"通向了参照实体"'白云深处'的人家"；在例（8）中，位移主体"高速公路"横穿了参照实体"东坪遗址"。

我们认为，例（5）—（8）所描述的这种虚构性位移事件不是凭空产生的，而是认知主体能动地运用其认知想象能力把静态情景构想为动态情景的结果。也就是认知主体在其已有知觉材料的基础上，经过新的配置所创造出的一种视觉上的"动态空间意象"（dynamic spatial imagery）（Bergen et al. 2010：83），而在创造出这种视觉上的动态空间意象的过程中，认知主体需要运用一定的认知机制赋予本为不可动的实体以可动性特征。我们认为，这一机制就是不可动实体的动态化机制（dynamicalization mechanism of immovable entity），即认知主体依据对客观世界中物质实体的感知和体验，把可动实体的可动性特征投射到不可动实体之上的认知机制（张克定 2018），如图4-1所示：

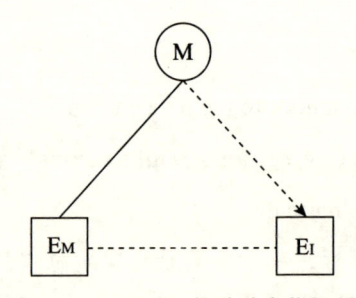

图4-1 不可动实体的动态化机制

图4-1表明，按照是否具备可动性（movability，M）特征，客观世界中的物质实体可分为可动实体（movable entity，E_M）和不可动实体（immovable entity，E_I）两大类。可动性是可动实体的固有特征，如实线所示。实际上，可动实体和不可动实体之间并无必然联系，如虚线所示。但是，当认知主体把不可动实体构想为可动实体时，可动实体的可动性特征就会被投射到不可动实体之上，如虚线箭头所示。

这一认知机制是人所具有的想象能力和识解能力使然，因为作为认知主体的人能够根据交际需要采用不同方式对同一情景加以构想和描述。譬如，对于某一静态情景，认知主体既可以依据客观现实将其构想为静态情景而加以描述，也可以将其构想为动态情景而加以描述。由此可以推知，当认知主体依据其对客观世界中可动实体的感知和体验，运用其认知想象能力把实体间的静态空间方位事件构想为动态空间位移事件时，就会运用不可动实体的动态化机制把可动实体的可动性特征赋予不可动实体，在本无必然联系的可动实体和不可动实体之间建立起心理上的联系，从而把一个静态的空间方位事件描述为一个动态的空间位移事件。例如：

（9）The road goes from Buena Vista to Cottonwood.

（10）A stone path goes from the iron gate to a large wooden door.

（11）丹本高速公路穿行在辽东的崇山峻岭之中。

（12）小河穿过山道、穿过农田、穿过开满小野花的田原。

这几例所描述的都是虚构性位移事件，其中的位移主体the road、a stone path以及"丹本高速公路"和"小河"所指的实体均为不可动实体，但在不可动实体的动态化机制的作用下，它们都被认知主体赋予了可动性特征。这样，例（9）中的the road所指的不可动实体就得以被描述为"从Buena Vista走到了Cottonwood"，例（10）中的a stone path所指的不可动实体就得以被描述为从参照实体the iron gate走到了参照实体a large wooden door，例（11）的"丹本高速公路"所指的不可动实体就得以被描述为穿行于参照实体"辽东的崇山峻岭"之中，例（12）中的"小河"所指的不可动实体就得以被描述为穿过了"山道""农田"和"开满小野花的田原"这几个参照实体。这都是认知主体运用不可动实体的动态化机制，采用以动述静的方式把实体间的静态空间方位事件构想并描述为动态空间位移事件的结果。

实际上，不可动实体的动态化机制与兰艾克所说的人之识解能力，即"以不同方式来构想和描述同一情景的能力"（Langacker 2008a：43）是一致的，而且"某一构式的选择实际上就是说话人以一定方式识解情景的结果,即说话人从一组意象中选择一个特定意象来组织表达其概念内容的结果"(Langacker 1988:7)。试比较例(9)—(12)和例(13)—(16)。

　　(13) The road is from Buena Vista to Cottonwood.
　　(14) A stone path is from the iron gate to a large wooden door.
　　(15) 丹本高速公路位于辽东的崇山峻岭之中。
　　(16) 小河位于山道、农田和开满小野花的田原之中。

　　例(9)—(12)均为虚构性空间位移关系构式,例(13)—(16)则均为现实空间方位关系构式。它们的不同在于,前者描述的是虚构性空间位移事件,后者描述的是现实空间方位事件。两者的差异可从其谓语动词看出,例(9)—(10)的动态性由位移动词go体现,例(11)—(12)的动态性分别由位移动词"穿行"和"穿过"体现。与之不同的是,例(13)—(14)的静态性由状态动词be体现,例(15)—(16)的静态性由状态动词"位于"体现。由此可知,对于同一情景,认知主体既可以选择使用动态空间意象来组织和表达,也可以选择使用静态空间意象来组织和表达。也就是说,例(9)—(12)是认知主体选择使用了动态空间意象加以组织和表达的结果,例(13)—(16)则是认知主体选择使用了静态空间意象来组织和表达的结果。因此,只有在不可动实体的动态化机制的作用下,认知主体才能把不可动实体构想为可动实体,才能把实体间的静态情景描述为动态情景。

　　当然,不可动实体的动态化机制并不意味着所有的不可动实体都可以被赋予可动性特征。也就是说,这一认知机制的实现是有条件限制的,要取决于不可动实体本身的形状。这一限制条件就是不可动实体的空间上可延伸线性条件,即只有具有相当长度的线性不可动实体,才能够在不可动实体的动态化机制的作用下被赋予可动性特征而被构想为可动实体。譬如，在例（17a）中，the table 所指的实体不能是一个小而方或小而圆的桌子，而必须是一个窄而长的桌子；例（18a）中的 the fish pond 所指的实体也不能是一个圆形或方形的鱼塘，而必须是一个长形的鱼塘（参见 Matlock & Bergman 2015：546-547）。否则，the table 和 the fish pond 所指的实体就不能由不可动实体的动态化机制赋予可动性特征，它们与其参照实体 the kitchen wall 及 the sliding glass door 和 the back fence 便不能被识解为虚构性空间位移关系，而只能被识解为现实空间方位关系，也只能用例（17b）和例（18b）来描述。

（17a）**The table** goes from the kitchen wall to the sliding glass door.

（17b）**The table** is between the kitchen wall and the sliding glass door.

（18a）**The fish pond** runs along the back fence.

（18b）**The fish pond** is next to the back fence.

从本质上讲，不可动实体的动态化机制是一种隐喻机制，因为"隐喻的本质就是用一种事物来理解和体验另一种事物"（Lakoff & Johnson 2003：5），而且"每一隐喻都有一个源域、一个目标域和一个从源域到目标域的映射"（Lakoff 1987：276）。那么，作为一种隐喻机制，不可动实体的动态化机制就是以可动实体这类事物来理解和体验不可动实体这类事物。这要取决于可动实体和不可动实体这两个认知域中的实体均为客观存在的实体这一共性。正是基于这一共性，认知主体在把某一静态空间方位事件构想为动态空间位移事件时，才能在可动实体和不可动实体这两个认知域之间建立起心理联系，从而把可动实体这一源域中的实体所具有的可动性特征映射到不可动实体这一目标域中的实体之上。

作为一种隐喻机制，不可动实体的动态化机制中的映射具有局部性和隐含性特征。首先，隐喻本质上是两种事物之间的一种映射关系，即一种从源域事物到目标域事物的映射关系。然而，这种映射关系不是整体性的，而是局部性的（Lakoff 1993：245）。在不可动实体的动态化机制中，映射的局部性是指，从源域到目标域的映射不是把源域的全部特征都映射到目标域之上，而只是把源域的某一（些）特征映射到目标域之上。这就是说，"不是源域矩阵的所有方面都被用于隐喻概念化"，而是"只有源域矩阵的某些方面参与了源域概念和目标域概念之间的映射过程"（Kövecses 2017b：328）。因此，当认知主体运用一种事物来理解和体验另一种事物时，并不是使用源域的所有特征来理解和体验目标域，而只是使用源域的某一（些）特征来理解和体验目标域。譬如，在 John is a lion 这一隐喻性构式中，源域和目标域分别为 lion 和 John，认知主体是运用源域 lion 的"勇猛"特性来描述目标域 John 的，也就是把源域 lion 所具有的"勇猛"特性投射到目标域 John 的身上，从而说明 John 勇猛的品格。在不可动实体的动态化机制中，从源域到目标域的映射尤其如此，认知主体只是把可动实体的可动性特征赋予不可动实体，而不是把可动实体的所有特征，如形状、质料、构造等，全部都投射到不可动实体之上。

其次，作为一种隐喻机制，不可动实体的动态化机制中的映射还具有隐含性特征。在这一认知机制中，映射的隐含性特征是指，在源域到目标域映射的过程中，不可动实体这一目标域是显性的，而可动实体这一源域则是隐性的。也就是说，在虚构性位移事件中，作为目标域的不可动实体是明确而具体的实体，而作为源域的可动实体则是认知主体心智中的整个可动实体范畴。据此可以认为，在不可动实体的动态化机制中从可动实体这一源域到不可动实体这一目标域的映射过程中，认知主体是根据其已经拥有的关于客观世界中可动实体的感知与经验，将可动实体这一范畴中的实体所共有的可动性特征映射到一个明确而具体的不可动实体之上。因此，在虚构性位移事件中，作为目标域的可动实体必须是一个确定而具体的实体，作为源域的可动实体则是存在于认知主体心智中的可动实体的整个范畴，而不是任何一个具体的可动实体，不可动实体的动态化机制中映射的隐含性正在于此。

第二节　虚构性空间位移关系构式及其限制条件

要讨论虚构性空间位移关系构式的构成及其限制条件，就有必要先弄清楚什么是虚构性空间位移关系构式及其结构特征。无论是现实位移事件，还是虚构性位移事件，都必然涉及至少两个实体，一个是移动的或被识解为移动的实体，一个是作为参照物的实体，前者相对于后者而移动。这样，实体在现实位移事件和虚构性位移事件中就会与其参照实体形成一种动态的空间位移关系，这种关系若出现于现实位移事件中，就会形成现实空间位移关系，若出现于虚构性位移事件中，则会形成虚构性空间位移关系。所谓虚构性空间位移关系，就是认知主体把某一静态情景识解为一个动态情景，并运用其认知想象能力将该情景中的一个不可动实体构想为一个可动实体而以另一实体为参照所发生在视觉上的空间位移关系。在虚构性空间位移关系中，被构想为发生空间位置变化的不可动实体为位移主体，而作为参照物的实体则为参照实体。

然而，现实空间位移关系和虚构性空间位移关系都不同于客观世界中的事物，并不存在于客观世界之中，而是认知主体通过观察、感知、识解赋予事物的（参见张克定 2008，2013，2016a：10）。通常，认知主体不仅能够把现实空间位移关系和虚构性空间位移关系赋予事物，而且能够运用语言加以表达。按照构式语法关于构式是形－义配对体（Goldberg 1995，2006）的观点，用以编码现实空间位移关系的语言表达式,就可叫作现实空间位移关系构式;用以编码虚构性空间位移关系的语言表达式,则可称为虚构性空间位移关系构式。所谓虚构性空间位移关系构式,就是一种由认知主体采用以动述静的方式、把一个不可动实体描述为以另一实体为参照在视觉上发生空间位置变化的形-义配对体。

构式语法认为,每一种构式都标示人类经验中的一种情景,都是对人类经验中的情景编码(scene encoding)(Goldberg 1995:39)。由此可知,现实空间位移关系构式和虚构性空间位移关系构式,都是对人类经验中事物位移情景的编码;但两者是有区别的,前者是对人类经验中的现实位移情景的编码,后者则是对认知主体根据其经验所构想出的虚构性位移情景的编码。作为一种基本语言单位,虚构性空间位移关系构式有其自身的结构特征,这种构式必须是"小句层面的构式"(clause-level construction)(Goldberg 1995:43),即小句性构式(clausal construction),而不能是短语性构式(phrasal construction)。所以,虚构性空间位移关系构式必须包括施事、谓词和处所这样三个必备的组成成分,其中,施事是由谓词所确定之位移动作的发生者,谓词是表示施事所发生的位移动作,处所是由谓词所确定之位移动作的处所或空间方向。在虚构性空间位移关系构式中,施事由指称被构想为可动的不可动实体的名词短语充当,谓词由表示位置变化的位移动词充当,处所则可以由空间介词与指称参照实体的名词短语所构成的介词短语充当,也可以由指称参照实体的名词短语直接充当。例如:

(19) The path runs along the back fence.
(20) The road crosses a muddy creek.
(21) 小河伴着林带延伸到杨高路口。
(22) 八达岭高速公路穿越居庸雄关。

在例（19）和例（20）这两个英语虚构性空间位移关系构式中，名词短语the path和the road所指的实体为施事，位移动词run和cross为谓词；由于谓词run和cross分别为不及物动词和及物动词，例（19）中的空间介词along和名词短语the back fence所构成的介词短语充当处所，例（20）中的名词短语a muddy creek则直接充当处所。同样，在例（21）和例（22）这两个汉语虚构性空间位移关系构式中，名词短语"小河"和"八达岭高速公路"所指的实体为施事，位移动词"延伸"和"穿越"为谓词；例（21）中的介词"到"和名词短语"杨高路口"构成的介词短语充当处所，例（22）中的名词短语"居庸雄关"则直接充当处所。

需要说明的是，塔尔密对虚构性位移的研究还包括了可及路径（access path）构式和朝向路径（prospect path）构式（Talmy 2000a：107-108，138-139），如例（23）和例（24）所示。然而，在这两个构式中，名词短语the bakery和the cliff wall所指的实体并不是位移主体，也没有分别以名词短语the bank和the valley所指的实体为参照而发生位移。据此，这两种构式不属于我们所说的虚构性空间位移关系构式。

（23）The bakery is across the street from the bank.（Talmy 2000a：137）

（24）The cliff wall faces toward the valley.（同上：108）

虚构性空间位移关系构式本质上是隐喻性的。作为一种隐喻性空间位移关系构式，这种构式不仅具有独特的结构特征，而且对其组成成分还具有一定的选择和限制。也就是说，虚构性空间位移关系构式对能够进入其中的成分是有限制条件的。由上述可知，从结构上讲，虚构性空间位移关系构式必须包括施事、谓词和处所这样三个必备成分，施事就是被构想为可动的不可动实体，谓词就是表示位置变化的位移动词（motion verb, V~M~），处所就是标示不可动实体之位移的参照实体。如果分别用X、V~M~和Y来代表这三个必备成分的话，虚构性空间位移关系构式就可表示为 X V~M~ Y，其中，X由指称不可动实体的名词短语体现，V~M~由表示X发生位置变化的位移动词体现，Y由指称参照实体的名词短语体现。例如：

（25）The road runs along the coast.

（26）The road crosses a small, east-flowing tributary of the Canadian River.

（27）一条河水盈满的蓝色小河穿过柳丛。

（28）乌奎高速公路穿越石河子市。

这几例均为描述虚构性位移事件中位移主体与其参照实体之间空间位移关系的虚构性空间位移关系构式。在例（25）中，the road 为 X，充当施事，run 为 V~M~，充当谓词，the coast 为 Y，与空间介词 along 构成介词短语，充当处所；在例（26）中，the road 为 X，充当施事，cross 为 V~M~，充当谓词，a small, east-flowing tributary of the Canadian River 为 Y，直接充当处所。在例（27）中，"一条河水盈满的蓝色小河"为X，充当施事，"穿过"为V~M~，充当谓词，"柳丛"为Y，充当处所；同样，在例（28）中，"乌奎高速公路"为X，充当施事，"穿越"为V~M~，充当谓词，"石河子市"为Y，充当处所。这就表明，在 X V~M~ Y 构式中，X总是由名词短语体现，V~M~可以由不及物动词或及物动词体现。当V~M~为不及物动词时，路径义由空间介词体现；当V~M~为及物动词时，路径义由位移动词本身体现。在前一情况下，Y由介词短语体现；在后一情况下，Y由名词短语直接体现（参见Matlock 2004：226）。

构式语法认为，任何构式都是形-义配对体（Goldberg 1995：1，2006：1）。构式既然是形-义配对体，那么，其形式和意义就不可分离。由此可知，构式是一个形义密不可分的有机整体，"是一个心理上的'完形'"（沈家煊 2005：16）。作为一种完形，X V$_M$ Y 构式无疑会对其组成成分具有一定的选择和限制。通过观察所收集的语料实例，我们发现，X V$_M$ Y 构式对其组成成分的限制条件有三个，它们分别是施事 X 所指实体的空间上可延伸线性条件、谓词 V$_M$ 的持续线性位移条件和处所 Y 所指实体的必备性条件。

首先来看第一个限制条件。事实上，不是所有的不可动实体都可以被构想为可动实体来充当 X V$_M$ Y 构式中的施事 X。也就是说，X V$_M$ Y 构式对能够进入其中充当施事 X 的实体是有限制条件的。这一限制条件就是施事 X 所指实体的空间上可延伸线性条件[①]，即 X V$_M$ Y 构式要求充当其施事 X 的所指实体必须是空间上可延伸的线性实体（spatially extendable linear entity）（Langacker 1999a；Matlock 2004：227；Taylor 2018：133）。例如：

（29）**A garden hose** runs along the fence.

（30）**A long scar** ran down the side of his face.

（31）**一条蜿蜒的小河**流过风雨桥［，深入林间不知去向］。

（32）**此人脸上的伤疤**从额头一直延伸到左脸颊。

在这几个构式中，充当施事 X 的 a garden hose、a long scar、"一条蜿蜒的小河"和"此人脸上的伤疤"所指的实体均为空间上可以延伸的线性实体，都能够满足施事 X 所指实体的空间上可延伸线性条件，因此，可以由不可动实体的动态化机制赋予可动性特征，能够由认知主体在视觉上对其进行总体扫描（summary scanning）（Langacker 1987a：248，1991a：21，2008a：111，529），从而将一个静态情景在整体上描述为一个动态情景。

[①] 这一限制条件与上一节所说的不可动实体的动态化机制的限制条件相同，均指位移主体所指的实体必须是空间上可延伸的线性实体。

需要说明的是，这一空间上可延伸线性条件是针对 X V$_M$ Y 构式中能够充当其施事 X 所指的实体而言的，与塔尔密所说的共同延伸路径（coextension path）（Talmy 2000a：138-139）有所不同。其差异在于，施事 X 所指实体的空间上可延伸线性条件意在说明 X V$_M$ Y 构式对能够充当其施事 X 的所指实体本身的限制，即施事 X 所指的实体必须是空间上可以延伸的线性实体，但不要求作为参照实体的处所 Y 所指的实体必须是空间上可延伸的线性实体；而塔尔密所说的共同延伸路径则要求施事 X 所指的实体和处所 Y 所指的实体都必须是空间上可延伸的线性实体，并要求施事 X 所指的实体与处所 Y 所指的实体具有同步延伸特性。例如：

（33）This fence goes along the road.（Talmy 2000a：138）

在例（33）中，施事 X 所指实体的空间上可延伸线性条件要求 X V$_M$ Y 构式中充当其施事 X 的 this fence 所指的实体必须是空间上可以延伸的线性实体，而共同延伸路径要求的是，this fence 所指的实体除了自身的空间上可延伸性外，还要求其作为参照实体的处所 Y 的 the road 所指的实体具有同步延伸的特性。当然，描述共同延伸路径的构式完全可以视为 X V$_M$ Y 构式中的一种特例，这种构式具有更严格的限制条件，不仅要求施事 X 所指的实体和处所 Y 所指的实体同时满足空间上的可延伸性条件，还要求施事 X 所指的实体和处所 Y 所指的实体同时满足同步延伸性条件。

再来看第二个限制条件。在 X V$_M$ Y 构式所描述的虚构性空间位移关系中，并不是所有的 V$_M$ 都可以充当其谓词，即 X V$_M$ Y 构式对能够充当其谓词的 V$_M$ 是有限制的。这一限制条件就是谓词 V$_M$ 的持续线性位移条件，该条件要求能够在 X V$_M$ Y 构式中充当谓词的 V$_M$ 必须是表示持续线性位移的动词（verb of durative linear motion）。例如：

（34）The freeway **goes** towards the beach.

（35）The cable **runs** to the service panel.

（36）一条小溪**贯穿**古镇。

（37）高速公路**穿越**崇山峻岭。

在例（34）和例（35）这两个英语构式中，谓词 go 和 run 均为表示持续线性位移的动词，完全满足了上述限制条件而得以充当谓词 V_M。同样，在例（36）和例（37）这两个汉语构式中，谓词"贯穿"和"穿越"也是表示持续线性位移的动词，也完全满足了上述限制条件而得以充当谓词 V_M。需要指出的是，如果一个动词在表示持续线性位移的同时，还负载有某种移动的方式，那么它也就满足了谓词 V_M 的持续线性位移这一限制条件，同样可以进入 X V_M Y 构式充当谓词 V_M。例如：

（38）The road **crawls** from Los Angeles to Las Vegas.

（39）The path **staggers** through the forest.

（40）一条羊肠小道盘旋着**爬**到一片岩石之上。

（41）小径**蜿蜒**在花圃、喷泉及雕像之间。

在这几例中，充当谓词 V_M 的 crawl、stagger、"爬"和"蜿蜒"均为含有移动方式的持续线性位移动词，描述了构式中的施事 X 分别以"爬""蹒跚"和"蛇行"的方式而移动。这几例表明，这些动词之所以能够进入 X V_M Y 构式，是因为它们首先满足了谓词 V_M 的持续线性位移条件，其次又同时表明了施事 X 的移动方式。

最后来看第三个限制条件。无论是现实位移事件，还是虚构性位移事件，都涉及一个发生位移的实体（即施事 X）和一个作为参照物的实体（即处所 Y），没有作为参照实体的处所 Y，就无所谓施事 X 的位移，在虚构性位移事件中，尤其如此。所以，在 X V_M Y 构式中，作为参照物的处所 Y 所指的实体是必不可少的。这就是处所 Y 所指实体的必备性条件，即 X V$_M$ Y 构式中除了施事 X 和谓词 V$_M$ 之外，必须要有施事 X 发生位移的处所 Y 所指的实体来标示施事 X 在视觉上的空间位置变化。这就是说，在 X V$_M$ Y 构式中，处所 Y 所指的实体必须"明确地加以编码"（Matlock 2004：226），而不能隐去。因此，（42a）、（43a）、（44a）和（45a）是可以接受的 X V$_M$ Y 构式，而相对应的例（42b）、（43b）、（44b）和（45b）则是不可接受的。

（42a）The road runs along a steep gorge.

（42b）*The road runs.[①]

（43a）The highway crawls through the forest.

（43b）*The highway crawls.

（44a）一条狭长裸露的小道穿过灌木丛。

（44b）*一条狭长裸露的小道穿过。

（45a）小路伸向果园深处。

（45b）*小路伸。

相比较而言，现实空间位移关系构式则无此限制条件，作为参照实体的处所 Y 可以出现，也可以不出现，如例（46a）—（46b）、例（47a）—（47b）、例（48a）—（48b）和例（49a）—（49b）所示。

（46a）John is running along the coast.

（46b）John is running.

（47a）The little girl is crawling through the tunnel.

（47b）The little girl is crawling.

（48a）冬妮亚沿着小路跑来了。

---

① 星号"*"表示"不可接受"，下同。

（48b）冬妮亚跑来了。

（49a）他们顺着洞口钻进去［，发现了这个独特的岩洞，丰鱼岩由此而得名］。

（49b）他们钻进去［，发现了这个独特的岩洞，丰鱼岩由此而得名］。

总之，现实位移事件是指一个物质实体以另一物质实体为参照在空间中实际发生位置变化的位移事件，虚构性位移事件则是认知主体运用其想象能力构想出来的一种视觉上的位移事件，是认知主体把静态空间情景识解为动态空间情景的结果。当认知主体运用语言来编码所识解出的虚构性位移事件时，他所使用的特定语言表达式就是虚构性空间位移关系构式。这种构式必须是小句性构式，必须包括施事、谓词和处所这三个必备成分。上述讨论表明，虚构性空间位移关系构式的构成取决于一个认知机制和三个限制条件。不可动实体的动态化机制为虚构性空间位移关系构式的构成提供了前提，只有在把可动实体的可动性特征赋予不可动实体的前提下，认知主体才能采用以动述静的方式来描述虚构性位移事件及其位移主体和参照实体之间的虚构性空间位移关系。在虚构性空间位移关系构式对其组成成分的三个限制条件中，施事 X 所指的实体必须满足空间上可延伸线性条件，才能保证认知主体在视觉上对其进行总体扫描；谓词 V_M 必须满足持续线性位移条件，才能用以描述施事在认知主体视觉上的位置变化；而这种位置变化必须以处所 Y 为参照才能加以描述，否则，就无任何虚构性位移事件可言。同时，还有一点非常值得注意，虚构性空间位移关系构式对其组成成分的这三个限制条件并不是各自单独起作用的，它们必须同时得到满足，才能从整体上保证虚构性空间位移关系构式的合格性和可接受性。

第三节　虚构性空间位移关系构式中的图形-背景关系

由上一节的讨论可知，虚构性空间位移关系构式是认知主体对虚构性位移事件中位移主体与其参照实体之间所形成的虚构性空间位移关系所编码出的形-义配对体。按照塔尔密的图形-背景关系理论，在虚构性位移事件中，位移主体和参照实体构成一种虚构性图形-背景关系；在这种虚构性图形-背景关系中，被认知主体赋予可动性特征的不可动实体为图形，衬托图形发生视觉上的空间位置变化的参照实体为背景。例如：

（50）The fence goes to the dump.
（51）A thick, healed scar runs down the back of your thumb.
（52）一条小道通到马厩。
（53）一道伤疤从船形帽下面一直延伸到眉毛。

在这几例中，名词短语the fence和a thick, healed scar以及"一条小道"和"一道伤疤"所指的实体为图形，名词短语the dump和the back of your thumb以及"马厩"和"眉毛"所指的实体为背景；前者分别以后者为参照而发生视觉上的空间位置变化，从而构成一种虚构性的动态图形-背景关系。

实际上，在这种虚构性的动态图形-背景关系中，作为背景的参照实体就是作为图形的位移主体发生空间位移的路径。根据"起点-路径-终点"意象图式，虚构性空间位移关系构式中充当背景的参照实体，可以是衬托位移主体位移的起点、终点或整个路径。据此，虚构性空间位移关系构式就可以区分为三种，即背景为起点的虚构性空间位移关系构式，背景为终点的虚构性空间位移关系构式，以及背景为整个路径的虚构性空间位移关系构式（见表1-1）。

所谓背景为起点的虚构性空间位移关系构式，就是作为背景的参照实体标示作为图形的位移主体之位移起点的虚构性空间位移关系构式。换句话说，在这类构式中，认知主体关注的是，作为图形的位移主体以作为背景的参照实体为起点所发生的视觉上的空间位置变化。例如：

（54）The road comes out of the hills.

（55）That path comes from the direction of the road.

（56）一条小河从群山中蜿蜒曲折地钻出来。

（57）一条似乎被人折斩出来的小路从密林边上伸展过来。

这几例均为背景为起点的虚构性空间位移关系构式。在例（54）和例（55）这两个英语构式中，图形the road和the path分别以背景the hills和the direction of the road为起点而来。在例（56）和例（57）这两个汉语构式中，图形"一条小河"和"一条似乎被人折斩出来的小路"分别以背景"群山"和"密林"为起点而"钻出来"和"伸展过来"。

所谓背景为终点的虚构性空间位移关系构式，就是作为背景的参照实体标示作为图形的位移主体之位移终点的虚构性空间位移关系构式。这种构式描述的是作为图形的位移主体发生视觉上的位移时到达作为背景的参照实体这一终点。例如：

（58）An easy-mile path runs to the main overlook atop the rock.

（59）The road went to a phone booth.

（60）魁奇路延伸至广州南站。

（61）一条条水泥花砖小路伸展到农舍。

在例（58）和例（59）这两个英语构式中，名词短语an easy-mile

path 和 the road 所指的实体为图形，名词短语 the main overlook atop the rock 和 a phone booth 所指的实体为背景；例（58）描述的是图形 an easy-mile path "跑到" 背景 the main overlook atop the rock 这一终点，例（59）描述的是图形 the road "走到" 背景 a phone booth 这一终点。在例（60）和例（61）这两个汉语构式中，名词短语"魁奇路"和"一条条水泥花砖小路"所指的实体为图形，名词短语"广州南站"和"农舍"所指的实体为背景；在例（60）中，图形"魁奇路"被描述为"延伸"到了背景"广州南站"这一终点，例（61）中的图形"一条条水泥花砖小路"被描述为"伸展"到了背景"农舍"这一终点。从这几例可以看出，英语通常使用表示位移终点的空间介词 to 来标示图形移动到达背景这一终点，汉语通常使用表示位移终点的空间介词"到"或"至"[①]来标示图形移动到达背景这一终点。

所谓背景为整个路径的虚构性空间位移关系构式，就是作为背景的参照实体标示作为图形的位移主体之整个位移轨迹的虚构性空间位移关系构式。换句话说，在这种构式中，作为背景的参照实体是衬托作为图形的位移主体发生视觉上的空间位置变化的整个位移轨迹。例如：

（62）Its path runs from Texas to Maine.
（63）The highway races through the city.
（64）乡间小道穿过悠然的田园。
（65）几条静静的小河贯穿小镇［，两边的民宅依河而建］。

在这几例中，作为背景的参照实体都是作为图形的位移主体的整个位移轨迹。在例（62）中，its path 为图形，Texas 和 Maine 为背景，分别为起点和终点，此例描述的是 its path 从起点 Texas 开始"跑"到

---

① 根据刘月华等（2004：264）和傅雨贤等（1997：14），汉语中的介词"到"和"至"通常表示动作行为在空间上的终点。据此，这类介词可视为表示动作行为终点的空间介词，即终点空间介词。

终点Maine；在例（63）中，the highway为图形，the city为背景，这一背景虽无明确的起点和终点，但由空间介词through可知，此例描述的是the highway从the city的一边"飞跑"到了另一边。同样，在例（64）和例（65）中，图形"乡间小道"和"几条静静的小河"也是分别从背景"悠然的田园"和"小镇"的一边通到了另一边。

从上述讨论可知，在虚构性空间位移关系构式中，位移主体与其参照实体之间是一种虚构性图形-背景关系。在这种虚构性图形-背景关系中，可以说，图形总是由认知主体构想为发生视觉上的空间位置变化的不可动实体，而背景则有多种情况，既可以体现为图形移动开始的起点，也可以体现为图形移动到达的终点，还可以体现为图形移动所经过的整个路径。虚构性空间位移关系构式中的背景为什么会有这些不同的体现方式呢？这就是下一节要探讨的问题。

第四节　虚构性空间位移关系构式中的路径凸显

泰勒（Andrea Tyler）和埃文斯认为，人类具有将其对世界的感知和对世界的体验方式切分为空间场景（spatial scenes）的能力。空间场景以及人对空间场景的概念化均涉及客观世界中的实体，实体与实体之间的联系是以反复出现的方式呈现出来的，而被概念化的关系则取决于人对自在世界的独特理解和体验（Tyler & Evans 2003：27-28）。就位移事件而言，经过认知主体的感知、体验和概念化，每一位移事件都是一个经验完形，都是一个完整的空间场景；但认知主体对位移事件进行语言编码时，则可能由于其交际目的和注意焦点的不同而对其进行整体描述或局部描述。换句话说，认知主体在运用语言描述位移事件时，可以把位移事件中的某一局部明确表达出来，也可以把位移事件中的某一局部忽略而不表达出来（张克定 2016a：73）。

这可以用塔尔密提出的语言中的注意力视窗化（the windowing of attention）（Talmy 2000a）加以解释。

塔尔密指出，语言能够通过对某一连贯所指场景（coherent referent scene）的局部加以显性提述（explicit mention），将其置于注意力的前景（foreground）之中，该场景中的其余部分则被置于注意力的后景（background）之中而被忽略。这一认知过程就是注意力视窗化。作为构成语言概念建构之认知系统的组成部分，注意力视窗化和注意层次、注意焦点、注意范围、注意网络一起共同构成注意力分布（the distribution of attention）这一认知结构范畴。注意力视窗化赖以发生的连贯所指场景可称为事件框架（event frame）。事件框架中被囊括进来、置于前景之中的部分经历了视窗化（windowing）过程，而被排除在外、置于背景之中的部分则经历了空白化（gapping）过程（Talmy 1996b：235-236，2000a：257-258）。

事件框架包括位移事件框架（event frame of motion）、施事性使动事件框架（event frame of agentive causation）、循环性事件框架（cyclic event frame）、参与者互动事件框架（participant-interaction event frame）和相互关系事件框架（interrelationship event frame）（详见 Talmy 1996b：239，2000a：260-261）。正如同一所指场景可以用不同的方式进行视窗化一样，位移事件框架中实体位移的路径也可以用不同的方式进行视窗化。对位移事件框架中路径的视窗化可简称为路径视窗化。所谓位移事件框架中的路径视窗化，就是认知主体把路径纳入感知域（scope of perception）的认知过程。在这一过程中，认知主体可以把整个路径纳入其感知域，也可以把路径的局部纳入其感知域。前一种情况就是对路径的最大视窗化（maximal windowing），后一种情况则是对路径的局部视窗化（partial windowing），路径的局部视窗化也就意味着路径的局部空白化。这就是说，当认知主体对路径进行局部视窗化时，他会把局部路径置于感知域之内，将其视窗化，而把其余部分置于感知域之外，将其忽略和空白化。注意力视窗化要通过语言表达式加以具体体现。认知主体可以选取一定的视角来观察位移事件，并运用语言将其表达出来。在描述位移事件框架中的路径时，认知主体可以选择最大视窗化方式，也可以采取局部视窗化方式（参见张克定 2016a：74）。

由上述可知，所谓路径视窗化，实际上就是对位移事件框架中的"起点-路径-终点"意象图式的整体凸显或局部凸显。这种基于对现实位移事件的抽象概括和概念化而来的意象图式可以图示为图 4-2（详见图 1-1 及其说明）。

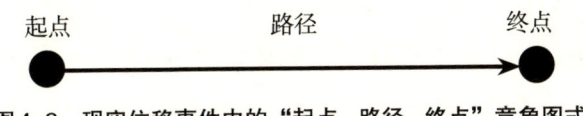

起点　　　　　路径　　　　　终点
●━━━━━━━━━━━━━━━▶●

图 4-2　现实位移事件中的"起点-路径-终点"意象图式

根据图 4-2，虚构性位移事件中的"起点-路径-终点"意象图式则可以图示为图 4-3，其中的实线圆圈为不可动实体，虚线圆圈代表被构想为从起点移动到终点的不可动实体，虚线箭头代表被赋予可动性特征的不可动实体发生视觉上的位移时所形成的虚构性位移轨迹，即路径。

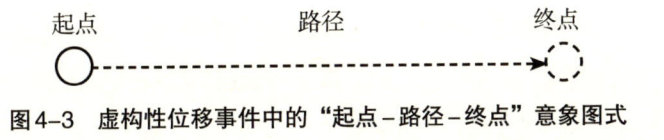

起点　　　　　路径　　　　　终点
○- - - - - - - - - - - - - ▶○

图 4-3　虚构性位移事件中的"起点-路径-终点"意象图式

在对虚构性位移事件中的"起点-路径-终点"意象图式进行语言编码时，认知主体既可以选择最大视窗化方式，使整个路径得到凸显，也可以采用局部视窗化方式，使局部路径得到凸显。这两种选择会呈现出位移主体与路径之间不同的动态空间位移关系，而认知主体在对这些不同的动态空间位移关系进行语言编码时，就会根据其交际目的和注意焦点选择使用上一节所说的背景为整个路径的虚构性空间位移关系构式、背景为起点的虚构性空间位移关系构式，或背景为终点的虚构性空间位移关系构式。如果认知主体选择使用最大视窗化方式对虚构性位移事件进行语言编码，"起点-路径-终点"意象图式中的起点和终点均要表达出来，从而使位移主体和整个路径之间的动态空间位移关系得以凸显。例如：

（66）The mountain range goes from Canada to Mexico.
（67）The road crosses the Arkansas River.
（68）小河穿过环绕着桦诗庄园的树林。
（69）桂阳高速公路穿越了峰林地貌核心景区。

在这几例中，认知主体均选择使用了最大视窗化方式，凸显的都是位移主体和整个路径之间的动态空间位移关系，但所使用的语言手段却不尽相同。在英语中，空间介词 from 和 to 分别表示物体移动的起点和终点，因此，例（66）这一英语构式凸显的是位移主体 the mountain range 和从起点 Canada 到终点 Mexico 这一全路径之间的动态空间位移关系。与例（66）不同，例（67）这一英语构式并没有使用任何空间介词来标示物体移动开始的起点和到达的终点。但由于位移动词 cross 本义就是 move across，它本身也就包含了路径义，因此，例（67）描述的显然是位移主体 the road 从参照实体 the Arkansas River 的一岸跨越到对岸，这样就凸显了 the road 和从 the Arkansas River 的一岸到另一岸这一全路径之间的动态空间位移关系。同样，在例（68）和例（69）这两个汉语构式中，字面上虽然没有明确的起点和终点，但位移动词"穿过"和"穿越"本就表示"从某一空间性实体的一边移动到另一边"之义。因此，这两例描述的显然是作为图形的位移主体"小河"与"桂阳高速公路"分别以作为背景的参照实体"环绕着桦诗庄园的树林"和"峰林地貌核心景区"的两边为起点和终点而穿过，这样就凸显了"小河"与"桂阳高速公路"分别和从"环绕着桦诗庄园的树林"与"峰林地貌核心景区"的一边移动到另一边这一全路径之间的动态空间位移关系。

如果认知主体选择使用局部视窗化方式来编码虚构性位移事件，就会出现两种情况：一是"起点–路径–终点"意象图式中的起点被表达出来；二是"起点–路径–终点"意象图式中的终点被表达出来。这两种情况所凸显的都是位移主体和局部路径之间的动态空间位移关系，前一种情况凸显的是位移主体与其移动开始的起点之间的动态空间位移关系，后一种情况凸显的则是位移主体与其移动到达的终点之间的动态空间位移关系。先来看第一种情况。

（70）A white scar runs down from the corner of his right eye.
（71）The cord runs from the house.
（72）弯弯曲曲的登山小路从云雾蒙蒙的溪流处延伸过来。
（73）长长的小径从村庄里伸出。

在这几例中，认知主体均选择使用了局部视窗化的方式来编码虚构性位移事件，凸显的都是位移主体和局部路径的动态空间位移关系，即位移主体与其移动开始的起点之间的动态空间位移关系。从例（70）和例（71）这两个英语构式中的空间介词 from 可以看出，这两个构式只把"起点–路径–终点"意象图式中的起点表达了出来，即对起点进行了视窗化，对终点则进行了空白化。故此，例（70）凸显的是位移主体 a white scar 和作为起点的参照实体 the corner of his right eye 这一局部路径之间的动态空间位移关系，例（71）凸显的是位移主体 the cord 和作为起点的参照实体 the house 这一局部路径之间的动态空间位移关系。从例（72）和例（73）这两个汉语构式中的框式空间介词（参见刘丹青 2002）"从……处"和"从……里"可以看出，这两个构式也只是把"起点–路径–终点"意象图式中的起点表达了出来，对起点进行了视窗化，对终点则进行了空白化。所以，例

（72）凸显的是位移主体"弯弯曲曲的登山小路"和作为起点的参照实体"云雾蒙蒙的溪流"这一局部路径之间的动态空间位移关系，例（73）凸显的是位移主体"长长的小径"和作为起点的参照实体"村庄"这一局部路径之间的动态空间位移关系。再来看第二种情况。

  （74）The road went down to Hasel.
  （75）The path went to a palace.
  （76）地铁7号线延伸到国际博览中心。
  （77）湖堤小径蜿蜒曲折伸入山间幽谷。

  与例（70）—（73）一样，例（74）—（77）也是认知主体选择使用了局部视窗化方式所编码出的虚构性空间位移关系构式，凸显的也都是位移主体和局部路径之间的动态空间位移关系；所不同的是，例（74）—（77）凸显的是位移主体与其移动到达的终点之间的动态空间位移关系。例（74）和例（75）这两个英语构式中的空间介词to表明，其后的名词短语Hasel和a palace所指的实体分别为位移主体the road和the path移动到达的终点。显然，这两个构式只把"起点-路径-终点"意象图式中的终点表达了出来，即对终点进行了视窗化，而对起点进行了空白化。因此，它们凸显了位移主体the road和the path分别与作为终点的参照实体Hasel和a palace所标示的局部路径之间的动态空间位移关系。同样，例（76）和例（77）这两个汉语构式也只是把"起点-路径-终点"意象图式中的终点表达了出来，即对终点进行了视窗化，而对起点进行了空白化。所以，这两个构式凸显的是位移主体"地铁7号线"和"湖堤小径"分别与作为终点的参照实体"国际博览中心"和"山间幽谷"所标示的局部路径之间的动态空间位移关系。

  由上述可知，认知主体不仅能够根据其对客观实体的感知和体验，运用其认知想象能力将静态的空间方位事件构想为动态的虚构性位移事件，而且能够运用语言对虚构性位移事件进行编码。任何位移事件都会激活"起点－路径－终点"意象图式，在对虚构性位移事件中的"起点－路径－终点"意象图式进行编码时，认知主体既可以采用最大视窗化方式，也可以采用局部视窗化方式。当认知主体采用最大视窗化方式时，他所凸显的就是位移主体和整个路径之间的动态空间位移关系；当认知主体采用局部视窗化方式时，他所凸显的则是位移主体与局部路径（即起点或终点）之间的动态空间位移关系。

第五节 小结

综上所述，虚构性位移事件是认知主体将某一静态情景中的不可动实体构想为可动实体，并以参照实体为衬托而发生在视觉上的空间位置变化的位移事件。这种位移事件是有理据的，是由不可动实体的动态化机制促动的。不可动实体的动态化机制就是认知主体依据对可动实体的感知和体验，把可动实体的可动性特征映射到不可动实体之上的认知机制。而这一认知机制对不可动实体是有条件限制的，即不可动实体的空间上可延伸线性条件；这一限制条件要求，只有具有相当长度的不可动线性实体，才能由不可动实体的动态化机制赋予可动性特征而被构想为可动实体。不可动实体的动态化机制本质上是一种隐喻机制，是以可动实体来理解和体验不可动实体；在这一隐喻机制中，从可动实体这一源域到不可动实体这一目标域的映射具有局部性和隐含性特征。

人们对虚构性位移事件的语言编码会形成虚构性空间位移关系构式。这种构式就是描述不可动实体这一位移主体以参照实体为衬托而发生在视觉上的空间位移的形－义配对体。在英汉语中，这种构式都必须包括施事、谓词和处所这样三个必备成分，其构成要取决于一个认知机制和三个限制条件。不可动实体的动态化机制为虚构性空间位移关系构式的构成提供了前提，只有在不可动实体被赋予可动性特征的前提下，认知主体才能采用以动述静的方式，运用虚构性空间位移关系构式来描述不可动实体这一位移主体在参照实体的衬托下所发生的视觉上的空间位移。虚构性空间位移关系构式构成的三个限制条件分别是，施事 X 所指实体的空间上可延伸线性条件，谓词 V_M 的持续线性位移条件，以及处所 Y 所指实体的必备性条件。只有在这三个条件同时得到满足的情况下，才能构成合格的、可接受的虚构性空间位移关系构式。

作为一种描述虚构性位移事件的构式，虚构性空间位移关系构式至少要包含一个位移主体（即不可动实体）和一个参照实体。按照塔尔密的图形-背景关系理论，在虚构性空间位移关系构式中，位移主体与参照实体之间的图形-背景关系是一种虚构性图形-背景关系。在这种虚构性图形-背景关系中，被赋予可动性特征的不可动实体为图形，衬托图形发生视觉上的空间位置变化的参照实体为背景，而背景可以是图形移动开始的起点，也可以是图形移动到达的终点，还可以是图形移动经过的整个路径。

在虚构性空间位移关系构式中，背景之所以能够是衬托图形发生视觉上的空间位移的起点、终点或整个路径，是认知主体所采用的不同注意力视窗化方式使然。在对虚构性位移事件所激活的"起点-路径-终点"意象图式进行语言编码时，认知主体既可以采用最大视窗化方式，也可以采用局部视窗化方式。认知主体若采用最大视窗化方式，位移主体和整个路径之间的动态空间位移关系就得以凸显；若采用局部视窗化方式，则位移主体与局部路径（即起点或终点）之间的动态空间位移关系就得以凸显。

第五章　抽象性空间方位关系构式

> 经验可以是直接的和深入的，也可以是间接的和概念性的，即由符号表达的。人可以通过经验了解现实，建构现实。
> ——段义孚/《空间与地方：经验的视角》

事物存在于客观世界之中，而且"始终在特定的时间处于特定的空间"（王文斌 2013，2019：xix）。对于客观世界中的事物，人们不仅能够通过观察、感知和体验来加以认识，还能够通过抽象概括把事物范畴化为不同的类别，而且还能够通过能动的体验和认知加工识解出事物与事物之间各种不同的关系，如事物与事物之间的所属关系、属种关系、部整关系、空间关系，等等。所谓空间关系，就是一事物相对于另一事物在空间中所呈现出的关系。然而，任何关系都离不开人这一认知主体的能动感知、体验和认知加工。因此，事物与事物之间的空间关系，只有通过认知主体的能动感知、体验和认知加工才能呈现出来。这就充分说明，事物是客观存在的，但事物之间的空间关系则是认知主体通过观察、感知、体验和识解而赋予事物的。在空间关系中，如果一事物在空间中的位置以另一事物为参照而确定，那么，这种空间关系就是空间方位关系；如果一事物在空间中的位置变化以另一事物为参照而确定，那么，这种空间关系就是空间位移关系。空间方位关系既可以出现在两个具体事物之间，也可以出现在一个具体事物和一个抽象事物之间。这两种情况可以分别叫作现实空间方位关系和抽象性空间方位关系。

人类具备各种各样的能力，其中之一就是能够识解出物质实体之间的现实空间方位关系并对其进行语言编码的能力。不仅如此，人类还具备依据对现实空间方位关系的感知和体验来识解和编码抽象性空间方位关系的能力。这就是说，人类不仅能够对客观世界中的物质实体之间的现实空间方位关系进行识解和语言编码，而且能够运用认知想象能力把抽象实体构想为具有空间特征的实体，并以编码现实空间方位关系的方式来编码抽象性空间方位关系，以这种方式所编码出的抽象性空间方位关系的语言表达式即可称为抽象性空间方位关系构式。本章将首先讨论抽象性空间方位关系的认知机制及其限制条件，然后讨论抽象性空间方位关系构式的构成方式及其限制条件，最后讨论这种构式所涉及实体之间的图形-背景关系。

第一节 抽象性空间方位关系的认知机制及其限制条件

要探讨抽象性空间方位关系及其认知机制，就有必要结合现实空间方位关系来进行。这两种空间方位关系既有联系，又有区别。所谓现实空间方位关系，就是两个物质实体在空间中的实际方位关系。所谓抽象性空间方位关系，就是一个物质实体和一个抽象实体在抽象空间中的隐喻性空间方位关系。无论是在现实空间方位关系中，还是在抽象性空间方位关系中，目的物的空间方位都是以参照物为参照而得以确定的，这是这两种空间方位关系之间相同的方面。然而，在现实空间方位关系中，作为参照物的物质实体本身就具有空间特征，而在抽象性空间方位关系中，作为参照物的抽象实体却没有任何空间特征，这是这两种空间方位关系之间相异的方面。先来看描述现实空间方位关系的例子。

（1）Linda was on the porch.

（2）The book is on the table.

（3）家伊和佩蓝在[①]房间里。

（4）她的《青年近卫军》在桌子上。

例（1）和例（2）这两个英语构式所描述的皆为现实空间方位关系。在例（1）中，目的物Linda的空间方位以参照物the porch为参照而得以确定；在例（2）中，目的物the book的空间方位以参照物the table为参照而得以确定。例（3）和例（4）这两个汉语构式所描述的也是现实空间方位关系。在例（3）中，目的物"家伊和佩蓝"所处的位置是在"房间"这一参照物之中；在例（4）中，目的物"她的《青年近卫军》"这本书所处的位置是在"桌子"这一参照物之上。需要注意的是，这几例所涉及的实体均为物质实体，其中名词短语Linda、"家伊和佩蓝"均为人名，所指的也均为人这样的具体实体；名词短语the book和"她的《青年近卫军》"所指的皆为书这种物质实体；而名词短语the porch、the table、"房间"和"桌子"所指的实体都是具有一定空间性的物质实体。正因为如此，它们才能够直接用作参照实体来确定与其相关之实体的空间方位。再来看描述抽象性空间方位关系的例子。

（5）Once again Bruce is in danger.

（6）Pam was in love.

（7）她现在正在梦境里。

---

① 现代汉语中的"在"既可以用作介词，也可以用作动词，这是因为，"从历史的观点看，汉语的'介词'都是从具有动词功能的词变来的"（高名凯2011：357）。用作介词时，"在"用以"引进动作行为有关的时间、处所、范围、条件等"（李行健2004：1628），"跟时间、处所、方位等词语组合"（吕叔湘1999：645）。从语义的观点来说，"在"字尚有动词的功能（高名凯2011：357），因此，用作动词时，"在"表示人或事物存在的处所、位置。一般要带宾语"（吕叔湘1999：645）。据此，在例（3）和例（4）这类构式中，"在"为动词，作谓语。

(8)你们的主人正处在困境中。

例(1)—(4)所描述的都是两个物质实体之间的现实空间方位关系,而例(5)—(8)所描述的则是一个物质实体与一个抽象实体之间的抽象性空间方位关系。在例(5)—(8)中,名词短语Bruce、Pam、"她"和"你们的主人"所指的均是人这样的物质实体,但名词短语danger、love、"梦境"和"困境"所指的则为表示某种状态的抽象实体。这几例分别描述的是Bruce处于危险之中,Pam处于恋爱之中,"她"处于"梦境"之中,以及"你们的主人"处于"困境"之中。众所周知,抽象实体本身并不具备任何空间特征,物质实体通常也不能处于抽象实体之中,那么,这几例中的名词短语Bruce、Pam、"她"和"你们的主人"所指的人这样的物质实体为什么能够被描述为处于名词短语danger、love、"梦境"和"困境"所指的抽象实体之中呢?下面就来回答这一问题。

世界中的实体,按具体与抽象来划分,可分为具体实体和抽象实体。在语言中,"名词是现实世界实体事物范畴化的产物"(张斌2010:85),现实世界中的实体性质不同,语言对其范畴化的结果也就不同,具体实体通常语言范畴化为具体名词,抽象实体则语言范畴化为抽象名词。由此可知,抽象名词"是无形可定、无数可数的事物之名称。不指某物之实在的体质,而抽出它的性、象或功用,成为一种事体的名称"(黎锦熙1998:85)。抽象名词"所表示的都是一些抽象的概念、性状、属性等"(张斌2010:81)。"就客观事物而言,并不是每一种事物都占据一定的空间,都具有明确的界限,其空间性存在着强弱之分;就汉语名词(包括英语名词——笔者注)而言,可量名词的空间性强于非量名词,个体名词强于集体名词,实体名词强于物质名词,具体名词强于抽象名词,这是绝对的"(同上:85)。"与具体名词相比,抽象名词的空间性很弱,一般都没有明确的三维空间"（同上：81）。那么，没有空间性的抽象名词为什么能够表达空间意义呢？

所谓抽象名词没有空间性，是由其本身的性质决定的。"抽象名词，严格说来，并不是说名词本身是抽象的，而是说这类名词所指的实体是抽象的"（Schmid 2000：63）。由此可知，抽象名词没有空间性，其实并不在于抽象名词本身，而在于它所指的抽象实体。因此，张斌（2010）所说的抽象名词没有空间性，实则是指抽象名词所指的抽象实体没有空间性。譬如，在例（5）—（8）中，danger、love、"梦境"和"困境"都是表示有关人的情感或状态之抽象名词，它们所指的这类抽象实体也就没有任何空间性；它们之所以能够与Bruce、Pam、"她"和"你们的主人"分别构成抽象性空间方位关系，是由于它们所指的抽象实体被赋予了一定的空间特征。众所周知，空间特征并不是抽象实体所固有的本质特征，抽象实体也不会自动获得空间特征。因此，赋予抽象实体以空间特征的肯定是作为认知主体的人。换言之，抽象实体被赋予一定的空间特征，是人之所为，是认知主体能动地运用认知想象能力把空间性具体实体的空间特征投射到抽象实体之上，并将其与某一具体实体之间的关系构想为抽象性空间方位关系。我们认为，认知主体之所以能够赋予抽象实体以空间特征，是一种叫作抽象实体的空间化机制（spatialization mechanism of abstract entity）促动的结果。所谓抽象实体的空间化机制，就是认知主体依据对客观世界中空间性具体实体的观察、感知、体验和认知加工，把空间性具体实体的空间特征投射到抽象实体之上，从而使其获得某种空间特征的认知机制，如图5-1所示。

在图5-1所示的抽象实体的空间化机制中，两个矩形分别代表具体实体（concrete entity，E_C）和抽象实体（abstract entity，E_A），虚线表示具体实体和抽象实体之间的间接联系，圆形代表空间性具体实体所具有的空间特征（spatial property，P_S），实线表示空间特征是空间

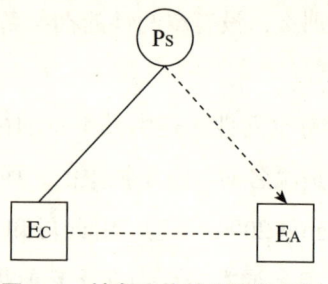

图 5-1　抽象实体的空间化机制

性具体实体的固有特征，虚线箭头表示认知主体以对空间性具体实体的感知和体验来构想抽象实体的方式，把空间性具体实体的空间特征投射到抽象实体之上，赋予抽象实体以一定空间特征的映射过程。例如：

（9）My father was in agony.
（10）她同样也处于劣势之中。
（11）Hillary Clinton was under pressure.
（12）[1994年前，这个县11.5万农村人口中还有] 1/3 的人处于温饱线以下。

在例（9）和例（10）中，agony和"劣势"均为抽象名词，它们所指的抽象实体本身并无空间性可言，但在抽象实体的空间化机制的作用下，它们被赋予了三维空间特征，因此，my father和"她"所指的人这样的具体实体才得以被分别描述为处于agony和"劣势"之中。同样，在例（11）和例（12）中，pressure和"温饱线"也是抽象名词，它们所指的抽象实体本身也没有空间性，但在抽象实体的空间化机制的作用下，它们被赋予了一维空间特征，这样，Hillary Clinton和"1/3的人"所指的人这样的具体实体才得以被分别描述为处在pressure和"温饱线"之下。这就是说，正是在图5-1所示的认知机制的作用下，agony、"劣势"、pressure和"温饱线"才被赋予了一定的空间特征，my father、"她"、Hillary Clinton 和"1/3 的人"分别与 agony、"劣势"、pressure 和"温饱线"之间的关系才得以被识解为抽象性空间方位关系，my father 和"她"才能够被分别描述为处于 agony 和"劣势"之中，Hillary Clinton 和"1/3 的人"才能够被分别描述为处在 pressure 和"温饱线"之下。

必须注意的是，从本质上讲，抽象实体的空间化机制是隐喻性的。这是因为，隐喻在本质上就是以一种事物来理解和体验另一种事物，而且每个隐喻中的映射也总是一种从源域到目标域的映射（Lakoff & Johnson 1980b：5；Lakoff 1987：276）。抽象实体的空间化机制就是以空间性具体实体来理解和体验抽象实体的，这正是其隐喻性所在；而且在这一隐喻性认知机制中，映射也正是从空间性具体实体这一源域到抽象实体这一目标域的映射。

作为一种隐喻机制，抽象实体的空间化机制具有单向性、局部性和隐含性特征（Lakoff 1993；Kövecses 2010：91-92）。概念隐喻通常把具体的概念用作源域，把抽象的概念用作目标域，把前者的特征映射到后者之上。隐喻过程是从具体概念到抽象概念，而不能相反，这就是概念隐喻的单向性原则（Kövecses 2010：7）。由此可以推知，抽象实体的空间化机制所具有的单向性特征就是，该机制只能是把空间性具体实体这一源域的空间特征映射到抽象实体这一目标域之上，而不能是反向映射。也就是说，这一认知机制中的映射方向，只能是从空间性具体实体这一源域到抽象实体这一目标域，而不能是从抽象实体这一目标域到空间性具体实体这一源域。

抽象实体的空间化机制的局部性是指，在从源域到目标域的映射过程中，并不是源域的全部特征都映射到目标域之上，而只是源域的某一（些）特征映射到目标域之上，即"不是源域矩阵的所有方面都被用于隐喻概念化"，而是"只有源域矩阵的某些方面参与了源域概念和目标域概念之间的映射过程"（Kövecses 2020：57）。具体来讲，在抽象实体的空间化机制中，认知主体只是把空间性具体实体这一源域的空间特征映射到抽象实体这一目标域之上，而不是把空间性具体实体的所有特征全都映射到抽象实体之上。所以，在抽象实体的空间化机制中，认知主体只是使用空间性具体实体所具有的空间特征来理解和体验抽象实体。

抽象实体的空间化机制的隐含性是指，这一认知机制所涉及的目标域是显性的，源域则是隐含的。认知主体在运用这一机制来构想抽象性空间方位关系的过程中，作为目标域的抽象实体是明确的，而作为源域的空间性具体实体则是隐含的。这是因为，认知主体在运用抽象实体的空间化机制时，是依据其已有的关于客观世界中空间性具体实体的感知与体验，把空间性具体实体这一范畴中的实体所共有的空间特征映射到某一明确的抽象实体之上。因此，在抽象实体的空间化机制中，作为目标域的抽象实体是明确的，而作为源域的空间性具体实体则是隐含的。

抽象实体的空间化机制的上述三个特征可用例（13）—（16）加以简要说明。在例（13）和例（14）中，distress和"恋爱"均为名词短语，其所指均为抽象实体，它们之所以能够用来描述the poor man和"43.52%的本科女生和4.15%的护校女生"所处的情感空间状态，是抽象实体的空间化机制使然。具体来讲，在这两例所描述的抽象性空间方位关系中，认知主体运用抽象实体的空间化机制，将隐含的空间性具体实体这一源域所具有的三维空间这一局部特征映射到名词短语distress和"恋爱"所指的抽象实体这一明确的目标域之上，从而把the poor man和"43.52%的本科女生和4.15%的护校女生"分别与distress和"恋爱"之间的关系构想为抽象性空间方位关系，进而把the poor man和"43.52%的本科女生和4.15%的护校女生"分别描述为处于distress和"恋爱"的情感空间范围之中。在例（15）和例（16）中，名词短语private ownership和"贫困线"所指的也都是抽象实体，它们之所以能够用来描述Chrysler和"15.3%的白人"所处的状态，是由抽象实体的空间化机制促动的。这就是说，在这两例所描述的抽象性空间方位关系中，认知主体运用抽象实体的空间化机制，将隐含的空间性具体实体这一源域所具有的一维空间性局部特征映射到名词短语private ownership和"贫困线"所指的抽象实体这一明确的目标域之上，从而把Chrysler和"15.3%的白人"分别与private ownership和"贫困线"之间的关系构想为抽象性空间方位关系，进而把Chrysler和"15.3%的白人"分别描述为处于private ownership和"贫困线"的一维抽象空间之下。

（13）The poor man was in distress.

（14）43.52%的本科女生和4.15%的护校女生处于恋爱中。

（15）Chrysler is under private ownership.

（16）15.3%的白人处于贫困线以下。

总之，抽象性空间方位关系是有理据的，是人之所为，是人之认知想象能力使然，是认知主体运用抽象实体的空间化机制所构想出来的。具体来讲，抽象性空间方位关系的产生，首先取决于认知主体构想抽象实体的隐喻方式，即运用抽象实体的空间化机制赋予抽象实体以空间特征；其次，取决于认知主体以被赋予了空间特征的抽象实体为参照，把该抽象实体与某一具体实体之间的关系识解为抽象性空间方位关系。

另外，作为一种隐喻性认知机制，抽象实体的空间化机制的运用通常要受到一定的条件限制。这是因为，认知主体在运用抽象实体的空间化机制构想抽象性空间方位关系时，并不能随心所欲地把空间性具体实体的空间特征赋予任一抽象实体，而只能把空间性具体实体的空间特征投射到某种类别的抽象实体之上。根据我们对所收集到的语料的观察，能够在抽象实体的空间化机制的作用下被赋予空间特征的抽象实体往往是那些表示人的情感、情绪或生活之状态的抽象实体，如英语和汉语中的抽象名词love、anger、trouble、pressure、distress、"恋爱""仇恨""困境""贫困线"等所指的抽象实体。也正因为这类抽象实体都是人所处的某种状态，认知主体所构想出的抽象性空间方位关系中所涉及的具体实体一般也都是人这样的具体实体，如例（5）—（16）所示。

抽象实体的空间化机制的这一限制条件可以从莱考夫、约翰逊等所说的"状态即方位"（STATES ARE LOCATIONS）这一概念隐喻找到根据。"状态即方位"这一概念隐喻是基于处于某一方位与处于某一状态之间的体验关联性，在这一概念隐喻中，人所处的某一情绪、情感或生活之"状态"被概念化为"方位"这样的有界空间域（详见Lakoff 1993：206，2018：67；Kövecses 2010：163；Johnson 2017：158）。例如：

（17）The king was in great fear.
（18）Skylar was out of danger.
（19）她恍如还在梦境中。
（20）他们正处于危难之中。

在例（17）—（20）中，fear、danger、"梦境"和"危难"所指的抽象实体就是通过"状态即方位"隐喻被概念化为了具有"方位"意义的有界空间域。这一有界空间域，实际上，就是由人这一认知主体运用抽象实体的空间化机制赋予这些抽象实体的空间特征。据此，认知主体将这几个抽象实体与the king、Skylar、"她"和"他们"所指的具体实体之间的关系分别识解为抽象性空间方位关系。

第二节　抽象性空间方位关系构式及其限制条件

由上一节的讨论可知，抽象性空间方位关系是认知主体依据其对现实空间方位关系的感知、体验和认知加工，运用抽象实体的空间化机制所构想出的一种隐喻性空间方位关系。我们知道，人这一认知主体不仅有能力构想出抽象性空间方位关系，而且有能力运用一定的语言结构将其表达出来，而用以表达抽象性空间方位关系的语言表达式，就可以称为抽象性空间方位关系构式。按照认知语言学中的构式观，抽象性空间方位关系构式，顾名思义，就是一种表达一个具体实体和一个抽象实体之间的抽象性空间方位关系的形－义配对体。现实空间方位关系构式和抽象性空间方位关系构式是两类性质不同的构式。现实空间方位关系构式所编码的是一个具体实体和另一具体实体之间的实际空间方位关系，而抽象性空间方位关系构式所编码的则是一个具体实体和一个抽象实体之间的隐喻性空间方位关系。在现实空间方位关系构式所涉及的两个实体中，作为参照物的具体实体本身具有空间特征，可以直接为作为目的物的具体实体提供空间参照，即目的物的空间方位以参照物为参照而得以确定。而在抽象性空间方位关系构式所涉及的两个实体中，作为参照物的抽象实体本身并不具备任何空间特征，无法直接为作为目的物的具体实体提供空间参照。这就需要认知主体依据对空间性具体实体的感知和体验，运用图5-1所示的抽象实体的空间化机制赋予作为参照物的抽象实体以一定的空间性，从而为作为目的物的具体实体提供空间参照，进而将两者之间的关系识解为抽象性空间方位关系，并运用抽象性空间方位关系构式将其表达出来。试比较：

（21）Paddock is in the room.

（22）陈作海在办公室里。

（23）Everyone in our community is in grief.

（24）这个女人处于困境之中。

例（21）和例（22）分别为英语和汉语中的现实空间方位关系构

式，它们各自所涉及的两个实体均为具体实体。Paddock 和"陈作海"所指的人为目的物，the room 和"办公室"所指的具体实体为具有空间特征的参照物，可分别为确定目的物 Paddock 和"陈作海"的方位直接提供空间参照。因此，它们描述的是目的物 Paddock 和"陈作海"分别处于参照物 the room 和"办公室"所指实体的空间范围之中的实际空间场景。与例（21）和例（22）不同，例（23）和例（24）分别为英语和汉语中的抽象性空间方位关系构式，它们分别涉及一个具体实体和一个抽象实体。everyone in our community 和"这个女人"所指的均为人这样的具体实体，为目的物，而 grief 和"困境"所指的实体均为不具备任何空间特征的抽象实体，它们无法直接充当确定目的物之空间方位的参照物，但认知主体可以运用抽象实体的空间化机制，将空间性具体实体的空间特征映射到它们之上，从而使它们能够提供一种抽象性的空间参照。这样，例（23）和例（24）中的 everyone in our community 和"这个女人"才得以被分别描述为处于 grief 和"困境"这样的抽象空间范围之中。

  作为一种隐喻性空间关系构式，抽象性空间方位关系构式有其自身的结构特征和限制条件。首先，抽象性空间方位关系构式，无论是在英语中，还是在汉语中，都必须是"小句层面的构式"（Goldberg 1995：43），即小句性构式，而不能是短语性构式。因此，在英汉语中，抽象性空间方位关系构式都要包含三个必备成分，即客事（THEME）、谓词和处所（LOCATION），而且这三个成分缺一不可。按照萨伊德（John I. Saeed）关于题元角色（thematic role）的观点，客事是指被某一动作所移动的实体或其处所被描述的实体，处所是指某物所在的地方或某事发生的地方；譬如，在 The book is in the library 中，the book 所指的实体是其处所被描述的实体，故为客事，in the library 是客事 the book 所在的地方，故为处所（Saeed 2016：150-151）。在抽象性空间方位关系构式中，客事成分和谓词成分在英语和汉语中的体现方式相同。客事成分由指称具体实体的具体名词短语体现，居于构式之首；谓词成分为构式中的谓语动词，由静态性的状态动词体现。处所成分在英汉语中的体现方式则不同。在英语中，处所成分体现为由介词和名词短语所构成的介词短语；在汉语中，处所成分体现为由名词短语和方位词所构成的方位短语。但是，在英语的介词短语和汉语的方位短语中，名词短语均由指称抽象实体的抽象名词短语体现。例如：

（25）Diccan Hilliard was in a rage.

（26）Caserta stayed out of trouble.

（27）小南似乎仍在梦境中。

（28）他在幸福之中。

在例（25）和例（26）这两个英语抽象性空间方位关系构式中，具体名词短语 Diccan Hilliard 和 Caserta 皆为人名，均指称人这样的具体实体，为客事，状态动词 be 和 stay 为谓词，介词短语 in a rage 和 out of trouble 为处所，其中的抽象名词短语 a rage 和 trouble 所指的均为抽象实体。例（27）和例（28）为汉语抽象性空间方位关系构式，其中的具体名词短语"小南"与"他"所指的具体实体也均为人，也是客事，状态动词"在"为谓词，方位短语"梦境中"和"幸福之中"为处所，其中的抽象名词短语"梦境"和"幸福"所指的也均为抽象实体。

其次，无论是现实空间方位关系，还是抽象性空间方位关系，本质上都是相对关系，都是认知主体对事物与事物在现实/抽象空间中的相对关系进行概念化的结果。然而，不同的语言对其编码的方式往往会有所不同。譬如，"英语和汉语对空间关系的编码就采取了不同的策略"（Loar 2011：99）。就抽象性空间方位关系的编码而言，英语和汉语的不同表现在对处所成分的编码方式上，英语以介词+抽象名词短语的方式来编码处所成分，汉语则以抽象名词短语+方位词的方式来编码处所成分。显而易见，这两种处所成分编码方式的不同是语序上的。实际上，在英语和汉语抽象性空间方位关系构式中，处所成分中的介词和方位词至关重要，且不可或缺。其重要性在于，在抽象性空间方位关系构式中，介词和方位词具有明确标示目的物和参照物之间的空间关系的作用[1]。这就是说，介词和方位词可以标明两个相关实体中哪个实体是目的物，哪个实体是参照物，哪个实体的位置要以哪个实体为参照而得以确定和凸显。其不可或缺性在于，没有介词和方位词的参与，就无法表达目的物和参照物之间的空间方位关系，也就构不成可以接受的抽象性空间方位关系构式。若把例（25）和例（26）中的介词 in 和 out of 与例（27）和例（28）中的方位词"中"和"之中"略去，这几例就会变得不可接受，也就无从谈论它们所涉及的实体之间的抽象性空间方位关系。

在英语和汉语抽象性空间方位关系构式中，处所成分中的介词和方位词虽然至关重要，不可缺少，但这种构式对能够进入其中的介词和方位词是有限制条件的。现分而述之。一般认为，在英语中，介词不仅具有在句法上把两个名词性成分联系起来的功能，而且具有表达名词性成分所指事物之间关系的功能（Miller 1976: 363）。介词到底表达事物之间的什么关系要取决于介词本身所具有的意义。杰肯道夫（Ray Jackendoff）和兰铎（Barbara Landau）根据介词表达的是空间关系义还是非空间关系义，将英语中的介词区分为空间介词和非空间介词（Jackendoff 1992: 107-108; Landau & Jackendoff 1993），如表5-1所示。所谓空间介词，从本质上讲，就是能够标示出物体与物体之间的空间关系的介词（张克定 2016a: 32）。空间介词又可以再分为静态

---

[1] 文旭等在讨论 The book is on the table 这样的空间方位关系构式时认为，"图形和背景之间的关系可以看成是由介词表达的一种方位关系，或者说，方位介词的意义可以理解为是一种图形-背景关系"（文旭 2014: 101; 匡芳涛、文旭 2003）。显然，文旭等也是在强调：方位介词的意义就在于表达事物与事物之间的空间关系。

空间介词和动态空间介词（Herskovits 1986：8；Taylor 2018：127），前者表示物体在空间中的静止状态，后者表示物体在空间中发生位移的情况。这就是说，静态空间介词标示的是目的物静态地处于参照物之内或之外的情况，动态空间介词标示的则是目的物移入或移出参照物的情况。

表5-1 英语中的空间介词和非空间介词

	简单及物介词					
空间介词	about	atop	from	outside	via
	above	before	in	over	with
	across	behind	inside	past	within
	after	below	into	through	
	against	beneath	near	throughout	
	along	beside	nearby	to	
	alongside	between	off	toward	
	amid(st)	betwixt	on	under	
	among(st)	beyond	onto	underneath	
	around	by	opposite	up	
	at	down	out	upon	
	复合及物介词				
	in back of	in front of	on top of	to the right of	
	in between	in line with	to the left of	to the side of	
	不及物介词				
	afterward(s)	downward	left	right	upstairs
	apart	east	N-ward (homeward, shoreward, etc.)	sideways	upward
	away	forward	south	west	
	backward	here	north	there	
	downstairs	inward	outward	together	
非空间介词	ago	despite	like	until	
	as	during	of	without	
	because of	for	since		

"在英语空间方位关系构式中，空间介词起着关键的作用，既可以标明一个物体处于另一物体的空间范围之内或之外，也可以标示一个物体和另一物体在水平方向上或垂直方向上相邻。前一种情况的英语表达式可以叫作包容性空间方位关系构式，后一种情况的英语表达式则可以叫作相邻性空间方位关系构式"（张克定 2016a：32）。显然，英语抽象性空间方位关系构式既可以是包容性空间方位关系构式，也可以是相邻性空间方位关系构式；前者表达作为目的物的具体实体静态地处于作为参照物的抽象实体的三维抽象空间之内或之外，后者表达作为目的物的具体实体静态地处于作为参照物的抽象实体的一维抽象空间之上或之下。因此，英语抽象性空间方位关系构式要求，能够进入其中的介词必须是静态空间介词。譬如，在例（29）中，空间介词 in 表达的就是目的物 this girl 静态地处在参照物 danger 的三维抽象空间之中；而在例（30）中，空间介词 out of[①] 表达的则是目的物 everyone affected by the plague 静态地处在参照物 danger 的三维抽象空间之外。在例（31）中，空间介词 above 表示目的物 Rumsfeld 静态地处在参照物 the fray 的一维抽象空间之上；而在例（32）中，空间介词 under 则表示目的物 the pilot 静态地处在参照物 pressure 的一维抽象空间之下。

（29）This girl is in danger.

（30）Everyone affected by the plague was out of danger.

（31）Rumsfeld is above the fray.

（32）The pilot was under pressure.

还有一点需要说明。在英语中，空间介词的静态性和动态性会随

[①] 虽然表5-1中没有列举 out of 之类的介词，但在很多词典中，out of 通常都被标注为介词，其词义为"从……里面""在（越出）……之外""从……中""从……身上"等（Pearsall 1998：1316；张柏然 2006：1643）。

着语境的变化而发生变化。静态空间介词若用于动态语境，就会产生动态性，如静态空间介词under在The cat ran under the bed这一动态语境中就产生了动态之义；动态空间介词若用于静态语境，则会产生静态性，如动态空间介词from在The cat is two feet from the wall这一静态语境中就有了静态之义（Herskovits 1986：8）。虽然如此，能够进入英语抽象性空间方位关系构式的空间介词一定是静态空间介词，而不能是动态空间介词。

对于汉语中紧跟名词短语之后构成方位短语的词，语言学界用不同的术语称之，如方位词（localizer）（Chao 1968；朱德熙 1982；文炼 1984；吕叔湘 1999；郭锐 2002；刘月华等 2004，2019；邵敬敏 2007；张斌 2010；Cheung 2016；Lin & Sun 2016；Lu 2020）、空间方位词[①]（spatial localizer）（林笛 1993）、方位标（locative marker）（邢福义 1996；Xing 2017）、方位小品词（locative particle）（Li & Thompson 1989）、方位语（locative term）（方经民 2004；Wu 2008）、处所词（location word）（Ross & Ma 2006）、位置词（position word）（Loar 2011）、位置标记语（position indicator）（Yip & Rimmington 2016）、后置词（postposition）（陈望道 1978；Ernst 1988；Liu 2008；Huang, et al. 2009；方清明 2014；Paul 2015），等等。乍看起来，这些术语好像没有任何一致性可言，但还是可以梳理出一个大致的头绪。这些术语可以分为两类：方位词、空间方位词、方位标、方位小品词、方位语和处所词为一类；位置词、位置标记语和后置词为另一类。这两类术语反映的是对同一类词的两种不同处理方式。前一类术语是一种语义理解，聚焦于这类词所表达的空间方位义或处所义；后一类术语则是一种句法理解，侧重于这类词在句法结构中所占据的位

[①] 林笛（1993）在其注释①中说，"本文所考察的方位词是指严格意义上的'空间方位'，不讨论方位词表时间的用法和其他的一些引申用法。"由此可知，林笛所讨论的空间方位词是狭义上的或本义上的方位词。

置。这两种理解各有道理，但我们倾向于将两者结合起来考虑，把这类词统称为空间后置词（spatial postposition）（Zhang 2016；张克定 2016b）。这样，该类词的语义功能和句法功能就可以恰当地统一起来，既包含了这类词将其前名词短语所指实体的特定空间区域标示出来的语义功能，又包含了这类词在方位短语中总是占据短语末尾位置（phrase-final position）的句法功能（Zhang 2017）。

汉语中的空间后置词有简单空间后置词和复合空间后置词①之分。在汉语中，简单空间后置词是最基本的空间后置词，都是单音节的，包括"上、下、前、后、里、外、内、中、东、西、南、北、间、旁"；复合空间后置词是由在简单空间后置词后面加上"边、面、头"构成的，或者是在简单空间后置词前面加上"以"或"之"构成的，如表5-2所示（参见朱德熙 1982：43-44；文炼 1984：8-9；刘月华等 2004：50-55，2019：49-54）。

表5-2 汉语中的空间后置词

简单空间后置词	复合空间后置词				
上	上边	上面	上头	以上	之上
下	下边	下面	下头	以下	之下
前	前边	前面	前头		之前
后	后边	后面	后头		之后
里	里边	里面	里头		
外	外边	外面	外头	以外	之外
东	东边	东面	东头	以东	之东
西	西边	东面	西头	以西	之西
南	南边	南面	南头	以南	之南

---

① 这里所说的简单空间后置词和复合空间后置词相当于朱德熙（1982）、文炼（1984）和刘月华等（2004，2019）所说的单纯方位词和合成方位词。

续表

简单空间后置词	复合空间后置词				
北	北边	北面	北头	以北	之北
中					之中
内				以内	之内
间					之间
旁	旁边				

汉语空间后置词"具有黏着、定位和封闭的特点"（张斌 2010：711），是一种不能单独充当句法成分的封闭性词类。这类词不仅可以标示出其前名词短语所指实体的特定空间区域，还可以明确"标示出某种空间关系"（Li & Thompson 1989：391），即"实体之间的空间关系"（Lin & Sun 2016：395）。正因为如此，汉语空间后置词既可用于现实空间方位关系构式，标示现实空间方位关系，也可用于抽象性空间方位关系构式，标示抽象性空间方位关系。但是，汉语抽象性空间方位关系构式有其自身的特性，对能够出现于其中的空间后置词是有要求、有选择的，不是任何空间后置词都可以出现于其中。通常，可以用于汉语抽象性空间方位关系构式的空间后置词，是那些表示目的物（具体实体）位于参照物（抽象实体）的三维抽象空间范围之内的空间后置词，如例（33）和例（34）中的"中"与"里"所示，或者是那些表示目的物（具体实体）位于参照物（抽象实体）的一维抽象空间之上或之下的空间后置词，如例（35）和例（36）中的"上"和"以下"所示。

（33）他处在逆境中。

（34）高岛在仇恨里。

（35）近万名农民仍处于贫困线上。

（36）40%的农户还处在温饱线以下。

从这几例可以看出，抽象名词短语之后的空间后置词具有标示出抽象空间的功能。朱德熙（1999：318）曾经指出，"在本来不表示处所的名词后头加上'上、下、里、外、中间'一类字眼，就转化为表示处所的词语。"这就是说，"上、下、里、外、中间"这类字眼赋予了本来不表示处所的名词以处所义，但事实并非如此。我们认为，并不是"上、下、里、外"之类的空间后置词使本来不表示处所的名词转化为表示处所的词语，而是抽象实体的空间化机制使然。也就是说，首先是在这种隐喻机制的作用下，本来不表示处所的名词所指的实体才被赋予了处所特征，即空间特征；其次，只有在这种情况下，空间后置词才可出现在指称获得了空间特征的抽象实体的抽象名词短语之后，标示出某种抽象空间。

由上述可知，抽象性空间方位关系构式在英汉语中有着同样的结构特征，都要包含客事、谓词和处所这三个必备成分，都是用以"对两个相关实体进行定位"（Divjak et al. 2020：40）的构式，表达的都是一个具体实体和一个抽象实体之间的抽象性空间方位关系。然而，在这种构式中，英语和汉语对处所成分的编码方式是不同的，英语用静态空间介词+抽象名词短语的方式来编码，汉语用抽象名词短语+空间后置词的方式来编码。

除了英语和汉语对处所成分的编码方式不同之外，英汉语抽象性空间方位关系构式还有一点不同。当认知主体运用抽象实体的空间化机制赋予抽象实体以三维空间特征时，抽象实体就具有了像容器那样的"内/外"特征和有界性特征，这是"状态即容器"这一概念隐喻使然（参见Lakoff & Johnson 1980b：30-31；Kövecses 2010：39）。在这种情况下，英语既可以编码出作为目的物的具体实体处于作为参照物的抽象实体的空间范围之内的抽象性空间方位关系构式，也可以编码出作为目的物的具体实体处于作为参照物的抽象实体的空间范围之外的抽象性空间方位关系构式；但汉语只能编码出作为目的物的具体实体处在作为参照物的抽象实体的空间范围之内的抽象性空间方位关系构式。例如：

（37）Doyle was in danger.
（38）Benny was out of danger.
（39）杰拉德正处在困境中。
（40）小别和他奶奶还在梦乡里呢！

从这几例可以看出：英语中既有表达具体实体（如 Doyle 所指的人）处于抽象实体（如 danger 所指的抽象实体）的空间范围之内的抽象性空间方位关系构式，也有表达具体实体（如 Benny 所指的人）处于抽象实体（如 danger 所指的抽象实体）的空间范围之外的抽象性空间方位关系构式；但汉语中只有表达具体实体（如"杰拉德"与"小别和他奶奶"所指的人）处于抽象实体（如"困境"和"梦乡"所指的抽象实体）的空间范围之内的抽象性空间方位关系构式，而没有表达具体实体处于抽象实体的范围之外的抽象性空间方位关系构式。例（38）这一英语构式所表达的这种抽象性空间方位关系，若用汉语来表达，通常要采取动态的方式，将其编码为"本尼摆脱了/没有了危险"。在这种情况下，"危险"所指的抽象实体在汉语中并没有被赋予空间性，而是被识解为了某种实物，因而成为一种可以摆脱的东西，或者是不再拥有的东西。

第三节　抽象性空间方位关系构式中的图形－背景关系

在抽象性空间方位关系构式所涉及的两个实体中，作为客事的具体实体和处所中作为参照物的抽象实体所呈现出的抽象性空间关系可以用塔尔密的图形－背景关系理论加以解释。由第二章的简述可知，塔尔密借鉴完形心理学家鲁宾的图形-背景区分观点，提出了图形-背景关系理论。在完形心理学中，图形-背景区分主要用于说明和解释人如何区分知觉场景中的有关对象，其要旨在于对场景中的事物加以区分，而不在于对场景中事物之间的关系进行解释（张克定 2016a：85）。而在塔尔密的认知语义学中，图形-背景关系旨在解释空间场景中事物之间的空间关系，即某一位移事件或方位事件中两个相关实体之间的空间关系。塔尔密指出，在图形-背景关系中，图形指的是一个移动的或概念上可移动的实体，是一个有待定位的实体，背景指的是一个参照实体，是实施定位的实体，这一实施定位的参照实体在相关参照框架中还具有固定情景的作用。图形的路径、位置或方向以背景为参照而得以确定和凸显（Talmy 1983：232，2000a：311-312）。背景之所以具有标示图形之方位的作用，是因为背景所指的实体本身所具有的空间特征，即标示有界空间域的特征，具有这种空间特征的实体可以是"三维、二维、一维，甚至零维的实体"（Talmy 2017：57）。塔尔密还指出，图形和背景具有不同的本质特征和联想特征，这对概念可以充分解释某一位移事件或方位事件中两个相关物体之间的空间关系（详见表2-2及Talmy 1978，1983，2000a：315-316）。

可以认为，塔尔密所提出的图形-背景关系理论以及图形和背景的不同性质，不仅可以用于解释现实空间方位事件中物质实体之间的现实空间方位关系，也可以用于解释抽象性空间方位事件中具体实体和抽象实体之间的抽象性空间方位关系。例如：

（41）Santana was in the clubhouse.
（42）穿着白大褂的一男一女在房间里。
（43）Tom is in love.
（44）我还在苦难中。

例（41）和例（42）分别为英语和汉语中的现实空间方位关系

构式，它们所编码的均为现实空间方位事件，所表达的均为两个物质实体之间的现实空间方位关系。其中，客事Santana和"穿着白大褂的一男一女"所指的具体实体为图形，处所成分中的the clubhouse和"房间"所指的具体实体为背景，前者的空间方位以后者为参照而得以确定和凸显，表达的是图形Santana和"穿着白大褂的一男一女"分别处于背景the clubhouse和"房间"的空间范围之中的实际空间场景。与例（41）和例（42）不同，例（43）和例（44）均为抽象性空间方位关系构式，它们所编码的都是抽象性空间方位事件，所表达的都是一个具体物质实体和一个抽象实体之间的抽象性空间方位关系。在这两例中，客事Tom和"我"所指的具体实体为图形，处所中的love和"苦难"所指的抽象实体为背景。例（43）说明图形Tom位于背景love这一情感空间范围之中，描述的是Tom处于热恋之中的状态；例（44）表明图形"我"位于背景"苦难"这一情绪空间范围之内，描述的是"我"处于苦难之中的状态。与例（41）和例（42）的不同还在于，虽然这四例中充当图形的实体均为具体实体，但充当背景的实体在例（41）和例（42）中是具体实体，在例（43）和例（44）中却是抽象实体。一般来讲，clubhouse和"房间"这样的具体名词所指的具体实体都具有"内/外"的固有特征（intrinsic property），但love和"苦难"这样的抽象名词所指的抽象实体却没有"内/外"的特征。那么，例（43）和例（44）这样的抽象性空间方位关系构式会呈现出什么性质的图形-背景关系呢？

  吉布斯（Raymond W. Gibbs 2019：198）指出，"概念隐喻在语法结构中起着重要的作用。"实际上，这种作用是认知主体所具有的概念隐喻能力使然，即认知主体能够通过隐喻的方式，运用抽象实体的空间化机制，将空间性具体实体所具有的空间特征赋予抽象实体，从而识解出抽象性空间方位事件，进而以编码现实空间方位事件的方式，把抽象性空间方位事件编码为抽象性空间方位关系构式。由此可知，抽象性空间方位关系构式是认知主体的概念隐喻能力作用下的产物，是认知主体用以编码一个具体实体和一个抽象实体之间的隐喻性空间方位关系的产物。抽象实体的这种通过概念隐喻而获得空间特征的事实表明，抽象性空间方位关系构式所表达的是一个抽象实体经过隐喻化后与一个具体实体之间所形成的一种隐喻性空间方位关系，而这两个实体所呈现出的图形-背景关系自然就是一种隐喻性图形-背景关系（metaphorical Figure-Ground relation），这是毫无疑问的。也正是因为这种隐喻性图形-背景关系，抽象性空间方位关系构式本质上是不对称的。其不对称性在于，这种构式所涉及的具体实体和抽象实体并不同时具备塔尔密所说的图形和背景的本质特征和联想特征，均不能同时既充当图形又充当背景。这就是说，抽象性空间方位关系构式所涉及的具体实体总是充当图形，抽象实体总是充当背景，而且不能互换。

第四节 小结

综上所述，抽象性空间方位关系是有理据的，是由抽象实体的空间化机制促动的。抽象实体的空间化机制，从本质上讲，是一种隐喻机制，具有单向性、局部性和隐含性特征。需要注意的是，抽象实体的空间化机制的运用是有条件限制的，也就是说，并不是任何抽象实体都可以由这一机制赋予空间性特征。我们所收集到的英汉语语料显示，能够在抽象实体的空间化机制的作用下被赋予空间特征的抽象实体往往是那些表示人的情感、情绪或生活之状态的抽象实体。

认知主体不仅能够运用抽象实体的空间化机制将空间性具体实体的空间特征赋予抽象实体，从而识解出抽象性空间方位关系，而且能够运用一定的语言结构来表达所构想出的抽象性空间方位关系。认知主体用以编码抽象性空间方位关系的语言表达式就是抽象性空间方位关系构式。抽象性空间方位关系构式本质上也是隐喻性的，这是由认知主体构想抽象实体及其与他物之关系的隐喻方式所决定的。抽象性空间方位关系构式在英语和汉语中都有着自身的结构特征与限制条件。在英语和汉语中，抽象性空间方位关系构式都要包括客事、谓词和处所这样三个必备成分，缺一不可。也就是说，这种构式中的客事、谓词和处所这三个成分，若缺少任何一个成分，就无法构成合格的、可接受的抽象性空间方位关系构式。英汉语抽象性空间方位关系构式的差异在于对处所成分的编码方式，英语以空间介词+抽象名词性短语的方式编码，汉语以抽象名词性短语+空间后置词的方式编码。

　　抽象性空间方位关系构式所涉及的两个实体之间形成图形-背景关系，其中具体实体为图形，抽象实体为背景。由于充当背景的抽象实体本身没有空间特征，是在抽象实体的空间化机制的作用下才被赋予了空间特征，才具备了充当背景的条件，所以，抽象性空间方位关系构式所呈现出的图形-背景关系本质上是一种隐喻性图形-背景关系。

第六章　抽象性空间位移关系构式

> 客路青山外，行舟绿水前。
> 潮平两岸阔，风正一帆悬。
> 海日生残夜，江春入旧年。
> 乡书何处达？归雁洛阳边。
>
> 王湾/《次北固山下》

客观世界中存在着各种各样的实体，按照具体和抽象来划分，可分为具体实体和抽象实体。某一具体实体往往可以在另一具体实体的衬托下发生实际的空间位置变化，从而形成现实位移事件。同样，在一定条件下，某一抽象实体也可以在某一具体/抽象实体的衬托下发生心理上的空间位置变化，或者某一具体实体也可以在某一抽象实体的衬托下发生心理上的空间位置变化，从而形成抽象性位移事件（abstract motion event）。不仅如此，在言语交际过程中，人们还会使用一定的语言结构来表达现实位移事件和抽象性位移事件。人们用以表达现实位移事件的语言表达式可以叫作现实空间位移关系构式，而用以表达抽象性位移事件的语言表达式则可以称为抽象性空间位移关系构式。本章分为四节，第一节讨论抽象性位移事件的认知机制及其限制条件，第二节将在此基础上探讨抽象性空间位移关系构式的构成方式和限制条件，第三节将讨论抽象性空间位移关系构式中的路径凸显，第四节为本章小结。

第一节　抽象性位移事件的认知机制及其限制条件

要讨论抽象性位移事件，就需要从位移事件和现实位移事件谈起。由第三章的讨论可知，认知语言学界对位移事件的关注和研究肇始于美国语言学家塔尔密。他认为，位移事件就是含有运动或位移和持续处于某处的情景（Talmy 1985，1991，2000b，2007）。塔尔密对位移事件的研究引起了认知语言学界的广泛关注，并引发了探讨位移事件的热潮。有不少学者直接沿用塔尔密的观点，如严辰松（1998）、邵志洪（2006）、王义娜、张晓燕（2007）、史文磊（2012，2014）、Gennari et al.（2002）、Bohnemeyer et al.（2007）、Beavers et al.（2010）、Vulchanova & van der Zee（2013）、Batoréo（2016），等等。不过，也有不少学者在塔尔密之观点的基础上，对位移事件进行了深入的再思考，并给出了更加具体而明晰的定义，如 Chu（2004）、Radden & Dirven（2007）、Filipović（2007）、Filipović & Ibarretxe-Antuñano（2015）、范立珂（2015，2016）、Gaby & Sweetser（2017）、Lin（2015，2019），等等。我们在第三章中综合各家之言，把位移事件定义为位移主体在一定的时空框架中，以参照实体为衬托，沿着一定的路径，从起点移动到终点的运动过程。

由这一定义可以看出，凡位移事件，都至少要涉及两个实体，一个是位移主体，一个是参照实体。因此，可以说，位移主体和参照实体是位移事件中的两个必备实体。众所周知，世界中既有具体实体，也有抽象实体。有些具体实体本身是可动的实体，而有些则是不可动的实体；抽象实体本身并无可动性或空间性特征，但在一定条件下，会被认知主体赋予一定的可动性或空间性。这样，认知主体往往会依据位移主体和参照实体的不同性质，识解出两大类位移事件：现实位移事件和隐喻性位移事件，而隐喻性位移事件又有虚构性位移事件和抽象性位移事件两类。一般来讲，位移主体和参照实体均为具体实体的位移事件为现实位移事件，位移主体为不可动具体实体、参照实体为具体实体的位移事件为虚构性位移事件，位移主体为抽象实体、参照实体为具体/抽象实体的位移事件和位移主体为具体实体、参照实体为抽象实体的位移事件均为抽象性位移事件（详见表3-1）。现分而述之。在位移事件中，若位移主体和参照实体均为具体实体，位移主体在参照实体的衬托下沿着路径而发生空间上的实际位移，那么，认知主体就会据此识解出现实位移事件。例如：

（1）The train runs westward from Altoona to Pittsburgh.
（2）可是这时，他却和那人一起，走到走廊的一角。

这两例描述的均为现实位移事件。例（1）这一英语构式所描述的现实位移事件中有三个实体，均为具体实体。在这三个具体实体中，the train 所指的具体实体为位移主体，Altoona 和 Pittsburgh 所指的具体实体为参照实体，分别为位移主体移动的起点和终点。因此，例（1）描述的是位移主体 the train 从参照实体 Altoona 这一起点开始移动，最终到达参照实体 Pittsburgh 这一终点。例（2）这一汉语构式所描述的现实位移事件中也有三个实体，也都是具体实体。其中，"他和那人"所指的具体实体共同为位移主体，"走廊的一角"所指的具体实体为参照实体，为位移主体移动到达的终点。因此，例（2）描述的是位移主体"他和那人"移动到参照实体"走廊的一角"这一终点。

在位移事件中，若位移主体为不可动具体实体、参照实体为具体实体，位移主体被构想为在参照实体的衬托下而发生视觉上的空间位置变化，那么，认知主体就会据此识解出虚构性位移事件（详见第四章）。例如：

（3）The highway ran between the bluff and the river.

（4）小河从岩石间穿过。

这两例描述的均为虚构性位移事件。在例（3）这一英语构式所描述的虚构性位移事件中，the highway 所指的不可动具体实体为位移主体，the bluff 和 the river 所指的具体实体均为参照实体，此例描述的是位移主体 the highway 在 the bluff 和 the river 这两个参照实体之间跑动。在例（4）这一汉语构式所描述的虚构性位移事件中，"小河"所指的不可动具体实体为位移主体，"岩石"所指的具体实体为参照实体，此例描述的是位移主体"小河"穿过了参照实体"岩石"。从中可以看出，这两例描述的均为位移主体在参照实体的衬托下所发生的视觉上的空间位置变化。

认知主体不仅能够识解出现实位移事件，而且能够依据对现实位移事件的感知和体验识解出抽象性位移事件。所谓抽象性位移事件，就是一个抽象实体以一个具体/抽象实体为参照所发生的心理上的空间位置变化，或者是一个具体实体以一个抽象实体为参照所发生的心理上的空间位置变化。由此可知，在抽象性位移事件中，要么位移主体为抽象实体，要么参照实体为抽象实体。例如：

（5）This idea comes from the Clinton administration.

（6）一个想法闪入他的脑海。

（7）Martin ran into trouble.

（8）之后他俩就坠入爱河。

这四例描述的均为抽象性位移事件，其中例（5）和例（6）所描述的抽象性位移事件为一类，例（7）和例（8）所描述的抽象性位移事件为另一类；前者是位移主体为抽象实体的抽象性位移事件，后者是参照实体为抽象实体的抽象性位移事件。在例（5）和例（6）

中，this idea 和"一个想法"所指的抽象实体为位移主体，分别以 the Clinton administration 和"他的脑海"所指的实体为参照实体而发生了心理上的空间位移。在例（7）和例（8）中，Martin 和"他俩"所指的具体实体为位移主体，trouble 和"爱河"所指的抽象实体为参照实体，Martin 和"他俩"所指的实体分别移动到了 trouble 和"爱河"所指实体的抽象空间之中。

由上述可知，位移事件可以是现实位移事件、虚构性位移事件和抽象性位移事件。曾传禄在讨论位移事件的性质时指出：现实位移事件"是指位移体在物理空间的位置发生现实的移动"，虚构性位移事件"是指位移体并没有发生任何现实的移动却用位移动词表达的主观的、想象的移动"，抽象性位移事件是"借助隐喻机制所造成的一种抽象移动"。"例如，a. 高高的烟囱往高空伸去，占去了这个小房间的四分之一。b. 心里一股股的恼火直往脑门儿窜。c. 大哥，你想开着点……不必紧自往死牛犄角里钻！例 a 是视觉上的位移，位移体'高高的烟囱'由于观察者的视线移动而产生虚幻移动；例 b、c 是抽象位移，例 b 中位移体'一股股的恼火'是抽象物通过隐喻机制想象成具体物，而且使之可以向'脑门儿窜'；例 c 中'死牛犄角'通过隐喻机制想象成可容物，成为一个可往里钻的容器性目标"（曾传禄 2009a，2010，2014：21）。曾传禄这里所说的抽象位移事件包括两类，即我们上文所说的位移主体为抽象实体的抽象性位移事件和参照实体为抽象实体的抽象性位移事件。

据此可以认为，例（1）—（8）所描述的虽然都是位移事件，但它们属于性质不同的位移事件。在例（1）和例（2）中，位移主体和参照实体都是具体实体，它们所描述的都是位移主体以参照实体为衬托而发生的实际空间位置变化；因此，例（1）和例（2）所描述的位移事件为现实位移事件。在例（3）和例（4）中，位移主体 this path 和"小河"为不可动具体实体，参照实体 the rose garden 和"岩石"

为具体实体，它们所描述的均为位移主体以参照实体为参照而发生在视觉上的空间位置变化；因此，这两例描述的均为虚构性位移事件。在例（5）和例（6）中，this idea 和 "一个想法" 所指的实体均为抽象实体，它们作为位移主体分别以 the Clinton administration 和 "他的脑海" 所指的实体为参照实体而发生心理上的空间位置变化；因此，例（5）和例（6）描述的位移事件是抽象性位移事件。在（7）和例（8）中，Martin 和 "他俩" 所指的实体均为具体实体，它们作为位移主体分别以 trouble 和 "爱河" 所指的抽象实体为参照实体而发生心理上的空间位置变化；因此，例（7）和例（8）描述的位移事件也是抽象性位移事件。然而，例（5）—（6）和例（7）—（8）所描述的位移事件虽然都是抽象性位移事件，但属于两类不同的抽象性位移事件。在例（5）—（6）中，位移主体是 this idea 和 "一个想法" 所指的抽象实体，它们所描述的抽象性位移事件可叫作位移主体为抽象实体的抽象性位移事件。在例（7）—（8）中，位移主体是 Martin 和 "他俩" 所指的具体实体，参照实体为 trouble 和 "爱河" 所指的抽象实体，它们所描述的抽象性位移事件则可叫作参照实体为抽象实体的抽象性位移事件。为了便于讨论，我们把位移主体为抽象实体的抽象性位移事件简称为甲型抽象性位移事件，把参照实体为抽象实体的抽象性位移事件简称为乙型抽象性位移事件。下面就来分别探讨这两类抽象性位移事件的认知机制及其限制条件。

一、甲型抽象性位移事件的认知机制及其限制条件

由上述可知，现实位移事件是认知主体对客观世界中具体实体在时空框架中相对于参照实体发生实际位置变化的直接感知、体验和认知加工的结果；而甲型抽象性位移事件则是认知主体依据其对具体实体发生位移的感知和体验，运用其认知想象能力将抽象实体构想为可动实体，通过能动的认知加工使其在心理上发生相对于参照实体的

空间位置变化，因此，可以说，甲型抽象性位移事件有其自身的认知理据。具体来讲，甲型抽象性位移事件的认知理据就是抽象实体的具体化和可动化机制（concreteness & movability mechanism of abstract entity）。这一认知机制包括两个方面：第一，认知主体依据对具体实体的感知、体验和认知加工，把具体实体的具体性投射到抽象实体之上，从而赋予抽象实体以具体性；第二，认知主体依据对可动实体的感知、体验和认知加工，把可动实体的可动性赋予抽象实体，从而使抽象实体在获得具体性的基础上又获得了可动性。这样，认知主体就可以将抽象实体构想为具体可动的实体而发生心理上的空间位置变化。这一认知机制可图示为图6-1。

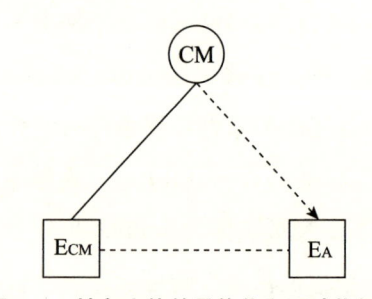

图6-1　抽象实体的具体化和可动化机制

在图6-1所示的抽象实体的具体化和可动化机制中，两个矩形分别代表可动具体实体（movable concrete entity，E_{CM}）和抽象实体（abstract entity，E_A），圆形代表可动具体实体所具有的具体性（concreteness，C）和可动性（movability，M）特征。具体性和可动性为可动具体实体的固有特征，如实线所示。抽象实体具有抽象性（abstractness，A），但不具备具体性和可动性，因此，可动具体实体和抽象实体是两类性质不同的实体，通常并无必然联系，如虚线所示。但是，当认知主体把抽象实体构想为可以发生位移的实体时，就会运用图6-1所示的这一认知机制把可动具体实体的具体性和可动性特征赋予抽象实体，如虚线箭头所示，从而使抽象实体得以发生心理上的空间位移。例如：

(9) The news comes from a damning Wall Street Journal report.
(10) The idea came to Ms. Reep, a clinical social worker.
(11) 消息来自妮可的密友。
(12) 本观点来自笔者长期刑事检察司法实践。

这四例描述的均为甲型抽象性位移事件。在例(9)和例(10)这两个英语构式所描述的甲型抽象性位移事件中，the news 和 the idea 所指的实体均为抽象实体，并不具备任何具体性和可动性，却被描述为可以发生位移的实体，这是认知主体依据对现实位移事件的感知和体验，运用抽象实体的具体化和可动化机制将可动具体实体的具体性和可动性特征投射到 the news 和 the idea 所指的抽象实体之上，从而使其具有了具体性和可动性的结果。在例(9)中，位移主体 the news 以 a damning Wall Street Journal report 为参照实体而发生了心理上的空间位移；在例(10)中，位移主体 the idea 以 Ms. Reep, a clinical social worker 为参照实体而发生了心理上的空间位置变化。这两例中的空间介词 from 和 to 表明，a damning Wall Street Journal report 是 the news 发生心理上的位移之起点，Ms. Reep, a clinical social worker 则是 the idea 发生心理上的位移之终点。在例(11)和例(12)这两个汉语构式所描述的甲型抽象性位移事件中，"消息"和"本观点"所指的实体本为不具备具体性和可动性的抽象实体，认知主体却运用抽象实体的具体化和可动化机制将其构想为可动的具体实体，进而将其识解为以"妮可的密友"和"笔者长期刑事检察司法实践"所指的实体为参照而发生了心理上的空间位置变化。这两例所描述的是，位移主体"消息"和"本观点"分别以参照实体"妮可的密友"和"笔者长期刑事检察司法实践"为起点而发生了心理上的空间位移。

从本质上讲，抽象实体的具体化和可动化机制是一种隐喻机制。

概念隐喻理论认为，每一隐喻都包含两个认知域和一个映射，两个认知域分别是源域和目标域，映射是从源域到目标域的映射；任一隐喻都是以作为源域的事物来理解和体验作为目标域的事物，都是将源域事物的特征映射到目标域事物之上（参见 Lakoff & Johnson 1980b；Lakoff 1993）。由此可知，作为一种隐喻机制，抽象实体的具体化和可动化机制就是以可动具体实体来理解和体验抽象实体，并把可动具体实体这一源域的具体性和可动性特征映射到抽象实体这一目标域之上。此外，还有三点需要说明。

第一，抽象实体的具体化和可动化机制不仅涉及作为源域的可动具体实体和作为目标域的抽象实体，而且还涉及作为认知主体的人。在这三者之中，人这一认知主体是关键，是实施这一认知机制的主体，可动具体实体和抽象实体是认知主体进行体验和认知加工的对象和基础。因此，只有在认知主体的能动体验和认知加工的作用下，可动具体实体的具体性和可动性才能够投射到抽象实体之上，认知主体才能够在此基础上构想出甲型抽象性位移事件。

第二，隐喻本质上是两种事物之间的一种映射关系，即一种从源域事物到目标域事物的映射关系。然而，这种映射关系具有不对称性和局部性特征（Lakoff 1993: 245, 2007: 309）。不对称性是指只有从源域到目标域的映射，而没有从目标域到源域的映射；局部性是指从源域到目标域的映射并不是源域的全部特征都映射到目标域之上，而只是源域的某一特征或一些特征映射到目标域之上。这就是说，当人们运用一种事物来理解和体验另一种事物时，并不是使用源域事物的所有特征来理解和体验目标域事物，而只是使用源域事物的部分特征来理解和体验目标域事物。由此可知，在抽象实体的具体化和可动化机制中，认知主体只是把可动具体实体的具体性和可动性这两个特征赋予抽象实体，而不是把可动具体实体这一源域的所有特征，如形状、质料、构造等，全部都投射到抽象实体这一目标域之上。

第三，抽象实体的具体化和可动化机制所涉及的目标域是显性的，而源域则是隐性的。这就是说，在认知主体运用这一隐喻机制所构想出的甲型抽象性位移事件中，作为目标域的抽象实体是明确的，而作为源域的可动具体实体则是隐含的。据此可以认为，在抽象实体被赋予具体性和可动性的过程中，认知主体是依据其已经拥有的关于客观世界中现实位移事件的感知与体验，尤其是对现实位移事件中作为位移主体的可动具体实体的感知和体验，把可动具体实体这一范畴中的实体所共有的具体性特征和可动性特征赋予某一明确的抽象实体。换句话说，在甲型抽象性位移事件中，作为目标域的抽象实体必须是一个明确的实体，而作为源域的可动具体实体则是存在于认知主体心智中的可动具体实体的整个范畴，而不是任何一个明确的可动具体实体。所以，在甲型抽象性位移事件中，抽象实体是显性的，可动具体实体则是隐性的。

更重要的是，抽象实体的具体化和可动化机制的运用是有条件限制的，也就是说，这一机制并不能将可动具体实体的具体性和可动性赋予任一抽象实体。根据我们所收集到的语料，能够被抽象实体的具体化和可动化机制赋予具体性和可动性的抽象实体通常是"想法"类和"消息"类抽象实体，如例（13）—（16）中的 this idea、shocking news、"一个想法"和"该消息"所指的抽象实体所示。

（13）This idea came from a documentary.
（14）Shocking news comes from Hugh Jackman.
（15）突然一个想法闪进脑子里［，他无法置信地瞪凸眼珠］。
（16）该消息来自高通公司的高级副总裁。

从这几例可以看出，这一限制条件与人们基于对"想法"类抽象实体的出现和"消息"类抽象实体的传播的具身认知和感知体验所形成的动态意象图式密切相关。这就是说，认知主体之所以能够构想出甲型抽象性位移事件，是存在于其心智中的动态意象图式使然。

此外，当甲型抽象性位移事件中的位移主体为想法类抽象实体时，参照实体有时可以是抽象实体。在这种位移主体和参照实体均为抽象实体的情况下，认知主体不仅要运用抽象实体的具体化和可动化机制，赋予作为位移主体的抽象实体以具体性和可动性特征，而且还要运用如图5-1所示的抽象实体的空间化机制，赋予作为参照实体的抽象实体以一定的空间性特征。例如：

（17）An idea comes into Liesel's mind.
（18）A sudden thought flashed across Lawrence's mind.
（19）一个突然的想法进入她恶作剧的内心。
（20）蓦地，一个想法飞过她的脑际。

在这四例中，mind、"内心"和"脑际"所指的实体为参照实体，它们均为抽象实体，在抽象实体的空间化机制的作用下，它们被赋予了不同的空间特征。在例（17）和例（19）中，Liesel's mind 和"她恶作剧的内心"所指的抽象实体被赋予了三维空间特征，从而分别成为衬托位移主体 an idea 和"一个突然的想法"发生心理上的空间位移的参照实体，这样，位移主体 an idea 和"一个突然的想法"就分别移入了参照实体 Liesel's mind 和"她恶作剧的内心"的三维抽象空间之中。在例（18）和例（20）中，Lawrence's mind 和"她的脑际"所指的抽象实体则被赋予了零维空间特征，从而成为衬托位移主体 a sudden thought 和"一个想法"发生心理上的空间位置变化的参照实体，即位移主体 a sudden thought 和"一个想法"在心理上发生移动所经过的空间点。

二、乙型抽象性位移事件的认知机制及其限制条件

如前所述，抽象性位移事件有甲型抽象性位移事件和乙型抽象

性位移事件之分。前者是一种抽象实体为位移主体的抽象性位移事件，后者是一种参照实体为抽象实体的抽象性位移事件。在乙型抽象性位移事件中，作为位移主体的具体实体在抽象实体为参照实体的衬托下发生心理上的空间位置变化。同甲型抽象性位移事件一样，乙型抽象性位移事件也是认知主体依据其对现实位移事件的感知和体验所构想出来的。所不同的是，在乙型抽象性位移事件中，认知主体是运用其认知想象能力将抽象实体构想为具有空间性的实体，并将其用作参照实体来衬托某一具体实体发生心理上的空间位置变化。在这种抽象性位移事件中，认知主体通常要运用某种认知机制赋予本身并无空间特征的抽象实体以空间特征，从而使其可以充当作为位移主体的具体实体发生心理上的空间位移的参照实体。因此，同甲型抽象性位移事件一样，乙型抽象性位移事件也是有认知理据的，这一理据就是抽象实体的三维空间化机制（3-dimensional spatialization mechanism of abstract entity）。莱考夫和约翰逊曾经指出，"很多状态都可以被概念化为容器"（Lakoff & Johnson 1980：31），也就是被隐喻化为容器。据此可以认为，所谓抽象实体的三维空间化机制，就是认知主体依据对客观世界中容器类具体实体的观察、感知和体验，把容器类具体实体的三维空间特征投射到抽象实体之上，从而赋予抽象实体以三维空间特征的认知机制，如图6-2所示。

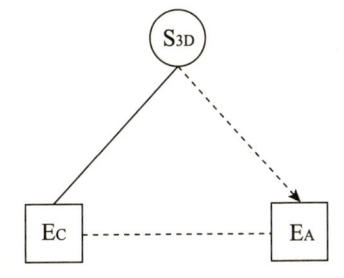

图6-2　抽象实体的三维空间化机制

在图6-2所示的抽象实体的三维空间化机制中，两个矩形分别代表具体实体（concrete entity，E_C）和抽象实体（abstract entity，E_A），圆形代表容器类具体实体所具有的三维空间特征（3-dimensional space，S_{3D}），实线表示三维空间特征为容器类具体实体的固有特征，虚线表示具体实体和抽象实体之间的间接联系，虚线箭头表示认知主体以对具体实体的感知和体验来构想抽象实体的方式，把容器类具体实体的三维空间特征投射到抽象实体之上的映射过程。

众所周知，具体实体和抽象实体分属不同的范畴，并无必然联系。但是，认知主体往往会运用其认知想象能力，把状态变化事件识解为位置变化事件，即乙型抽象性位移事件。这时，认知主体就把具体实体和抽象实体联系了起来，就会运用抽象实体的三维空间化机制，将容器类具体实体的三维空间特征赋予抽象实体。这样，被赋予了三维空间特征的抽象实体就可以作为参照实体来衬托位移主体发生心理上的空间位置变化。也就是说，认知主体在识解状态变化事件时，往往会运用抽象实体的三维空间化机制将其识解为乙型抽象性位移事件。例如：

（21）The Duke von Sternberg flew into a rage.
（22）They're falling out of love.
（23）她再度陷入极度的愤怒之中。
（24）富家女与穷小子坠入情网。

这四例描述的均为乙型抽象性位移事件，描述的都是位移主体相对于参照实体所发生的心理上的空间位置变化。在例（21）和例（22）这两个英语构式中，the Duke von Sternberg 和 they 所指的具体实体为位移主体，a rage 和 love 所指的抽象实体为参照实体，位移主体 the Duke von Sternberg 和 they 分别以参照实体 a rage 和 love 为参照而发生了心理上的空间位移。在例（21）中，位移主体 the Duke von Sternberg 原本不在参照实体 a rage 的抽象空间之中，是从另一抽象空间移入参照实体a rage这一抽象空间之中的。而在例（22）中，位移主体they原本是处于参照实体love的抽象空间之中的，却从love这一抽象空间中移出。这就是说，例（21）中的位移主体the Duke von Sternberg是以参照实体a rage为终点所发生的抽象空间位移，而例（22）中的位移主体they则是以参照实体love为起点所发生的抽象空间位移。在例（23）和例（24）这两个汉语构式中，"她"和"富家女与穷小子"所指的具体实体为位移主体，"极度的愤怒"和"情网"所指的抽象实体为参照实体，位移主体"她"和"富家女与穷小子"分别以参照实体"极度的愤怒"和"情网"为衬托而发生了心理上的空间位移。在这两例中，位移主体"她"和"富家女与穷小子"原本都不在参照实体"极度的愤怒"和"情网"的抽象空间之中，都是从另一抽象空间移入参照实体"极度的愤怒"和"情网"所指的抽象空间之中的。这就是说，例（23）和例（24）中的位移主体"她"和"富家女与穷小子"都是以参照实体"极度的愤怒"和"情网"为终点所发生的抽象空间位移。在这四例中，a rage、love、"极度的愤怒"和"情网"所指的抽象实体原本并没有任何空间性，它们之所以能够用作参照实体来分别衬托位移主体the Duke von Sternberg、they、"她"和"富家女与穷小子"发生心理上的空间位移，是抽象实体的三维空间化机制使然。也就是说，它们是在这一认知机制的作用下被赋予了三维空间特征，才成为衬托位移主体发生心理上的空间位移的参照实体。

　　抽象实体的三维空间化机制，同抽象实体的具体化和可动化机制一样，本质上也是一种隐喻机制。正如利特尔默（Jeannette Littlemore）所说，"隐喻是我们以一种实体来感知、体验另一种实体的方式"，而且"抽象概念往往也是通过隐喻用较为具体的概念加以理解的"（Littlemore 2019：1-2）。抽象实体的三维空间化机制正是以容器类具体实体来感知、体验和理解抽象实体的一种隐喻机制，认知主体也正是运用这一机制将容器类具体实体的三维空间特征映射到抽象实体之上，从而识解出乙型抽象性位移事件的。

　　作为一种隐喻机制，抽象实体的三维空间化机制也具有单向性、局部性和隐含性特征。单向性就是概念隐喻中的映射所具有的方向性，即映射只能是从源域到目标域的映射。具体来讲，这一机制中的映射只能是从容器类具体实体这一源域到抽象实体这一目标域的映射，而不能相反。局部性是指，在概念隐喻中，映射并不是把源域的全部特征都映射到目标域之上，而只是把源域的部分特征映射到目标域之上。在这一机制中，认知主体只是把作为源域的容器类具体实体所具有的三维空间特征映射到作为目标域的抽象实体之上。隐含性是指，这一机制所涉及的目标域是显性的，而源域则是隐性的，即作为目标域的抽象实体是明确的，而作为源域的容器类具体实体则是隐含的。这就是说，这一机制所涉及的源域是存在于人们心智中的容器类实体的整个范畴，而不是一个明确的容器类具体实体。抽象实体的三维空间化机制的上述单向性、局部性和隐含性特征可用以下两例加以简要说明。

　　（25）Creighton ran into trouble.
　　（26）吴女士再度陷入苦恼。

　　例（25）和例（26）所描述的均为乙型抽象性位移事件。在这两例中，Creighton和"吴女士"所指的具体实体为位移主体，trouble和"苦恼"所指的抽象实体为参照实体，这两例描述的是位移主体Creighton和"吴女士"分别以参照实体trouble和"苦恼"为衬托所发生的心理上的空间位移。在这两例中，trouble和"苦恼"所指的抽象实体原本并不具备空间性特征，无法直接用以衬托位移主体的空间位置变化；它们之所以能够用作位移主体Creighton和"吴女士"发生心理上的空间位移的参照实体，是抽象实体的三维空间化机制促动的结果。具而言之，在这两例所描述的乙型抽象性位移事件中，认知主体运用抽象实体的三维空间化机制,将容器类具体实体这一隐含的源域所具有的三维空间这一局部特征映射到trouble和"苦恼"所指的抽象实体这一明确的目标域之上,从而把Creighton和"吴女士"分别与trouble和"苦恼"之间的动态关系构想为乙型抽象性位移事件,进而把Creighton描述为移入trouble的抽象空间之中,把"吴女士"描述为移入"苦恼"的抽象空间之中。

实际上,抽象实体的三维空间化机制并不意味着所有的抽象实体都可以被赋予三维空间特征,即这一认知机制的实现也是有条件限制的。这一限制条件就是,认知主体在运用抽象实体的三维空间化机制时,并不能将容器类具体实体的三维空间特征赋予任一抽象实体,而只有那些表示人们的情感状态、心理状态或生活状态的抽象实体,才能被赋予三维空间特征,才能被识解为具有内/外特征的有界空间域。例如:

(27) Afterwards my mother fell into a depression.
(28) Romney has run into trouble.
(29) 段玉蝶兀自陷入苦恼的沉思中。
(30) 班里部分学生似乎都走入了困境。

在这几例中,depression、trouble、"沉思"和"困境"都是表示某种情感状态、心理状态或生活状态的抽象名词,它们所指的均为抽象实体。在抽象实体的三维空间化机制的作用下,它们被赋予了三维空间特征,被构想成了具有内/外特征的有界空间域,从而获得了充当参照实体的资格。这样,认知主体就得以据此构想出乙型抽象性位移事件,其中,my mother、Romney、"段玉蝶"和"班里部分学生"所指的具体实体为位移主体,depression、trouble、"沉思"和"困境"所指的抽象实体为参照实体,前者分别以后者为参照而发生心理上的空间位移。从中可以看出,这几例描述的是具体实体所经历的情感状态、心理状态或生活状态方面的变化。按照约翰逊所说的"状态变化即位移"（CHANGE OF STATE IS MOTION）隐喻和"变化即运动"（CHANGES ARE MOVEMENTS）隐喻，即移入或移出有界空间域（Into Or Out Of Bounded Regions），如果某物或某人从状态A变化为状态B，那么，他就是先在状态A中，然后在状态B中（Johnson 2017：158，206），即从状态A进入状态B。由此可知，在这几例所描述的乙型抽象性位移事件中，my mother、Romney、"段玉蝶"和"班里部分学生"所指的具体实体原本并不在depression、trouble、"沉思"和"困境"所指的抽象状态之中，而是他们的情感状态、心理状态或生活状态发生了变化，即my mother从另一状态落入了depression所指的情感状态，Romney从另一状态进入了trouble所指的生活状态，"段玉蝶"从另一状态陷入了"沉思"所指的心理状态，"班里部分学生"从另一状态进入了"困境"所指的生活状态。

第二节　抽象性空间位移关系构式及其限制条件

由上一节的讨论可知，甲型抽象性位移事件是由抽象实体的具体化和可动化机制促动的，乙型抽象性位移事件是由抽象实体的三维空间化机制促动的。这两种抽象性位移事件，都是认知主体的想象能力和识解能力使然，都是人之所为，都是"惟人参之"的结果。在日常生活中，人们不仅能够运用抽象实体的具体化和可动化机制，构想出甲型抽象性位移事件，运用抽象实体的三维空间化机制，构想出乙型抽象性位移事件，而且还能够运用语言将其表达出来，传递给他人。无论是甲型抽象性位移事件，还是乙型抽象性位移事件，都要涉及塔尔密所说的位移事件中的位移主体、参照实体、位移和路径四个要素（Talmy 2000b：25）。在这四个要素中，位移主体和参照实体是两个关键实体，位移和路径表明位移主体以参照实体为衬托所发生的心理上的空间位置变化。据此可以认为，甲型抽象性位移事件和乙型抽象性位移事件，实际上表示的都是发生在位移主体和参照实体之间的抽象性空间位移关系。因此，用以编码甲型抽象性位移事件的语言表达式，可叫作甲型抽象性空间位移关系构式；用以编码乙型抽象性位移事件的语言表达式，则可称为乙型抽象性空间位移关系构式。

在英语和汉语中，甲型抽象性空间位移关系构式和乙型抽象性空间位移关系构式通常都会把抽象性位移事件中的位移主体、参照实体、位移和路径这四个要素编码为三个成分，即施事、谓词和处所。按照菲尔默的格语法理论，施事指的是由谓词所确定的动作发出者或发生者，处所指的是由谓词确定的动作或状态的处所或空间方向（Fillmore 1968：24-25），谓词是指施事所发生的位移。据此可以认为，在甲型抽象性空间位移关系构式和乙型抽象性空间位移关系构式中：施事与位移主体对应，是位移动作的发生者；谓词与位移对应，表示施事的位置移动；处所与参照实体对应，表示施事发生位移的处所或空间方向；路径则没有对应的成分，可以和谓词编码在一起，或者与处所编码在一起。英语和汉语虽然都有甲型抽象性空间位移关系构式和乙型抽象性空间位移关系构式，但对施事、谓词和处所这三个成分的编码方式则有同有异。下面就来分别探讨英汉语中这两种抽象性空间位移关系构式的构成方式和限制条件。

一、甲型抽象性空间位移关系构式及其限制条件

所谓甲型抽象性空间位移关系构式，就是甲型抽象性位移事件的语言体现形式，就是表示作为位移主体的抽象实体以作为参照实体的具体/抽象实体为衬托而发生在心理上的空间位移的形-义配对体。无论是在英语中，还是在汉语中，这种构式均由施事、谓词和处所这三个成分构成。在这三个成分中，施事成分即位移主体，在英汉语中

都由指称抽象实体的抽象名词短语（abstract nominal，N_A）体现，但英汉语对谓词和处所这两个成分的编码方式则不完全相同。在英语中，谓词成分通常由位移动词（motion verb，V_M）单独充当，路径通常由介词（preposition，P）体现，并与指称参照实体的具体/抽象名词短语（concrete/abstract nominal，$N_{C/A}$）构成介词短语（$P \cdot N_{C/A}$）来充当处所成分。而在汉语中，路径由趋向动词（directional verb，V_D）体现，并与位移动词构成动趋短语（$V_M \cdot V_D$）来充当谓词成分，处所成分则由指称参照实体的具体/抽象名词短语直接体现。据此，英语中的甲型抽象性空间位移关系构式的结构形式就可表示为 $N_A\ V_M\ P \cdot N_{C/A}$，而汉语中的甲型抽象性空间位移关系构式的结构形式则可表示为 $N_A\ V_M \cdot V_D\ N_{C/A}$。例如：

（31）The idea of a marathon race came from Michel Bréal.
（32）The news flashes across the camp.
（33）突然，一个想法进入他的脑海。
（34）消息飞快地传到每一个角落。

这四例均为甲型抽象性空间位移关系构式。在例（31）和例（32）这两个英语构式中：the idea of a marathon race 和 the news 为 N_A，充当施事成分；came 和 flashes 为 V_M，充当谓词成分；from Michel Bréal 和 across the camp 为 $P \cdot N_{C/A}$，充当处所成分。这两例描述的是位移主体 the idea of a marathon race 和 the news 分别以参照实体 Michel Bréal 和 the camp 为衬托所发生的心理上的空间位移。在例（33）和例（34）这两个汉语构式中："一个想法"和"消息"为 N_A，充当施事成分；"进入"和"传到"为 $V_M \cdot V_D$，充当谓词成分；"他的脑海"和"每一个角落"为 $N_{C/A}$，充当处所成分。例（33）描述的是，位移主体"一个想法"以参照实体"他的脑海"为终点所发生的心理上的空间位置变化；例（34）描述的是，位移主体"消息"以参照实体

"每一个角落"为终点所发生的心理上的空间位移。

由上述讨论可以推知，英汉语甲型抽象性空间位移关系构式均具有完句性特征，因此，对其构成成分是有限制条件的。这一限制条件就是，英汉语甲型抽象性空间位移关系构式都要求施事、谓词和处所为其三个必备性构成成分。这就是说，在英汉语中，这种构式都必须由施事、谓词和处所这三个成分构成，缺一不可，若缺少任何一个成分，就构不成合格的甲型抽象性空间位移关系构式。这一点与现实空间位移关系构式有所不同。譬如，在现实空间位移关系构式中，在一定的语境中，处所成分可以略而不表，但构式依然可以接受。但是，即使在一定的语境中，甲型抽象性空间位移关系构式也不允许略去处所成分，否则，将不可接受。试比较：

（35a）**A patient in his underwear and a pink coat is running around the halls.** He's pretty fast. Diego can't catch him.

（35b）**A patient in his underwear and a pink coat is running.** He's pretty fast. Diego can't catch him.

（36a）**A weird idea flashed through my mind:** what if this isn't really my brother? It was ridiculous, of course.

（36b）***A weird idea flashed:** what if this isn't really my brother? It was ridiculous, of course.

（37a）恰在此时，**侯七侯宝成急匆匆跑进园子来**，人群里找到哥哥侯天成，走过去一把拉过来，说了一句话："哥哥，老爷子没有了。"

（37b）恰在此时，**侯七侯宝成急匆匆跑来**，人群里找到哥哥侯天成，走过去一把拉过来，说了一句话："哥哥，老爷子没有了。"

（38a）**消息传到上海**，复旦师生群情激愤，两千余人齐集大操场，举行国难纪念大会。

（38b）***消息传到**，复旦师生群情激愤，两千余人齐集大操场，举行国难纪念大会。

例（35a）这一英语现实空间位移关系构式若略去处所成分around the halls，仍然可以成立，如例（35b）所示；但是，例（36a）这一英语甲型抽象性空间位移关系构式若去掉处所成分through my mind，则不可接受，如例（36b）所示。同样，例（37a）这一汉语现实空间位移关系构式若略去处所成分"园子"，仍然可以成立，可以接受，如例（37b）所示；但是，例（38a）这一汉语甲型抽象性空间位移关系构式若去掉处所成分"上海"，则不可接受，如例（38b）所示。这就表明，无论是在英语中，还是在汉语中，施事、谓词和处所是构成甲型抽象性空间位移关系构式的三个必不可少的成分。换句话说，甲型抽象性空间位移关系构式，在英语和汉语中，都必须由施事、谓词和处所这三个必备成分构成。这是由这种构式的隐喻性质所决定的，是由隐喻性空间关系构式的完句性所要求的。

下面来讨论英汉语甲型抽象性空间位移关系构式对路径编码的限制条件。甲型抽象性空间位移关系构式是甲型抽象性位移事件的语言体现形式。我们知道，位移事件往往会形成一定的位移事件框架，而"位移事件框架是人类的一种基本认知模式，各种语言一般采用不同的方式来表示物体的位移"（曾传禄 2009b）。就甲型抽象性位移事件而言，英语和汉语就采用了不同的方式对其加以编码。英语采用N_A V_M P · $N_{C/A}$这样的结构形式来编码甲型抽象性位移事件，汉语则采用N_A V_M · V_D $N_{C/A}$这样的结构形式来编码甲型抽象性位移事件。从英汉语甲型抽象性空间位移关系构式的不同结构形式来看，英语和汉语对甲型抽象性位移事件的不同编码主要体现在对路径的编码方式上。英语通常使用介词来编码路径，并与具体/抽象名词短语一起构成介词短语（P·N_{C/A}）来充当处所成分；汉语则使用趋向动词来编码路径，并与位移动词一起构成动趋短语（V_M·V_D）来充当谓词成分。简而言之，英语甲型抽象性空间位移关系构式中的路径由介词体现，汉语甲型抽象性空间位移关系构式中的路径由趋向动词体现。但是，并不是任何介词都可用于英语甲型抽象性空间位移关系构式，也不是任何趋向动词都可以出现于汉语甲型抽象性空间位移关系构式。这就是说，英语甲型抽象性空间位移关系构式对能够进入其中编码路径的介词是有选择、有限制的，汉语甲型抽象性空间位移关系构式对能够进入其中编码路径的趋向动词也是有选择、有限制的。这便是英语甲型抽象性空间位移关系构式对编码路径的介词的限制条件，以及汉语甲型抽象性空间位移关系构式对编码路径的趋向动词的限制条件。下面就来分别讨论英汉语甲型抽象性空间位移关系构式对路径编码的限制条件。

我们在第五章中提到，杰肯道夫和兰铎依据介词是否表达空间关系义，将英语中的介词区分为空间介词和非空间介词（Jackendoff 1992：107-108；Landau & Jackendoff 1993），如表5-1所示。赫斯考维茨和泰勒根据英语中的空间介词表示的是静态空间义还是动态空间义，把英语空间介词再区分为静态空间介词和动态空间介词（Herskovits 1986：8；Taylor 2018：127）。我们认为，所谓静态空间介词，就是表示物体静态地处于某一空间位置的空间介词；所谓动态空间介词，则是表示物体从一个空间位置移动到另一空间位置的空间介词。就英语甲型抽象性空间位移关系构式而言，能够进入其中编码路径的空间介词必须是动态空间介词。作为一种编码甲型抽象性位移事件的构式，英语甲型抽象性空间位移关系构式对路径的编码，实际上就是对"起点-路径-终点"意象图式的编码。因此，在英语中，这种构式要求能够进入其中编码路径的动态空间介词应为表示"起点-路径-终点"意象图式的起点、终点或整个路径的动态空间介词。也就是说，在英语甲型抽象性空间位移关系构式中，用以编码路径的动态空间介词应为表示位移主体开始移动的起点、移动到达的终点或者移动所经过的整个路径的动态空间介词。实际上，"起点-路径-终点"意象图式中的起点、路径、终点就是物体发生移动的起点、路径、终点，也就是物体在空间中移动的方向。据此，英语甲型抽象性空间位移关系构式对路径编码的限制条件可进一步表述为：能够进入其中编码路径的动态空间介词必须是表示移动方向的动态空间介词。例如：

（39）Another distressing opinion came from Simpkins.
（40）The news comes out of Mueller investigation.
（41）The idea flashed into my noggin on the spur of the moment.
（42）The idea goes to the Food Network.
（43）The news flashed through all our stations.
（44）A hideous thought flashed through her head.

在这几例中，from 和 out of 为表示位移主体移动起点的动态空间介词，into 和 to 为表示位移主体移动终点的动态空间介词，through 为表示位移主体移动所经过的整个路径的动态空间介词，它们分别编码了路径的不同信息。例（39）和例（40）描述了位移主体 another distressing opinion 和 the news 分别以 Simpkins 和 Mueller investigation 为起点所发生的心理上的空间位置变化。例（41）和例（42）描述了位移主体 the idea 以 my noggin 和 the Food Network 为终点所发生的心理上的空间位移。例（43）和例（44）描述了位移主体 the news 和 a hideous thought 分别以 all our stations 和 her head 为整个路径所发生的心理上的空间位置变化。

在以上几例中，充当英语甲型抽象性空间位移关系构式中的谓词成分的位移动词均为不及物位移动词，如 come、go、flash 所示。但是，英语甲型抽象性空间位移关系构式中的谓词成分有时也可以由及物位移动词reach体现。在《朗文当代英语大辞典》中，动词reach的释义为"to arrive at or come as far as; get to到达、抵达"。从中可以看出，该动词本身就含有路径义，确切地说，是含有终点路径义。因此，当英语甲型抽象性空间位移关系构式中的谓词成分为及物位移动词reach时，就不需要再用空间介词来编码路径了。在这种情况下，英语甲型抽象性空间位移关系构式仍然由施事、谓词和处所这三个成分构成；其中的谓词成分reach身兼两职，既表达位移义，又表达终点路径义，因此，可以说，这是路径的一种隐性表达。譬如，在以下两例中：the news 和 the idea 为 N$_A$，为施事成分；reached 为含有终点路径义的 V$_M$，为谓词成分；Victoria and the rest of the coast 和 North and South America 为 N$_{C/A}$，直接充当处所成分。

（45）The news **reached** Victoria and the rest of the coast quickly and horribly.

（46）[Decades before the reawakening of the Olympic games in 1896,] the idea **reached** North and South America.

与英语不同，汉语甲型抽象性空间位移关系构式通常使用趋向动词来编码甲型抽象性位移事件中的路径。所谓趋向动词，就是"表示运动的趋向的动词"（龙果夫1958：109），即"表示从远到近、从近到远、从低到高、从高到低、从里到外、从外到里等运动的动词"（李临定1990：103）。一般认为，"趋向动词是汉语动词中一个封闭的小类，总数不过二十多个，作用却非常重要"（周一民1999）。关于汉语中趋向动词的数量，不同学者所列不一。陆俭明（2002）列出了如下24个："上、下、进、出、回、过、起、开、来、去、上来、下来、进来、出来、回来、过来、起来、开来、上去、下去、进去、出去、回去、过去"；吕叔湘（1980：10-11，1999：16-17）列出了25个，除上述的24个外，还包括了"到"；孟琮等（1987：14-21，

1999: 13-20) 列出了26个, 除上述25个外, 还包括了"到来/去"; 刘月华 (1998: 1) 和刘月华等 (2004: 546, 2019: 543) 则列出了28个, 他们除了把"到来/去"分列为"到……来"和"到……去", 把"开去"也列为了趋向动词; 此外, 还有人将"入"也列为了趋向动词 (张伯江 1991; 张伯江、方梅 1996: 91)。这样, 学术界所列出的趋向动词总共就有29个。趋向动词可以是单音节的, 也可以是双音节的。单音节趋向动词可以叫作简单趋向动词, 双音节趋向动词则可以称为复合趋向动词。据此, 汉语中的趋向动词就可列为表6-1, 其中简单趋向动词12个, 复合趋向动词17个。

表6-1　汉语中的趋向动词

趋向动词	
简单趋向动词	复合趋向动词
来、去、上、下、进、出、回、过、起、开、到、入	上来、上去、下来、下去、进来、进去、出来、出去、回来、回去、过来、过去、起来、开来、开去、到……来、到……去

在汉语中, 趋向动词"是一类后辅助动词, 用在动词或形容词后边表示某种趋向"(邢福义 1996: 171)。趋向动词用在动词或形容词后作补语时, 通常可以表示三种意义: 趋向意义、结果意义和状态意义[①](刘月华 1998: 2)。在此, 我们仅涉及居于位移动词之后的趋向动词所表示的趋向意义。趋向动词作动词补语所表示的"趋向意义就是方向意义, 表示人或物体通过动作在空间的移动方向"(刘月华 1998: 2)。当位移动词和趋向动词构成的动趋短语后接处所宾语时, 趋向动词"都表示实际的趋向, 与空间或范围有关, 说明人或事物

---

① 趋向动词作补语所表示的结果意义和状态意义分别是指"动作有结果或达到了目的, 即具有结果意义"和"动作或状态在时间上展开、延伸, 与空间无关"(刘月华 1998: 14, 25)。在趋向动词作补语所表示的三种意义中, 趋向意义是基本意义, 结果意义比趋向意义要虚, 状态意义又比结果意义更虚(刘月华 1998: 30)。

随动作从一个空间位置或范围移动到了另一个空间位置或范围"(李冠华1985),如例(47)和例(48)中的"上"和"下"所示。在例(47)中,"他"随着"爬"的位移动作从"小山"下面的空间位置移动到了"小山"上面的空间位置。在例(48)中,"祝女士"随着"跳"的位移动作从"三轮车"上面的空间位置移动到了"三轮车"下面的空间位置。

(47)他爬上了一个树木和灌木丛生的小山。

(48)祝女士跳下了三轮车。

凡一种行为,总有它的结果(王力1985:76)。凡一种位移事件,也总有它的路径。现实位移事件如此,抽象性位移事件也莫不如此。作为一种编码甲型抽象性位移事件的构式,汉语甲型抽象性空间位移关系构式通常使用表示趋向意义的趋向动词来编码甲型抽象性位移事件中的路径。例如:

(49)忽然,一个想法飞进他的思绪。

(50)蓦地,一个想法掠过他的脑际。

(51)议和的消息传到北京[,震动了全国,袁世凯被迫取消帝制,他的军事独裁统治已面临总崩溃]。

(52)战线过长等观点陷入了违反市场经济、实践经验及国家政策的误区。

这几例均为汉语甲型抽象性空间位移关系构式,它们所编码的都是甲型抽象性位移事件。从中可以看出,这几个构式分别使用了趋向动词"进""过""到"和"入"来编码路径。在例(49)、例(51)和例(52)中,趋向动词"进""到""入"编码的都是"起点-路径-终点"意象图式中的终点;在例(50)中,趋向动词"过"编码的则是这一意象图式中的整个路径。曾传禄(2009b:69,2014:30)

认为,"'过'标引的处所词既可以是'经过点',也可以是'经过的路径'。"据此,例(50)中的趋向动词"过"所编码的路径就可叫作"经过点"。

对甲型抽象性位移事件中的路径,汉语一般使用趋向动词来编码。但是,并不是任何趋向动词都可用于甲型抽象性空间位移关系构式来编码路径。也就是说,在汉语中,甲型抽象性空间位移关系构式对能够进入其中编码路径的趋向动词是有限制条件的。这一限制条件包括形式和意义两个方面。从形式上说,能够进入甲型抽象性空间位移关系构式的趋向动词必须是简单趋向动词;从意义上说,能够进入甲型抽象性空间位移关系构式的趋向动词必须是表示趋向意义的趋向动词。把形式和意义这两个方面结合起来考虑,我们就可以把汉语甲型抽象性空间位移关系构式对编码路径的趋向动词的限制条件表述为:只有表示趋向意义的简单趋向动词,才能够用于汉语甲型抽象性空间位移关系构式,才能和位移动词一起构成动趋短语来充当谓词成分。不仅如此,"从整体上看,作为'终点'类格标的趋向词多于其他类趋向词。可以这么说,趋向词的典型语法功能就是'终点'标志"(曾传禄2009b:68,2014:28)。根据曾传禄的观点和语料观察,我们发现,能够进入汉语甲型抽象性空间位移关系构式的表示趋向意义的简单趋向动词有"上""进""过""到""入"等。

同英语一样,汉语甲型抽象性空间位移关系构式中的路径也可以由位移动词"来自"直接编码。值得注意的是,在李行健(2004)主编的《现代汉语规范词典》中"来自"已被列为动词词条,其释义为"从某处来"。但是,2005年出版的《现代汉语词典》第5版中还没有"来自"这一词条,直到2012年,该词典的第6版才将"来自"列为词条,并标为动词,其释义为"从某处或某方面来"。由这一释义可以看出,位移动词"来自"包含两个义项,一是位移义,一是方向义;前者由"来"体现,后者由"自"体现。据此,"来自"虽不能视为动趋短语,但具有类似于动趋短语的功能。也就是说,"来自"这一位移动词中的"来"编码的是物体的移动,"自"编码的是"起点-路径-终点"意象图式中的起点。譬如,在例(53)和例(54)中,"让张先生开心的消息"和"他的想法"为位移主体,分别以"宋小姐"和"现已退休的数学教师讲述的故事"为起点而发生了心理上的空间位移。

(53)让张先生开心的消息**来自**宋小姐。

(54)他的想法**来自**现已退休的数学教师讲述的故事。

综上所述,英汉语甲型抽象性空间位移关系构式都要由三个必备成分构成,但在英语中,甲型抽象性空间位移关系构式的结构形式为 $N_A\ V_M\ P\cdot N_{C/A}$,在汉语中,甲型抽象性空间位移关系构式的结构形式则是 $N_A\ V_M\cdot V_D\ N_{C/A}$。从中可以看出,英汉语采用了不同方式来编码甲型抽象性位移事件中的路径,而且各有各的限制条件。在英语中,能够用以编码甲型抽象性位移事件中路径的空间介词必须是表示移动方向的动态空间介词;而在汉语中,能够用以编码甲型抽象性位移事件中路径的趋向动词必须是表示趋向意义的简单趋向动词。可能是因为英语中的动态空间介词和汉语中的趋向动词都可以用以编码位移事件中的路径,有人就认为,"跟某些外语比较,当动趋式动词后边是代表处所的名词时,动趋式里的'趋$_1$'[①]的作用像一个介词"(吕叔湘 1980:34,1999:39)。"这就是说,这类结构中趋向词有标引处所的功能。不过,它们还无法归入介词,动趋式和动介式最大的不同在于:动趋式可以插入'得/不'构成可能式,如'挤得/不进礼堂、爬得/不上城墙',而动介式不能插入'得/不',如'扔得/不在水里、开得/不往上海'不合法"(曾传禄 2009b:68,2014:28)。动趋式

---

① "趋$_1$"是指紧接位移动词后的趋向动词。

还有一个特点，即"带上趋向补语的述补短语语法功能上相当于一个动词，后面可以带'了'，如'流进了瓶里、爬过了雪山'"（张斌2010：308-309）。据此可以认为，在汉语中，动趋短语中的趋向动词虽然在标示位移事件中路径的功能上"像"介词，但仍然不是介词，而是动词。

二、乙型抽象性空间位移关系构式及其限制条件

乙型抽象性空间位移关系构式，就是编码乙型抽象性位移事件的语言表达式，就是描述作为位移主体的具体实体以作为参照实体的抽象实体为参照而发生在心理上的空间位移的形-义配对体。无论是在英语中，还是在汉语中，与甲型抽象性空间位移关系构式一样，乙型抽象性空间位移关系构式也要由施事、谓词和处所这三个必备成分构成。在这三个成分中，施事成分即位移主体，在英汉语中都由指称具体实体的具体名词短语（concrete nominal, N_C）体现，但英汉语对谓词和处所这两个成分的编码则采用了不同的方式。在英语中，谓词成分通常由位移动词（V_M）单独充当，路径通常由介词（P）体现，并与指称参照实体的抽象名词短语（N_A）构成介词短语（P·N_A）来充当处所成分；而在汉语中，路径由趋向动词（V_D）体现，并与位移动词构成动趋短语（V_M·V_D）来充当谓词成分，处所成分则由指称参照实体的抽象名词短语直接体现。据此，英语中的乙型抽象性空间位移关系构式的结构形式就可表示为 N_C V_M P·N_A，而汉语中的乙型抽象性空间位移关系构式的结构形式则可表示为 N_C V_M·V_D N_A。例如：

（55）Dr. Nishihara flew into a rage.

（56）They were actually falling out of love.

（57）两人就这样坠入了情网。

（58）[这一次他明白]他走入了绝境。

这几例均为乙型抽象性空间位移关系构式。在例（55）和例（56）这两个英语乙型抽象性空间位移关系构式中，Dr. Nishihara 和 they 为 Nc，充当施事成分；flew 和 were falling 为 VM，充当谓词成分；into a rage 和 out of love 为 P·NA，充当处所成分。例（55）描述的是，位移主体 Dr. Nishihara 以参照实体 a rage 为终点所发生的心理上的空间位移；例（56）描述的是，位移主体 they 以参照实体 love 为起点所发生的心理上的空间位移。在例（57）和例（58）这两个汉语乙型抽象性空间位移关系构式中，"两人"和"他"为 Nc，充当施事成分；"坠入"和"走入"为 VM·VD，充当谓词成分；"情网"和"绝境"为 NA，充当处所成分。这两例描述的是，位移主体"两人"和"他"分别以参照实体"情网"和"绝境"为终点所发生的心理上的空间位置变化。

同甲型抽象性空间位移关系构式一样，乙型抽象性空间位移关系构式也是一种隐喻性空间关系构式，对其构成成分也是有限制条件的。这一限制条件就是，英汉语乙型抽象性空间位移关系构式都要求施事、谓词和处所为其三个必备性构成成分。具体来讲，无论是在英语中，还是在汉语中，乙型抽象性空间位移关系构式都必须包含施事、谓词和处所这三个必备成分，缺一不可，否则，就构不成合格的乙型抽象性空间位移关系构式。

任何位移事件都涉及路径，任何语言都会采取一定的方式来编码位移事件中的路径。英语通常使用空间介词来编码乙型抽象性位移事件中的路径，汉语则常常使用趋向动词来编码乙型抽象性位移事件中的路径。例如：

（59）[She told supporters Wednesday,] she fell into a depression.

（60）His brother came out of the coma.

（61）乘客都已进入梦乡。

(62) 小姐便堕入爱河。

　　这几例均为乙型抽象性空间位移关系构式。例（59）和例（60）这两个英语乙型抽象性空间位移关系构式分别使用了空间介词 into 和 out of 来编码路径。在例（59）中，空间介词 into 编码的是终点路径，即位移主体 she 以参照实体 a depression 为终点而发生了心理上的空间位移。在例（60）中，空间介词 out of 编码的是起点路径，即位移主体 his brother 以参照实体 the coma 为起点而发生了心理上的空间位移。例（61）和例（62）这两个汉语乙型抽象性空间位移关系构式均使用了趋向动词"入"来编码路径。在汉语中，"入"这一趋向动词标示的是物体移动所到达的终点。因此，在例（61）和例（62）所描述的乙型抽象性位移事件中，位移主体"乘客"和"小姐"分别以参照实体"梦乡"和"爱河"为终点而发生了心理上的空间位移。

　　同甲型抽象性空间位移关系构式一样，英汉语乙型抽象性空间位移关系构式对能够进入其中编码路径的空间介词和趋向动词也是有限制条件的。我们在上文中提到，英语中的介词有空间介词和非空间介词之分，空间介词又有静态空间介词和动态空间介词之分。英语在编码乙型抽象性位移事件中的路径时，通常使用动态空间介词，但不是所有的动态空间介词都可以用来编码这种抽象性位移事件中的路径。根据我们对语料的观察，英语乙型抽象性空间位移关系构式通常要求能够进入其中编码路径的空间介词为动态空间介词。上文提到，乙型抽象性位移事件是认知主体运用抽象实体的三维空间化机制所识解出的一种隐喻性位移事件。在这一认知机制的作用下，这种位移事件所涉及的抽象实体被赋予了三维空间特征，从而能够充当参照实体来衬托位移主体发生心理上的空间位移。正因为如此，英语乙型抽象性空间位移关系构式要求能够用以编码路径的动态空间介词应为表示移入三维空间的动态空间介词或从三维空间中移出的动态空间介词，即标示位移主体移动的终点（如 in, into）或起点（如 out of）的动态空间介词。例如：

(63) [We met,] we fell in love.

(64) Neil Bush ran into trouble.

(65) We had come out of a depression.

这三例均为英语乙型抽象性空间位移关系构式。在例(63)和例(64)中，动态空间介词 in 和 into 编码的是终点路径，这两例描述的是位移主体 we 和 Neil Bush 分别移动进入了参照实体 love 和 trouble 所标示的三维抽象空间之中。在例(65)中，动态空间介词 out of 编码的是起点路径，此例描述的是位移主体 we 从参照实体 a depression 所标示的三维抽象空间中移动而出。

同英语乙型抽象性空间位移关系构式对能够进入其中编码路径的空间介词具有限制条件一样，汉语乙型抽象性空间位移关系构式对能够进入其中编码路径的趋向动词也具有限制条件。我们知道，在乙型抽象性位移事件中，作为参照实体的抽象实体在抽象实体的三维空间化机制的作用下被赋予了三维空间特征，也就是被构想为可以移入其中或从中移出的容器性参照物。因此，汉语在编码乙型抽象性位移事件中的路径时，就要求能够进入其中的趋向动词应为表示"从外到里"或"从里到外"（李临定 1990：103）之义的简单趋向动词，即表示位移主体移动的终点或起点的简单趋向动词。例如：

(66) 桑德拉已经完全坠入爱河。

(67) 豆蔻的少女走进梦乡。

(68) 冬去春来，德福家正渐渐地走出困境。

(69) 他自己却机灵地逃脱出了险境。

这四例均为汉语乙型抽象性空间位移关系构式，分别使用了表示"从外到里"的趋向动词"入""进"和表示"从里到外"的趋向动词

"出"。一般来讲，表示"从外到里"的趋向动词标示的是终点路径，表示"从里到外"的趋向动词标示的则是起点路径。在例（66）和例（67）中，位移主体"桑德拉"和"豆蔻的少女"分别以参照实体"爱河"和"梦乡"为终点而发生了心理上的空间位移。在例（68）和例（69）中，位移主体"德福家"和"他"则分别以参照实体"困境"和"险境"为起点而发生了心理上的空间位移。

在汉语中，乙型抽象性空间位移关系构式中的路径有时也可以由谓词成分直接编码。譬如，在以下两例中："旅客们"和"大家"为N$_C$，充当施事成分；"入"为V$_M$，充当谓词成分；"梦乡"为N$_A$，充当处所成分。从中可以看出，这两例没有使用趋向动词来编码路径，而是由谓词成分"入"直接编码。在《现代汉语词典》（第7版）中，动词"入"的释义为"进来或进去"，这一释义也可以具体理解为"从外面移动到里面"。由此可以看出，位移动词"入"兼有"移动"和"从外到里"之义，前一义项表示物体的位移，后一义项表示物体移动的路径。因此，例（70）和例（71）描述的是位移主体"旅客们"和"大家"分别以参照实体"梦乡"为终点所发生的心理上的空间位置变化。

（70）旅客们全已入了梦乡。
（71）早已灯火全熄，大家都已入了梦乡。

顺便提及，方绪军（2000：174）认为，"趋向动词单用时可以做句子的谓语或谓语的中心成分。单音节趋向动词可以带处所宾语……"。方绪军所说的单音节趋向动词即我们上文所说的简单趋向动词。我们认为，单用时的简单趋向动词不能视为趋向动词，而应视为动词。也就是说，单用时的简单趋向动词本身就是动词，只有用在动词或形容词之后作补语时，才是趋向动词，如例（66）中的"入"所示。所以，并不是单音节趋向动词单用时可以作句子的谓语，可以带处所宾语，而是具有趋向意义的位移动词才可以作句子的谓语，可以带处所宾语，如例（70）—（71）中的"入"所示。

同英语乙型抽象性空间位移关系构式不同，汉语乙型抽象性空间位移关系构式中的处所成分还可以由抽象名词短语和空间后置词所构成的方位短语体现。譬如，在以下三例中，处所成分就分别由方位短语"沉思里""困境中"和"沉思之中"充当。从中可以看出，在汉语乙型抽象性空间位移关系构式中，能够用在抽象名词短语之后构成方位短语的空间后置词应为表示某一空间之中的空间后置词，如下面三例中的"里""中"和"之中"所示。

（72）她深深地陷进了沉思**里**。
（73）现在我们俩都陷入困境**中**了。
（74）转眼间，他又坠入沉思**之中**。

综上所述，英汉语乙型抽象性空间位移关系构式都要由三个必备成分构成，但在英语中，乙型抽象性空间位移关系构式的结构形式为 $N_C\ V_M\ P\cdot N_A$，在汉语中，乙型抽象性空间位移关系构式的结构形式则是 $N_C\ V_M\cdot V_D\ N_A$。从中可以看出，英汉语采用了不同方式来编码乙型抽象性位移事件中的路径，而且各有各的限制条件。在英语中，能够用以编码乙型抽象性位移事件中路径的空间介词通常应为表示移入三维空间的动态空间介词，或者是表示从三维空间中移出的动态空间介词，即表示位移主体移动的终点或起点的动态空间介词；而在汉语中，能够用以编码乙型抽象性位移事件中路径的趋向动词应为表示"从外到里"或"从里到外"之义的简单趋向动词，即表示位移主体移动的终点或起点的简单趋向动词。此外，与英语不同的是，在汉语乙型抽象性空间位移关系构式中，路径有时也可以由位移动词"入"作为谓词成分直接加以编码，处所成分也可以体现为由抽象名词短语和空间后置词所构成的方位短语。

第三节 抽象性空间位移关系构式中的路径凸显

由以上两节的讨论可知,抽象性位移事件有位移主体为抽象实体的抽象性位移事件和参照实体为抽象实体的抽象性位移事件之分。为行文之便,我们将前者称为甲型抽象性位移事件,将后者称为乙型抽象性位移事件,并将编码甲型抽象性位移事件的语言表达式叫作甲型抽象性空间位移关系构式,将编码乙型抽象性位移事件的语言表达式称为乙型抽象性空间位移关系构式。这两类抽象性空间位移关系构式对路径的编码,实际上就是对甲型抽象性位移事件和乙型抽象性位移事件所激活的"起点-路径-终点"意象图式的编码,而对这种意象图式的编码可以凸显其中的起点、终点或整个路径。也就是说,在这两种抽象性空间位移关系构式中,认知主体可以将注意力聚焦于起点、终点或整个路径而加以凸显,这样,位移主体与路径之间就会呈现出不同的抽象性动态空间位移关系。

塔尔密在其提出的注意力视窗化中认为,语言能够通过对某一连贯所指场景的局部加以显性提述,将其置于注意力的前景而加以凸显,该场景中的其余部分则被置于注意力的后景之中而被忽略,这一认知过程就是注意力视窗化。注意力视窗化赖以发生的连贯所指场景即为事件框架,事件框架中被囊括进来置于前景之中的部分经历了视窗化过程,而被置于背景之中的部分则经历了空白化过程(Talmy 1996b:235-236,2000a:257-258)。这就是说,认知主体在运用语言编码位移事件框架的过程中,往往会因其注意力分布的不同和注意焦点的不同而编码出位移主体和参照实体之间不同的动态空间位移关系。下面就来分别探讨甲型抽象性空间位移关系构式和乙型抽象性空间位移关系构式所凸显出的位移主体和参照实体之间的抽象性动态空间位移关系。

一、甲型抽象性空间位移关系构式中的路径凸显

甲型抽象性位移事件也是一种位移事件框架,认知主体对其进行语言编码时,必须将位移主体纳入其注意力范围之中。而对这种位移事件框架所激活的"起点-路径-终点"意象图式则可以采取两种方式,一是将这一意象图式的整体纳入其注意力范围,二是将这一意象图式的局部纳入其注意力范围。这就是说,认知主体在编码甲型抽象性位移事件时,既可以将注意力集中在甲型抽象性位移事件框架所激活的路径意象图式的整体之上,也可以将注意力集中在这种意象图式的局部之上,这就是对甲型抽象性位移事件中路径意象图式的注意力视窗化。对甲型抽象性位移事件路径意象图式的注意力视窗化,实际上就是认知主体把路径意象图式的整体或局部纳入感知域的认知过程。在这一认知过程中,认知主体如果把路径意象图式整体上纳入其感知域,就是对路径意象图式的最大视窗化;如果把路径意象图式的局部纳入其感知域,就是对路径意象图式的局部视窗化。路径意象图式的局部视窗化就意味着路径意象图式的局部空白化。这就是说,当认知主体对路径意象图式进行局部视窗化时,他会把局部路径置于感知域之内并将其视窗化,而把其余部分置于感知域之外,将其忽略而空白化。认知主体在编码甲型抽象性位移事件中的路径意象图式时,既可以依据其注意力分布选择最大视窗化的方式,将路径意象图式从整体上加以凸显,也可以采取局部视窗化的方式,将路径意象图式的局部加以凸显。

当认知主体选择使用最大视窗化方式来编码甲型抽象性位移事件中的路径意象图式时,他所编码出的甲型抽象性空间位移关系构式,就会将整个路径加以凸显,从而将位移主体和整个路径之间的抽象性动态空间位移关系凸显出来。例如:

(75) Vital social news comes to us mainly via pollsters.

(76) This opinion comes to you from a moderate white Independent.

(77) 消息从首都传到了千里之外的汕头。

(78) 一些传言从一个街区飘到另一个街区。

这四例分别为英语和汉语中的甲型抽象性空间位移关系构式。在例（75）和例（76）这两个英语构式中，认知主体选择使用了对路径意象图式的最大视窗化方式来凸显整个路径，从而将位移主体与整个路径之间的抽象性动态空间位移关系加以凸显。例（75）描述的是位移主体 Vital social news 以参照实体 pollsters 和 us 分别为起点和终点发生在心理上的空间位移的整个位移过程；例（76）描述的是位移主体 this opinion 以参照实体 a moderate white Independent 和 you 分别为起点和终点发生在心理上的空间位移的整个位移过程。在例（77）和例（78）这两个汉语构式中，认知主体也选择使用了对路径意象图式的最大视窗化方式来凸显整个路径，凸显的也是位移主体与整个路径之间的抽象性动态空间位移关系。例（77）描述的是位移主体"消息"以参照实体"首都"和"千里之外的汕头"分别为起点和终点发生在心理上的空间位移的整个位移过程；例（78）描述的是位移主体"一些传言"以参照实体"一个街区"和"另一个街区"分别为起点和终点发生在心理上的空间位移的整个位移过程。此外，还有一点需要注意，在英语中，用以标示"起点－路径－终点"意象图式中起点和终点的均为空间介词，它们分别是 from 和 to，如例（75）和例（76）所示；而在汉语中，用以标示这一意象图式中起点的是介词，如"从"，即陈昌来（2002：179）所说的"起点介词"，用以标示终点的则是趋向动词，如"到"，分别如例（77）和例（78）所示。

当认知主体选择使用局部视窗化方式来编码甲型抽象性位移事件中的路径意象图式时，他所编码出的甲型抽象性空间位移关系构式就会出现两种情况,一是将路径意象图式中的起点加以凸显,二是将路径意象图式中的终点加以凸显。这两种情况所凸显的虽然都是位移主体和局部路径之间的抽象性动态空间位移关系,但在前一种情况下,认知主体凸显的是位移主体和起点路径之间的抽象性动态空间位移关系,而在后一种情况下,认知主体凸显的则是位移主体与终点路径之间的抽象性动态空间位移关系。这样,认知主体就可以编码出两种甲型抽象性空间位移关系构式,即以参照实体为起点的甲型抽象性空间位移关系构式和以参照实体为终点的甲型抽象性空间位移关系构式。先来看以参照实体为起点的甲型抽象性空间位移关系构式的例子。

(79) Disturbing news comes from Ned Stuckey-French.

(80) An even more wary view comes from Colin Crook, chief technology officer for Citicorp.

(81) 望着这般情景,一个新的念头忽然从心头掠过。

(82) 这类想法从威克菲尔德的意识中朦胧闪过。

这四例均为以参照实体为起点的甲型抽象性空间位移关系构式。在这几例中,认知主体选择使用了对路径意象图式的局部视窗化方式来凸显甲型抽象性位移事件中的起点路径,从而凸显出位移主体与起点这一局部路径之间的抽象性动态空间位移关系。在例(79)和例(80)这两个英语构式中,disturbing news 和 an even more wary view 所指的抽象实体为位移主体,Ned Stuckey-French 和 Colin Crook 所指的实体为参照实体,分别为位移主体 disturbing news 和 an even more wary view 发生心理上的空间位移之起点。因此,这两例凸显的都是位移主体与起点路径之间的抽象性动态空间位移关系。在例(81)和例(82)这两个汉语构式中,"一个新的念头"和"这类想法"所指的抽象实体为位移主体,"心头"和"威克菲尔德的意识"所指的实体为参照实体,分别为位移主体"一个新的念头"和"这类想法"发生心理上的空间位移之起点。所以,这两例凸显的也是位移主体与起点路径之间的抽象性动态空间位移关系。再来看以参照实体为终点的甲型抽象性空间位移关系构式的例子。

(83) Then an idea flashed into his head.
(84) This news reached the farming country.
(85) 消息传进了军营。
(86) 这个想法涌入了他的脑海。

这四例均为以参照实体为终点的甲型抽象性空间位移关系构式。在这几个构式中,认知主体选择使用了对路径意象图式的局部视窗化方式来凸显甲型抽象性位移事件中的终点路径,从而凸显出位移主体与终点这一局部路径之间的抽象性动态空间位移关系。在例(83)和例(84)这两个英语构式中,an idea 和 this news 所指的抽象实体为位移主体,his head 和 the farming country 所指的实体为参照实体,分别为位移主体 an idea 和 this news 发生心理上的空间位移所到达的终点。因此,这两例凸显的均为位移主体与终点路径之间的抽象性动态空间位移关系。在例(85)和例(86)这两个汉语构式中,"消息"和"这个想法"所指的抽象实体为位移主体,"军营"和"他的脑海"所指的实体为参照实体,分别为位移主体"消息"和"这个想法"发生心理上的空间位移所到达的终点。所以,这两例凸显的也是位移主体与终点路径之间的抽象性动态空间位移关系。

二、乙型抽象性空间位移关系构式中的路径凸显

同甲型抽象性空间位移关系构式一样,乙型抽象性空间位移关系构式也会对乙型抽象性位移事件所激活的"起点-路径-终点"意象图式进行注意力视窗化,从而对其中位移主体与参照实体之间的抽象

性动态空间位移关系加以凸显。但是，我们收集到的语料显示，在编码乙型抽象性位移事件时，认知主体对其中的路径意象图式只有局部视窗化，而没有最大视窗化。也就是说，乙型抽象性空间位移关系构式中的路径凸显只有对局部路径的凸显。在这种局部路径凸显中，认知主体要么凸显位移主体与作为起点路径的参照实体之间的抽象性动态空间位移关系，要么凸显位移主体与作为终点路径的参照实体之间的抽象性动态空间位移关系。这样，认知主体就可以编码出两种乙型抽象性空间位移关系构式，即以参照实体为起点的乙型抽象性空间位移关系构式和以参照实体为终点的乙型抽象性空间位移关系构式。先来看以参照实体为起点的乙型抽象性空间位移关系构式的例子。

（87）Luis came out of the coma.

（88）Mason fell out of love.

（89）在好友的帮助下，他终于走出了困境。

（90）在大家的帮助下，小孙终于走出了思想低谷。

这四例均为乙型抽象性空间位移关系构式。在这几例中，认知主体均选择使用了对路径意象图式的局部视窗化方式来凸显乙型抽象性位移事件中的起点路径，从而凸显出位移主体与起点这一局部路径之间的抽象性动态空间位移关系。例（87）和例（88）这两个英语乙型抽象性空间位移关系构式凸显的是路径意象图式中的起点，即对起点部分进行了局部视窗化，而将终点部分空白化。因此，这两个构式凸显的是位移主体和起点路径之间的抽象性动态空间位移关系，描述的是位移主体 Luis 和 Mason 所指的实体分别以参照实体 the coma 和 love 所指的抽象空间为起点而移出。例（89）和例（90）这两个汉语乙型抽象性空间位移关系构式所凸显的也是路径意象图式中的起点，也只将起点部分进行了局部视窗化，而将终点部分空白化。所以，这两个汉语构式凸显的也是位移主体和起点路径之间的抽象性动态空间位移关系，描述的是位移主体"他"和"小孙"分别走出了参照实体"困境"和"思想低谷"所指的抽象空间范围。由此可以看出，例（87）—（90）这几个乙型抽象性空间位移关系构式，都是认知主体采取对路径意象图式的局部视窗化方式来凸显乙型抽象性位移事件中起点路径的结果，所凸显出的都是位移主体与起点路径之间的抽象性动态空间位移关系。

再来看以参照实体为终点的乙型抽象性空间位移关系构式。认知主体对乙型抽象性位移事件所激活的"起点-路径-终点"意象图式的局部视窗化，也可以是对终点路径的局部视窗化。而对起点路径加以空白化，也就是对乙型抽象性位移事件中的终点路径加以凸显，从而凸显出位移主体与终点路径之间的抽象性动态空间位移关系。例如：

（91）[When the news of his defeat came,] Antiochus flew into a rage.
（92）Like Buzzell, Hartley had run into trouble.
（93）他们一步一步地坠入罪恶的深渊。
（94）张彩馨霎时无言地陷入沉思之中。

例（91）—（94）都是乙型抽象性空间位移关系构式。在这四例中，认知主体都选择使用了对路径意象图式的局部视窗化方式，凸显的都是乙型抽象性位移事件中的终点路径，从而凸显出位移主体与终点这一局部路径之间的抽象性动态空间位移关系。在例（91）和例（92）这两个英语构式中，认知主体描述的是位移主体 Antiochus 和 Hartley 所指的实体分别进入参照实体 a rage 和 trouble 所指的抽象空间范围之中，即位移主体以参照实体为终点路径所发生的心理上的空间位移。因此，这两例凸显的是位移主体 Antiochus 和 Hartley 分别与终点路径 a rage 和 trouble 之间的抽象性动态空间位移关系。在例（93）和例（94）这两个汉语构式中，认知主体描述的是位移主体"他们"

和"张彩馨"所指的实体分别进入参照实体"罪恶的深渊"和"沉思"所指的抽象空间范围之中，即位移主体以参照实体为终点路径所发生的心理上的空间位移。因此，这两例凸显的是位移主体"他们"和"张彩馨"分别与终点路径"罪恶的深渊"和"沉思"之间的抽象性动态空间位移关系。

总之，在甲型抽象性空间位移关系构式中，认知主体可以依据其注意力分布选择最大视窗化方式，将甲型抽象性位移事件中的整个路径加以凸显，也可以采取局部视窗化方式，将甲型抽象性位移事件中的起点路径或终点路径加以凸显。当认知主体选择使用最大视窗化方式时，他所凸显的是位移主体与整个路径之间的抽象性动态空间位移关系；当认知主体采用局部视窗化方式时，他所凸显的是位移主体与局部路径（即起点路径或终点路径）之间的抽象性动态空间位移关系。在乙型抽象性空间位移关系构式中，认知主体通常仅采取局部视窗化方式，将乙型抽象性位移事件中的局部路径加以凸显，即对乙型抽象性位移事件中的起点路径或终点路径加以凸显。这就是说，在乙型抽象性空间位移关系构式中，认知主体所凸显的只是局部路径，即起点路径或终点路径。在这种局部路径凸显中，认知主体所凸显的要么是位移主体与起点这一局部路径之间的抽象性动态空间位移关系，要么是位移主体与终点这一局部路径之间的抽象性动态空间位移关系。

第四节 小结

由以上几节的讨论可知，抽象性位移事件是认知主体以对现实位移事件的感知和体验，运用其认知想象能力和识解能力所构想出的位移事件。位移主体为抽象实体、参照实体为具体/抽象实体的抽象性位移事件为甲型抽象性位移事件，位移主体为具体实体、参照实体为抽象实体的抽象性位移事件为乙型抽象性位移事件。这两种抽象性位移事件都是有认知理据的，都是由一定的认知机制促动的。具体来讲，甲型抽象性位移事件的认知理据为抽象实体的具体化和可动化机制，乙型抽象性位移事件的认知理据为抽象实体的三维空间化机制。根据概念隐喻理论，抽象实体的具体化和可动化机制与抽象实体的三维空间化机制都属于隐喻机制，都是以具体实体来理解和体验抽象实体。促动甲型抽象性位移事件的抽象实体的具体化和可动化机制是以可动具体实体为源域来理解和体验作为目标域的抽象实体，将可动具体实体这一源域的具体性和可动性映射到抽象实体这一目标域之上，从而使抽象实体能够以具体/抽象实体为参照而发生心理上的空间位置变化。促动乙型抽象性位移事件的抽象实体的三维空间化机制是以容器类具体实体为源域来理解和体验作为目标域的抽象实体，把容器类具体实体的三维空间性投射到抽象实体这一目标域之上，从而使抽象实体得以作为参照实体来衬托位移主体发生心理上的空间位置变化。作为隐喻机制，抽象实体的具体化和可动化机制与抽象实体的三维空间化机制都具有单向性、局部性和隐含性特征，而且各有各的限制条件。

人们对甲型抽象性位移事件和乙型抽象性位移事件的语言编码，分别形成甲型抽象性空间位移关系构式和乙型抽象性空间位移关系构式。在英语和汉语中，甲型抽象性空间位移关系构式都必须包含施事、谓词和处所这三个必备成分。在这三个成分中，施事成分即是位移主体，在英汉语中都体现为指称抽象实体的抽象名词短语，但英汉语采取了不同的方式来编码谓词和处所这两个成分。在英语中，谓词成分通常由位移动词充当，处所成分通常体现为介词和指称参照实体的具体/抽象名词短语所构成的介词短语；在汉语中，谓词成分由位移动词和趋向动词所构成的动趋短语充当，处所成分则由指称参照实体的具体/抽象名词短语体现。这样，英语甲型抽象性空间位移关系构式的结构形式就为 $N_A\ V_M\ P\cdot N_{C/A}$，汉语甲型抽象性空间位移关系构式的结构形式则是 $N_A\ V_M\cdot V_D\ N_{C/A}$。另外，英汉语对甲型抽象性位移事件中的路径也采用了不同的编码方式，而且各有各的限制条件。在英语甲型抽象性空间位移关系构式中，能够用以编码甲型抽象性位移事件中路径的空间介词必须是表示移动方向的动态空间介词；而在汉语甲型抽象性空间位移关系构式中，能够用以编码甲型抽象性位移事件中路径的趋向动词必须是表示趋向意义的简单趋向动词。

在英语和汉语中，乙型抽象性空间位移关系构式也都要由施事、谓词和处所这三个必备成分构成。在这三个成分中，施事成分即位移主体，在英汉语中都体现为指称具体实体的具体名词短语，但英汉语对谓词和处所这两个成分的编码方式不同。在英语中，谓词成分通常由位移动词充当；处所成分通常由介词和指称参照实体的抽象名词短语所构成的介词短语充当；而在汉语中，谓词成分体现为位移动词和趋向动词所构成的动趋短语，处所成分则体现为指称参照实体的抽象名词短语。这样，在英语中，乙型抽象性空间位移关系构式的结构形式就为 $N_C\ V_M\ P\cdot N_A$；在汉语中，乙型抽象性空间位移关系构式的结构形式则是 $N_C\ V_M\cdot V_D\ N_A$。另外，英汉语对乙型抽象性位移事件中路径的编码方式不同，也有各自的限制条件。在英语乙型抽象性空间位移关系构式中，能够进入其中编码乙型抽象性位移事件中路径的空间介词应为表示位移主体移动的终点或起点的动态空间介词。在汉语乙型抽象性空间位移关系构式中，能够进入其中编码乙型抽象性位移事件中路径的趋向动词应为表示位移主体移动的终点或起点的简单趋向动词。

无论是甲型抽象性空间位移关系构式，还是乙型抽象性位移关系构式，都会采取不同的注意力视窗化方式对"起点-路径-终点"意象图式的整体或局部加以凸显。在甲型抽象性空间位移关系构式中，认知主体可以采取最大视窗化方式，将甲型抽象性位移事件中的整个路径加以凸显，也可以采取局部视窗化方式，将甲型抽象性位移事件中的局部路径加以凸显。当认知主体选择使用最大视窗化方式时，他所凸显的是位移主体与整个路径之间的抽象性动态空间位移关系；当认知主体采用局部视窗化方式时，他所凸显的是位移主体与起点路径或终点路径之间的抽象性动态空间位移关系。在乙型抽象性空间位移关系构式中，认知主体通常仅采取局部视窗化方式，将乙型抽象性位移事件中的局部路径加以凸显，即对乙型抽象性位移事件中的起点路径或终点路径加以凸显。具体来讲，在乙型抽象性空间位移关系构式中，认知主体所凸显的只是局部路径。在这种情况下，认知主体所凸显的可以是位移主体与起点这一局部路径之间的抽象性动态空间位移关系，或者是位移主体与终点这一局部路径之间的抽象性动态空间位移关系。

第七章　隐喻性空间关系构式中现实、人和语言的相互关系

> 惟天地万物父母，惟人万物之灵。
> ——《尚书·周书·泰誓上》
> 人与天地相参也，与日月相应也。
> ——《黄帝内经·灵枢·岁露》

从第四章至第六章的讨论可知，隐喻性空间关系构式有虚构性空间位移关系构式、抽象性空间方位关系构式、甲型抽象性空间位移关系构式和乙型抽象性空间位移关系构式之分。这几种隐喻性空间关系构式分别是认知主体用以编码虚构性位移事件、抽象性空间方位关系、甲型抽象性位移事件和乙型抽象性位移事件的形–义配对体。第四章至第六章的讨论表明，这几种隐喻性空间关系构式之所以得以形成，既与人的想象能力、识解能力和认知加工密切相关，也与现实有着相当密切的关系，还与语言系统和语言结构有着密不可分的关系。这就是说，这几种隐喻性空间关系构式表明，在人、现实和语言三者之间存在着一种相互作用的互动关系。这就是本章将要探讨的主要问题。

在国内认知语言学界，普罗泰戈拉的"人是万物的尺度"和刘勰的"惟人参之"是经常被引用，但未加深究的命题和观点。有鉴于

此,本章将首先分别对这两种观点加以梳理和讨论,然后,在此基础上,主要以隐喻性空间关系构式为例,探讨人、现实和语言各自的作用及其三者之间的相互关系。

第一节 "惟人参之"之说中人的主体性及其与天地的互动性

在1500多年前南北朝时期的南朝梁代,文学理论家和文学批评家刘勰在其《文心雕龙》的首篇《原道》中提出了"惟人参之"之说。该说出现的原文如下:

> 文之为德也大矣,与天地并生者何哉?夫玄黄色杂,方圆体分,日月叠璧,以垂丽天之象;山川焕绮,以铺理地之形;此盖道之文也。仰观吐曜,俯察含章,高卑定位,故两仪既生矣。**惟人参之**,性灵所钟,是谓三才。为五行之秀气,实天地之心生。心生而言立,言立而文明,自然之道也。

周振甫(1986:10)对这段话的今译文为:

> 文章的属性是极普遍的,它同天地一起产生;怎么说呢?有了天地就有蔚蓝色和黄色的不同,圆形和方形的分别;日月象重叠的璧玉,来显示附在天上的形象;山河象锦绣,来展示分布在地上的形象;这大概是大自然的文章。向上看到日星发光耀,向下看到山河有文采,上下的位置确定,天地便产生了。只有人和天地相配,孕育灵性,这叫作"三才"。人为万物之灵,实是天地的心。心灵产生了,语言跟着确立,语言确立了,文章跟着鲜明,这是自然的道理。

在此今译文中,周振甫把"惟人参之"译为"只有人和天地相配",但他对"参"的注释却是"参:三"。祖保泉(1993:3)也把"参"注释为"三",并认为"参"是"指与天地相并而为三"。王志彬(2012:4-5)则把"参"注释为"参伍、相配",把"惟人参之"今译为"只有人可以与天地相参伍"。蔡宗奇(Cai Zong-qi,音译)对"惟人参之"的英译文为"Only human beings, endowed with intelligence, can integrate with them",即只有具有心智的人类才能与天地融合(Cai 2001:48)。从该英译文可以看出,蔡宗奇把"人"理解为具有才智和智慧的人类,并把"参"译为英语的动词integrate,而没有按"三"来译,这与周振甫把"参"今译为"相配"和王志彬将"参"今译为"参伍"差不多是一样的。郭晋稀(1982:3)则认为,"参,既有三义,也兼有参入义。"罗宗强(2007:18)也明确指出,"惟人参之"就是"人仿效天地。参,参拟、模拟、效法。"他(同上:27)还指出,"'参'的'参拟、仿效'义,在现代汉语'参照'等词中作为语素义仍然存在着。《文心雕龙·原道》'惟人参之'的'参'用的正是这一义项。"这就表明,罗宗强是把"惟人参之"中的"参"理解为了动词。

庞朴(2003:44)认为,"参"字既是动词又是数词。他指出,"按'参'字起先本是名词,指天上的参星。参星以其腰带之三星(参宿一、二、三)连列宿中最为醒目,所以字形被定成三星洒光状;慢慢地,参字也因之有了数目三的意思"(庞朴2001:73)。这个"参"字在"现象上是数词,但不是一般的数词,而是由对立的二者参杂和合而成的数词,所以还保有动性;如果允许我们生造一个修辞学的术语的话,可以称之为动数词。因为它既有数词的属性,又有动词的特征;忽视哪一个方面,都把握不准它的全部含义"(同上)。他还举例说,《曲礼》中的"离坐离立,毋往参焉"一句的意思就是:"离坐离立就是俩坐俩立,也就是两个人并坐并立在那儿;毋往参焉就是不要去参加,不要使之变成三个人的场面。这个参字,既指动作,也指数目;这动作和数目两方面的含义,如影之与形,是一刻也不会分离的"(庞朴 2001:73)。从中可以看出,"参"的动作义是第一位的,数目义则是第二位的,是动作实施后的结果。更重要的是,凡动作,必须要有实施的主体,而这一主体无疑只能是"人"了。这样,"惟人参之"就可理解为:只有通过"人"的能动参与,才能与天地融合而为三才。

庞朴(2003:43)还指出,在"参考、参校、参议、参稽、参观、参验、参与、参互、参加……之类的动作"之中,"最大的一个参的动作,当推人类参加了天地的活动,从而与天、地鼎立而参一事"。罗宗强(2007:18,25—26)也指出,把"惟人参之"解释为"人仿效天地。参,参拟、模拟、效法","其实涉及到刘勰思想的一种历史渊源。在中国思想史上,有一种以人比类天地的观点";然而,"思想发展史从来不存在纯而又纯的传承,它总是在互相影响中行进的。道家、道教、儒家都谈论天人关系,他们立论的目的各不相同,论点亦大异";但"有一点他们却是相同的,这就是把人与天地万物看作统一的整体,互相联系着。而在这统一中,是人参拟、仿效天地,比象或比德天地;而不是天地模仿人"。蔡宗奇也在对上引刘勰那段话的解释中指出,刘勰的观点是:在天、地、人三者之中,后者要比前两者更灵验(efficacious);这就是"道"的奥妙,因为对五秀和天地之心的体验(embodiment)只有具有灵性的人才能做到(Cai 2001:48)。夏静(2009)则进一步认为,体认"惟人参之",中国传统学术"主客交融"的特质,无疑是我们理解此一问题的不二进路。那么,中国式的"主客交融",与西学笛卡尔式"我思"的主客二分有什么不同呢?最重要的区别或许在于,中国式的"主客交融",人在世界之内,与世界合一;西学的主客二分,人在世界之外,认识世界。中国式的"主客交融",并非西学意义上主体与客体的对立,也即对象化的主客关系,而是一种主客互摄式的"同声相应,同气相求",甚或是超越主客对待式的万象皆隐、大化流行的境界。只有在天人合一的整体追求中,"主客交融"、以道观物,方能存乎其中,出乎其上。

由上述可以推知,与西方主客二分不同,中国文化中的天人合一思想注重天地人的融合为一,强调人是世界的一部分,强调人是在世界之内而不是在世界之外,不是以主客绝对对立的方式,而是以"主客交融"的方式,参与世界活动,与世界合一。但是,这一"主客交融"的方式仍然是有主客之分的,天地人三者之中,人依然是主体,天地依然是客体,依然"是认识的对象","是体验的、感悟的和想象的对象"(童庆炳 2016:43)。因此,只有人对天地的参拟、仿效、认识、体验、感悟与想象,而没有天地对人的参拟、仿效、认识、体验、感悟与想象。据此可以认为,刘勰"惟人参之"之说中的"参"应首先理解为动词,义为罗宗强和庞朴所说的"参拟、参验、参与、参互"等和蔡宗奇所说的"融合"(integrate);其次为"三"这一数词,据此,"之"就应理解为代词,指代天地。那么,"惟人参之"就可理解为:只有人参拟、参验、体验了天地的活动,才能与天地融合而为三才,才能与世界合一。由此可知,人在参与世界活动的过程中起着重要的作用,具有能动的主体性地位,这与孔子在《孝经·圣治章》中所说的"天地之性人为贵"是契合的。我们认为,刘勰虽为文学理论家和文学批评家,但他的"惟人参之"之说,无疑指出了人在参与天地活动中的主体性作用,同时也指出了人在参与天地活动中与天地的互动性作用。

第二节 "人是万物的尺度"命题中的人本性和人的主体性

在2500多年前的古希腊思想界,活跃着一批自命为青年导师的智者（Sophist），他们的活动标志着古希腊哲学和科学"走上了**人类学**的道路，或者说走上了**主体性**的道路：研究人们的内心活动，研究人们的观念和意志力"[①]（Windelband 1901：68；文德尔班 1997：97）。智者运动的代表人物普罗泰戈拉提出了一个著名命题：人是万物的尺度，是存在事物存在的尺度，也是不存在事物不存在的尺度。尺度、逻各斯只存在于人那里，人完全可以凭借自己的逻各斯去描述和衡量万物的存在和非存在。因此，事物对于你就是它向你呈现的样子，对于我就是它向我呈现的样子。他以刮风为例，刮风的时候有人感觉冷，有人却感觉不冷，因此不能说风本身是冷的，而只能说风对于感觉冷的人来说是冷的，对于感觉不冷的人则是不冷的（参见北京大学外国哲学史教研室 1961：133；邓晓芒、赵林 2005：31）。因此，"普罗泰戈拉的哲学是以'人'为中心的。许多哲学史家称他是古代的人本主义者"（汪子嵩 2016：90）。

　　普罗泰戈拉的"人是万物的尺度"这一命题，在古希腊哲学中，"可以说是最早涉及到人的问题。他认为人应该是主宰万物的力量，并主张把人从自然界、动物界分离出来。这一思想显然在强调人的地位和主观能动性"（魏金声1994）。这样就"把认识问题由客体转移到主体，从而使一种真正的认识论成为可能。对于'万物'我们不但要想到具体事物，还得想到抽象的属性；而且不但要想到诸如热和冷，甘和苦等等感觉属性，还要想到诸如善和恶，美和丑，正确和谬误等等概念"（策勒尔1992：86）。亚里士多德指出，"普罗泰戈拉所说的'人是万物的尺度'，实际上是说正在认识或正在感知的人，因为他们有各自的知识和感觉，所以说知识和感觉是对象的尺度"（Aristotle 1999：188（1053a30-1053b3））。亚里士多德这个解释很重要，所谓"人是万物的尺度"是指各人的知识和感觉是对象的尺度；而亚里士

[①] 此句中的黑体字"**人类学**"和"**主体性**"为译文所用，英文原文为斜体。

多德认为知识和感觉并不是尺度，它们本身还应该是被尺度的，即它们是否具有真理性还应该有别的标准来衡量（汪子嵩等 1997：257）。可能正是因为如此，柯弗德（G. B. Kerferd 1981：86）才绝对地认为，"作为尺度的人指的是每个个体的人，如'你'和'我'，而肯定不是人类，也不是被视为单一实体的人类。"

我们认为，要较为准确地理解和把握普罗泰戈拉"人是万物的尺度"这一命题，就需要明确两个概念：一是"人"，二是"尺度"。首先，"该命题首先强调的是人而不是动物，是人区别于动物的感性与理性，他们才能作为万物的尺度。在此基础上，强调人的感性上的区别性与理性上的共同性，但理性上的共同性只为公民群体所具有。在感性层面上，该命题注意到人类有不同于动物的感性，这是人类所有个体都有的，但每个人的作为人的感觉又不同；在理性层面上，公民具有共同性，可以形成共同体并且通过理性约定而达成一致，从而作为万物的尺度"（赵本义 2014）。但是，"不那么确定的是，我们要在什么意义上理解'人'这个词，是在柏拉图《泰阿泰德篇》所提出的个人主义者的意义上，还是像后来的学者所设想的那样，在一般意义上来看待，从而把'人'理解成类，或者最终在一种集体意义上来理解，把这个词归之于作为一个集团（民族、部落）的众人"（策勒尔 1992：86）。据此可以认为，"人是万物的尺度"这一命题中的"人"既可以指个体的人，也可以指一个社会共同体中的众人。换句话说，普罗泰戈拉所说的"人"既可以是一个个体概念，也可以是一个类概念。对于诸如"热冷"和"甘苦"这样需要依据个人感觉加以判断的事物，其判断可能要取决于作为个体的人，而对于"善恶"和"美丑"这样需要依据社会规约加以判断的事物，其判断则可能要取决于作为社会共同体的众人。值得注意的是，无论是个体的人，还是社会共同体的众人，实际上"都是活生生的感性的人，在感知活动中认识、体验存在的人，而不是抽象的理性人"（姚介厚 2005：414-

415）。

其次，对于"人是万物的尺度"这一命题中的"尺度"，有人将其理解为"权衡"（柏拉图 1963：37），有人将其理解为"标准"（criterion）（Baghramian 2004：17；van Berkel 2013：59；Laks & Most 2016：101）。严群指出，"'尺度'不如'权衡'贴切，权衡者权衡好坏和利弊而不重真假，尺度则偏重真实性，且易与logos作为尺度的意义相混，普罗泰戈拉恰恰不重事实之真假，他认为存在与否的权衡标准皆在于个人，由个人的感觉来衡量"（汪子嵩等 1997：253-254）。"他（严群）指出普罗泰戈拉的metron不是指尺量事实的真假而只是个人对于对象的好坏和利弊所作的权衡，是有道理的"（汪子嵩等 1997：254）。范·博克尔（T. A. van Berkel 2013：53，59）指出，"不是现实为我们提供了尺度，而是人把自己的尺度投射到了现实之上"，因此，"这一命题本身就创造了'标准'的概念"。他还指出，普罗泰戈拉的观点是一种视角主义（perspectivism），因为总是以人为参照的尺度表明，我们只能从人的视角来观察事物，而且作为人，我们注定要以人之尺度来观察世界（van Berkel 2013：61）。

由此可知，对于普罗泰戈拉，"人是万物的尺度"这一命题中的"人"，无论是将其理解为一个个体概念，还是将其理解为一个类概念，都无法掩盖他将人视为认识事物之主体所彰显出的人本思想。对于该命题中的"尺度"，理解为"权衡"也好，理解为"标准"也罢，都离不开人的感受和体验。因此，从整体上说，普罗泰戈拉的"人是万物的尺度""确实是以各个人的感受和体验作为判断的标准"（汪子嵩等 1997：262）。总之，普罗泰戈拉的这一命题"就是将人看作是人和社会、人和自然、人和神的中心；用人的利益、需要和体验解释人们的社会历史活动"（汪子嵩等 1997：261），用人的感受和体验来观察、判断、认识事物。

"正像亚里士多德说的，所谓'人是尺度'就是以各个人的感觉和知识作为尺度。这样就必然导向相对主义",因为"普罗泰戈拉看到可感性质同主体的感觉有密切关系,还看到事物的相对性,特别注意到物的用途的多样性和相对性以及社会上人的价值判断和价值取向的多样性和相对性,这不能不说是人类认识史上一个伟大的进步"(汪子嵩等 1997:262-263)。所以,普罗泰戈拉"人是万物的尺度"的学说,"在认识论上是以重视感性认识的感觉经验为基础的,在本体论上则是以承认万物均运动变化的学说为基础的"(汪子嵩 2016:106)。正因为如此,既有人认为,普罗泰戈拉"人是万物的尺度"这一命题完全是相对主义的(Law 2003:19)或"在某种程度上是相对主义的"(Sweeney 2008:245),又有人认为普罗泰戈拉的主导观点同时具有相对性(relativity)和主观性(subjectivity)(Gillespie 1910)。还有人认为,"事实上,个体的主观感觉经验构成了每一个人判断对自身有效的真理的尺度和标准。这就是普罗泰戈拉这个命题的真正内涵。显然,这是一种主观主义、感觉主义的认识论,它的相对主义的特征是明显的"(聂敏里 2017:85)。巴赫拉米安(M. Baghramian 2004:19)则认为,普罗泰戈拉的"人是万物的尺度"这一命题"更加趋同于现代的主观主义观点,而不是相对主义"。但是,不管是把普罗泰戈拉视为相对主义者,还是主观主义者,必须注意的是,他所提出的"人是万物的尺度"命题"冲破了传统的人与神、人与自然关系思想的束缚,把人置于存在问题的中心地位,反映了人在当时已被提升到主体地位的历史趋势,正如黑格尔所说:在普罗泰戈拉那里看到了'主体是能动的,是规定者'"(赵本义 2014)。同时,"这一命题还表明,人们可以用不止一种方法来观察事物"(Sweeney 2008:245)。由此可以认为,普罗泰戈拉的"人是万物的尺度"这一命题凸显了人在观察和认识世界过程中的主体性作用,充分彰显了他的人本思想,因为人,也只有人,才是对事物进行观察和判断的主体,而客观世界中的事物则总是人进行观察和认识的客体和对象。

第三节　隐喻性空间关系构式中人的主体性

　　以上两节的讨论表明，作为尺度的人，在参与天地活动、与天地互动的过程中，是观察、感知和体验现实的主体，现实则是人这一主体进行观察和认识的客体和对象。不仅如此，人这一主体还能够根据交际的需要，将对现实的观察和认识加以语言编码。据此可以认为，在现实、人和语言三者之中，人是主体，现实是客体，语言是手段或工具。但需要注意的是，人的主体性、现实的客体性和语言的工具性并不是相互独立、相互分离的，而是相互联系、密切相关的。这就是说，现实、人和语言三者之间存在着一种相互作用的互动关系。本节将以隐喻性空间关系构式为例，讨论人在观察、体验、认识现实和表达现实过程中的主体性作用。

　　由第四章至第六章的讨论可知，隐喻性空间关系构式是人能动地运用其想象能力、识解能力和隐喻能力来理解和体验现实的结果，是人运用语言编码所识解出的隐喻性空间关系的形-义配对体。由此可知，人是识解现实、表达现实的主体，是现实和语言相联系的桥梁和纽带。这就说明，语言和现实无疑都会打上人对现实进行体验和认知加工的主体性印记。我们知道，空间关系概念是人类概念系统中的核心概念，但是，"空间关系概念并不像客观事物那样存在于客观世界之中，人们也不能像看见具体事物那样看见空间关系"（Lakoff & Johnson 1999：30）。那么，空间关系概念从何而来？我们认为，空间关系并不是存在于客观世界的自然之物，而是人对客观事物的能动观察、感知、体验并概念化的结果。这就充分说明，事物是客观存在的，但事物之间的空间关系（包括其他关系）则是人这一主体通过观察、感知、体验、识解而赋予事物的（张克定 2008，2013，2016a；

10）。空间关系既不同于客观世界中的事物，也不是客观世界中的自然存在之物，那么，空间关系必然是人之尺度、人之所为，是人通过观察、感知、体验、认知加工赋予事物的，即空间关系必然是人这一主体能动识解的结果。王寅曾经指出，"概念和意义基于感知体验，而感知体验又是基于人的身体构造（包括具有丰富想象力的大脑），因而人类能用特殊的、一贯的方法来感知客体、他人、空间，以及其间的种种关系"（王寅 2005：42）。因此，所谓"人是尺度，从字面意义上说，就是人体即方向、位置和距离的尺度"（Tuan 2001：44）。这就充分表明，人是感知、体验、认识世界的主体，往往会以自身的身体构造来认识世界，描述世界。正如约翰逊所指出那样，我们常常会运用自身的"身体-部位投射"（body-part projection）赋予事物和空间关系以意义，会把对自身的"前/后关系"的体验投射到诸如树木、石头、房屋等本无"前""后"这样的固有特征的事物之上（Johnson 2017：20），从而理解其与他物之间的空间关系。人之所以能够这样做，是因为"人类的身体可以俯卧，也可以直立，将身体直立起来就会产生上与下、前与后、左与右的概念"（Tuan 2001：6）。由此可以认为，这是作为认知主体的人以其自身的身体构造来理解和体验树木、石头之类的事物，从而赋予其"前/后"这样的空间关系概念的结果。

　　人这一主体赋予事物的空间关系可以是现实空间关系，也可以是隐喻性空间关系。描述现实空间关系的语言表达式为现实空间关系构式，描述隐喻性空间关系的语言表达式则为隐喻性空间关系构式。隐喻性空间关系，由于人这一主体所运用的认知机制不同，可以是虚构性空间位移关系、抽象性空间方位关系、甲型抽象性空间位移关系和乙型抽象性空间位移关系。因此，描述这几种隐喻性空间关系的语言表达式分别为虚构性空间位移关系构式、抽象性空间方位关系构式、甲型抽象性空间位移关系构式和乙型抽象性空间位移关系构式。

首先，我们以虚构性空间位移关系构式为例，来探讨人在识解和表达虚构性位移事件过程中的主体性作用。我们在第四章中提出，虚构性位移事件是由不可动实体的动态化机制（如图4-1所示）促动的。这一机制就是，认知主体依据其对客观世界中物质实体的感知和体验把可动实体的可动性特征赋予不可动实体的认知机制。运用这一认知机制，人这一主体可以识解出虚构性位移事件，并将其编码为虚构性空间位移关系构式。例如：

（1）The path goes up a rocky slope.
（2）A thick scar ran down her neck.
（3）公路穿过类型复杂的流动沙丘群。
（4）乌伊光缆穿越整个天山北坡经济开发区。

这四例分别为英语和汉语中的虚构性空间位移关系构式。在这四例中，the path、a thick scar、"公路"和"乌伊光缆"所指的实体均为客观世界中的不可动实体，都是不能在空间中发生实际位置变化的实体，那么，它们为什么能够被描述为发生了空间位移的实体呢？这是不可动实体的动态化机制促动的结果，是"惟人参之"的结果，是人这一主体的能动体验和主观识解使然。这就是说，人这一主体运用其认知想象能力把实体间的静态空间关系构想为动态空间位移关系，并根据其对客观世界中可动实体的体验和认知加工，采用以动述静的方式，将可动实体的可动性特征赋予the path、a thick scar、"公路"和"乌伊光缆"所指的不可动实体，从而使其能够发生视觉上的空间位置变化，进而把the path描述为发生了"走上a rocky slope"的虚构性空间位移，把a thick scar描述为发生了"跑下her neck"的虚构性空间位移，把"公路"描述为发生了"穿过类型复杂的流动沙丘群"的虚构性空间位移，把"乌伊光缆"描述为发生了"穿越整个天山北坡经济开发区"的虚构性空间位移。由此可以认为，虚构性空间位移关系构式带有人这一主体的明显印记，表明人在这种构式得以形成的过程中具有关键的主体性作用。

其次，我们来看人在识解和表达抽象性空间方位关系过程中的主体性作用。第五章提出，抽象性空间方位关系的认知机制是抽象实体的空间化机制（如图5-1所示），即认知主体依据对客观世界中空间性具体实体的观察、感知、体验和认知加工，把空间性具体实体的空间特征投射到抽象实体之上，从而使其获得某种空间特征的认知机制。在这一认知机制的作用下，人这一主体得以赋予表示情感状态或生活状态的抽象实体以三维或一维空间特征，从而运用语言将人所处的情感状态或生活状态编码为抽象性空间方位关系构式。例如：

（5）Markeis is in danger.
（6）Mrs. May is under pressure.
（7）殷家宝完全处于极度紧张之中。
（8）全国近500万人处于绝对贫困线下。

这四例分别为英语和汉语中的抽象性空间方位关系构式。在这几例中，danger、pressure、"极度紧张"和"绝对贫困线"所指的实体均为抽象实体，它们本身并不具备任何空间特征，但人这一主体能动地运用抽象实体的空间化机制，将空间性具体实体的三维或一维空间特征映射其上，使其成为三维空间实体或一维空间实体。这样，Markeis、Mrs. May、"殷家宝"和"全国近500万人"与danger、pressure、"极度紧张"和"绝对贫困线"之间的关系就得以被分别识解为抽象性空间方位关系。在例（5）和例（7）中，danger和"极度紧张"所指的抽象实体被认知主体构想为三维空间实体，因此，Markeis和"殷家宝"就可以分别被描述为处于danger和"极度紧张"之中。在例（6）和例（8）中，pressure和"绝对贫困线"所指的抽象实体则被识解为一维空间实体,这样,Mrs. May 和"全国近 500 万人"就可以被分别描述为处于 pressure 和"绝对贫困线"之下。由此可知,抽象性空间方位关系构式是人这一主体能动地运用抽象实体的空间化机制构想现实、表达现实的产物,人这一主体在体验和理解现实过程中的主体性作用,由此可见一斑。

再次,我们来看甲型抽象性空间位移关系构式所体现出的人之主体性作用。所谓甲型抽象性空间位移关系构式,就是表达甲型抽象性位移事件的形-义配对体。在第六章中,我们提出,甲型抽象性位移事件的认知机制为抽象实体的具体化和可动化机制(如图 6-1 所示),即认知主体依据对可动具体实体的感知、体验和认知加工,把可动具体实体的具体性和可动性赋予抽象实体的认知机制。在这一认知机制的作用下,抽象实体被构想为可以在某一具体/抽象实体的衬托下发生心理上的空间位置变化的实体,描述这种发生在心理上的空间位移的语言表达式即为甲型抽象性空间位移关系构式。例如:

(9) An idea flashed through his mind.
(10) The news comes out of Citrix Synergy in Barcelona.
(11) 一个想法闪过我的脑海。
(12) 这一消息来自斐济政府官员。

这四例分别为英语和汉语中的甲型抽象性空间位移关系构式,其中的 an idea、the news、"一个想法"和"这一消息"所指的实体均为抽象实体,它们均不具备具体性和可动性特征,都不能像可动具体实体那样在空间中发生实际的位置变化。它们之所以能够被描述为发生了心理上的空间位移,是抽象实体的具体化和可动化机制促动的结果,是"惟人参之"的结果,是人之所为,是人这一主体能动地运用其认知想象能力所构想出的结果。具体来讲,是人这一主体运用抽象实体的具体化和可动化机制,将可动具体实体的具体性和可动性赋予抽象实体，从而将其描述为以另一具体/抽象实体为参照而发生心理上的空间位置变化。例（9）和例（11）描述的是，an idea 和"一个想法"分别以 his mind 和"我的脑海"为参照所发生的心理上的空间位移。例（10）和例（12）描述的是，the news 和"这一消息"分别以 Citrix Synergy in Barcelona 和"斐济政府官员"为起点所发生的心理上的空间位置变化。总之，甲型抽象性空间位移关系构式所体现出的人之主体性作用是不言自明的。

最后，我们来看乙型抽象性空间位移关系构式所显示出的人之主体性作用。所谓乙型抽象性空间位移关系构式，就是表达乙型抽象性位移事件的形-义配对体。第六章提出，乙型抽象性位移事件的认知理据为抽象实体的三维空间化机制（如图6-2所示）。这一认知机制就是，人这一主体依据对客观世界中容器类具体实体的观察、感知和体验，把容器类具体实体的三维空间特征投射到抽象实体之上，从而赋予抽象实体以三维空间特征的认知机制。通常，作为主体的人可以运用这一认知机制，识解出乙型抽象性位移事件，即以被赋予了三维空间特征的抽象实体为参照实体来衬托位移主体发生心理上的空间位置变化的位移事件。人这一主体用以描述这种乙型抽象性位移事件的语言表达式即为乙型抽象性空间位移关系构式，这种构式可以是描述作为位移主体的具体实体移入作为参照实体的抽象实体的抽象空间范围之中的构式，也可以是描述作为位移主体的具体实体从作为参照实体的抽象实体的抽象空间范围中移出的构式。例如：

（13）That night, Maico's father went into a rage.
（14）一见雪莉，杰克立刻坠入了情网。
（15）One of us fell out of love.
（16）他们终于走出了困境。

这四例为英汉语乙型抽象性空间位移关系构式。例（13）和例

（14）描述的是，位移主体Maico's father和"杰克"分别以a rage和"情网"所指的抽象实体为终点参照实体而移入其中。例（15）和例（16）描述的是，位移主体one of us和"他们"分别以love和"困境"所指的抽象实体为起点参照实体而移出其外。显而易见的是，在这几例中，a rage、"情网"、love和"困境"所指的实体均为抽象实体，它们本身均没有任何空间特征，它们之所以能够用作衬托位移主体发生心理上的空间位置变化的参照实体，是人这一认知主体运用抽象实体的三维空间化机制，赋予其三维空间特征的结果，简而言之，是人之所为，是人之主体性作用使然。

上述表明，隐喻性空间关系构式带有明显的人之主体性印记，体现出了人这一主体在感知体验现实、表达现实的过程中所具有的主体性作用。由此可以认为，隐喻性空间关系构式是人之尺度的结果，是惟人参之的结果。这与兰艾克所说的人之识解能力也是一致的。作为主体的人不仅能够以不同的方式来构想同一情景，而且能够以不同的方式来描述同一情景。据此可以进一步认为，人这一主体不仅能够以不同的方式来构想和描述同一现实情景，而且能够以不同的方式来构想和描述同一隐喻性情景。总之，在现实、人和语言三者之中，人既是观察、感知、体验、识解现实的主体，也是运用语言表达现实的主体，因此，人之主体性作用是毋容置疑的。

第四节 隐喻性空间关系构式中现实、人和语言的互动性

上一节的讨论表明，在现实、人和语言三者之中，人显然具有不言而喻的主体性作用。但需要注意的是，现实并不是任由人这一主体随意感知、体验、识解的客体，语言也不是任由人这一主体随意使用的手段和工具，因为现实和语言均具有各自的性质和特征，它们常常

会反作用于人，对人的观察、体验、理解和表达产生一定的影响，施加一定的制约和限制。正如约翰逊所指出的那样，人类并不仅仅是旁观者，我们既在世界之中，又是世界的一部分（we are in and of the world），而且总是在世界之中持续不断地活动着，我们通过在周围世界中的活动和事物的活动，与世界建立联系，而不是与世界相分离。因此，内在/外在，心智/世界，主体/客体这些概念都来自于我们的感知体验和抽象概括（Johnson 2017：213，2018：40）。这与我们中国文化中的天人合一思想是一致的。人是世界的有机组成部分，是处于世界之内而不是处于世界之外，是以主客交融的方式而不是以主客绝对对立的方式，参与世界活动，与世界互动。据此可以认为，在现实、人和语言三者之中，人具有主体性作用，但人的主体性不是绝对的，而是相对的，因为人并不能随心所欲地感知体验现实，也不能随心所欲地使用语言来表达现实，而要受到来自现实和语言的限制和制约，即现实和语言往往会反作用于人这一主体，所以，现实、人和语言三者之间是一种相互作用、相互制约的互动关系。

因此，我们不仅要注意到，隐喻性空间关系构式带有明显的人之主体性印记，我们还应该注意到，人这一主体在感知体验现实、表达现实的过程中，也会受到现实和语言的限制和制约。首先来看现实对人的限制和制约。第四章提出，人可以运用不可动实体的动态化机制将可动实体的可动性特征赋予不可动实体，从而识解出虚构性位移事件，但是，这一认知机制的实现要受到现实的限制和制约，就是要受到现实中不可动实体本身的结构形状的限制。因此，能够由这一机制赋予可动性特征的不可动实体必须是空间上可以延伸的线性实体，即只有空间上可以延伸的线性不可动实体，才可以由人这一主体赋予可动性特征。这就是说，人这一主体在运用不可动实体的动态化机制时，要基于不可动实体自身的结构形状，要满足不可动实体的空间上可延伸线性条件。例如：

（17） The road runs from one suburb to another.

（18）青藏铁路穿过她家400亩的牧场。

（19） A white scar ran from the corner of his right eye to the lobe of his ear.

（20）那条深红色的疤痕从他额头中部起穿过左边的眉骨。

在例（17）和例（18）中，the road 和"青藏铁路"所指的实体显然均属于空间上可以延伸的线性不可动实体，因此，都可以由人这一主体将可动实体的可动性特征投射其上，从而使其可以在视觉上发生空间位移。然而，scar 和"疤痕"所指的实体往往会有各种各样的结构形状。但在例（19）中，a white scar 所指的实体必须是一个长形的线性 scar，否则就不能由人这一主体赋予可动性特征而从 the corner of his right eye 跑到 the lobe of his ear。同样，在例（20）中，"那条深红色的疤痕"也必须是一个长形的线性疤痕，否则也不能由人这一主体赋予可动性特征而以"他额头中部"为起点而穿过"左边的眉骨"。再如：

（21） The lake runs between the golf course and the train tracks. （Matlock 2006：68）

（22） The lake ran through Loves Park.

在例（21）和例（22）中，the lake 所指的实体肯定不是一个圆形或方形的湖，而必须是一个长条形的湖，否则，可动实体的可动性特征就不能投射其上，就不能由人这一主体将其描述为在参照实体 the golf course 和 the train tracks 之间跑动，也不能将其描述为从参照实体 Loves Park 中跑过。这就是说，如果 the lake 所指的实体是一个圆形或方形的湖，那么，人这一主体就只能将其与参照实体 the golf course 和 the train tracks 在空间上的关系识解为静态空间方位关系，就只能用例（23）所示的空间方位关系构式加以描述，人这一主体也就只能将其与参照实体Loves Park的空间关系识解为静态空间方位关系，而且也只能用例（24）这一空间方位关系构式加以描述。

（23）The lake is between the golf course and the train tracks.
（24）The lake was in Loves Park.

这就表明，只有满足了空间上可延伸线性条件的不可动实体，人这一主体才能赋予其可动性特征，才能将其识解为可以在视觉上发生空间位移的实体。现实对人这一主体的限制与制约由此可见一斑。

同样，人这一主体在构想和描述其他隐喻性空间关系时也要受到现实的限制与制约。在构想和描述抽象性空间方位关系的过程中，人这一主体并不能运用抽象实体的空间化机制赋予任一抽象实体以空间性特征，而只能将空间性具体实体的空间特征映射到那些表示人的情感、情绪或生活之状态的抽象实体之上（详见第五章）。在运用抽象实体的具体化和可动化机制构想和描述甲型抽象性位移事件时，人这一主体并不能将可动具体实体的具体性和可动性特征投射到任一抽象实体之上，而只能赋予"想法"类和"消息"类抽象实体以具体性和可动性特征。人这一主体在运用抽象实体的三维空间化机制构想和描述乙型抽象性位移事件时，也不能随心所欲地将容器类具体实体的三维空间特征赋予任一抽象实体，而只能赋予那些表示人的情感状态、心理状态或生活状态的抽象实体以三维空间特征（详见第六章）。由此可知，在构想和描述抽象性空间方位关系、甲型抽象性空间位移关系、乙型抽象性空间位移关系这几种隐喻性空间关系的过程中，人虽然起着非常重要的主体性作用，但也会受到现实的限制与制约。

再来看语言对人这一主体的限制和制约。扬·索克尔（2018：34-35）指出，"语言使我们能够以某种方式表达我们所看到的东西"，然而，"我们对世界的看法会受到语言和语言规则的束缚"。我们可以进一步说，语言不仅使我们能够以某种方式表达我们所看到的东西，而且使我们能够以某种方式表达我们所构想出来的东西；但是，语言由于其自身的系统和规则又使我们在表达所看到的东西和所构想出来的东西时受到一定的束缚和限制。就我们用以表达所构想出的隐喻性空间关系的隐喻性空间关系构式而言，无论是在英语中，还是在汉语中，隐喻性空间关系构式都应为小句性构式，即包括施事/客事、谓词和处所这三个必备成分的小句性构式，这是隐喻性空间关系构式的完句性所要求的（详见第二章第六节）。下面分别以虚构性空间位移关系构式、抽象性空间方位关系构式、甲型抽象性空间位移关系构式和乙型抽象性空间位移关系构式为例，讨论语言对人这一主体的限制和制约。

第一，虚构性空间位移关系构式必须包括塔尔密所说的位移事件四要素：位移主体、参照实体、位移和路径。例如：

（25）The road ran over the tops of hills.
（26）The fence went into the graveyard.
（27）延河蜿蜒于山间。
（28）黄河从兰州市区穿越而过。

在例（25）和例（26）这两个英语虚构性空间位移关系构式中，作为位移主体的施事分别为 the road 和 the fence 所指的不可动实体，作为处所的参照实体分别为 the tops of hills 和 the graveyard 所指的实体，表示位移的谓词分别为位移动词 ran 和 went，路径则分别由动态空间介词 over 和 into 表示。在例（27）和例（28）这两个汉语虚构性空间位移关系构式中，"延河"和"黄河"所指的不可动实体为位移主体，充当施事，"山"和"兰州市区"所指的实体为参照实体，充当处所，表示位移的谓词由位移动词"蜿蜒"和"穿越"体现，路径由介词"于"和"从"体现。从中可以看出，虚构性空间位移关系构式必须包括位移事件中的所有四个要素，否则，就不能构成可以接受的语言表达式。如果把例（25）—（28）中作为处所的参照实体 the tops of hills、the graveyard、"山"和"兰州市区"略去的话,这几例就会是不可接受的。与此不同的是,在很多情况下,现实空间位移关系构式可以只包括位移主体和位移两个要素而依然成立。譬如,例(29)若略去参照实体the garden和表示路径的空间介词to,仍然是一个如例(30)所示的可以接受的构式。

(29) The little boy is running to the garden.
(30) The little boy is running.

第二,作为一种完句性构式,抽象性空间方位关系构式在英汉语中都要包含客事、谓词和处所这三个必备成分,缺一不可。另外,抽象性空间方位关系构式描述的是人这一主体所构想出的一个具体实体和一个抽象实体之间的抽象性方位关系,因此,这种构式对可以进入其中表示具体实体和抽象实体之抽象方位关系的介词和方位词有着明确的限制。在英语中,能够用于抽象性空间方位关系构式的介词必须是表示三维或一维空间义的静态空间介词,如例(31)和例(32)中的in和under所示;在汉语中,能够用于抽象性空间方位关系构式的方位词必须是表示三维或一维空间义的空间后置词,如例(33)和例(34)中的"之中"和"上"所示。

(31) Her dying daughter is in pain.
(32) President Obama is under pressure.
(33)[清晨,院子里静静的,]住宿的客人仍在梦乡之中。
(34) 14万农民尚在温饱线上。

第三,英语和汉语对甲型抽象性空间位移关系构式和乙型抽象性空间位移关系构式均有完句性要求,即英汉语均要求甲型抽象性空间位移关系构式和乙型抽象性空间位移关系构式都要由施事、谓词和处所这三个必备成分构成,缺一不可。就甲型抽象性空间位移关系构式而言，其结构形式在英语中为 N_A V_M P · N_C/A，在汉语中为 N_A V_M · V_D N_C/A。从中可以看出，在甲型抽象性空间位移关系构式中，英语用以编码路径的是介词，汉语用以编码路径的是趋向动词。然而，并不是任何介词都可以用于编码英语甲型抽象性空间位移关系构式中的路径，也不是任何趋向动词都可以用于编码汉语甲型抽象性空间位移关系构式中的路径。这就是说，英汉语甲型抽象性空间位移关系构式对路径编码是有限制条件的。在英语甲型抽象性空间位移关系构式中，能够进入其中编码路径的介词必须是表示移动方向的动态空间介词。譬如，例（35）中的 from 为表示位移主体移动之起点的动态空间介词，例（36）中的 onto 为表示位移主体移动之终点的动态空间介词，例（37）中的 through 为位移主体移动之整个路径的动态空间介词。

（35）The news comes *from* a participant of the Valdai discussion club.

（36）Every idea goes *onto* the compost heap.

（37）The thought flashed *through* Bandar's mind.

在汉语甲型抽象性空间位移关系构式中，能够进入其中编码路径的趋向动词必须是表示趋向意义的简单趋向动词。譬如，例（38）—（40）中的"到""进""入"均为表示位移主体移动之终点的简单趋向动词，例（41）中的"过"则为表示位移主体移动之经过点的简单趋向动词。

（38）80年代初期，中国实行改革开放的消息传**到**世界各地。

（39）消息传**进**城里，东兴钱庄上下顿时乱了套。

（40）蓦然一个想法冲**入**她的脑中。

（41）一个念头闪**过**他的大脑。

乙型抽象性空间位移关系构式在英汉语中都有完句性要求，都要包含施事、谓词和处所这三个必备成分，其结构形式在英语中是 Nc VM P·NA，在汉语中是 NC VM·VD NA，这就是英汉语乙型抽象性空间位移关系构式的三成分必备性条件，若这一条件不能得到满足，乙型抽象性空间位移关系构式就无法构成。此外，在乙型抽象性空间位移关系构式中，英语和汉语分别使用空间介词和趋向动词来编码路径，但是，英语对能够进入其中编码路径的空间介词是有限制条件的，汉语对能够进入其中编码路径的趋向动词也是有限制条件的。英语乙型抽象性空间位移关系构式要求编码路径的空间介词必须是表示移入或移出三维空间的动态空间介词。譬如，例（42）中的 into 即为标示位移主体移入 a rage 这一三维抽象空间的动态空间介词，例（43）中的 out of 则为标示位移主体从 the coma 这一三维抽象空间中移出的动态空间介词。同样，汉语乙型抽象性空间位移关系构式要求编码路径的趋向动词必须是表示移入或移出三维空间的简单趋向动词，即具有"从外到里"或"从里到外"之义的简单趋向动词。在例（44）中，"入"是一个有"从外到里"之义的简单趋向动词，标示的是位移主体移入"情网"这一三维抽象空间之中；在例（45）中，"出"是一个有"从里到外"之义的简单趋向动词，标示的是位移主体移出"困境"这一三维抽象空间之外。

（42）One day, I made a mistake, and Dr. Blalock flew *into* a rage.

（43）O'Brien came *out of* the coma.

（44）原来他的小公主坠入情网了。

（45）他一次次地走出了困境［，他觉得，这种能力是靠自己磨练出来的］。

上述表明，在现实、人和语言三者之中，人在体验、理解现实和表达现实时虽然具有能动的主体性作用，但并非毫无限制。人可以作用于现实和语言，但现实和语言也可以反作用于人。现实和语言均有其自身的特性，对人的体验、理解和表达均会产生一定的影响，形成一定的限制条件。换言之，人这一主体对现实的体验、理解和表达并不能完全随心所欲，而要遵从现实的特性和语言结构的特性与规律。由此可以认为，人与现实和语言三者之间是一种作用与反作用的互动关系，人的主体性、现实的客体性和语言的工具性，都不是绝对的，而是相对的。

第五节　小结

由第一节和第二节的讨论可知，刘勰"惟人参之"之说体现了中华民族的天人合一思想，强调了人在与天地互动中的价值和作用，同时也凸显了人参与天地活动的主体性；普罗泰戈拉"人是万物的尺度"之命题突出了人在观察和认识世界过程中的主体性作用，充分彰显了他的人本思想。第三节的讨论表明，隐喻性空间关系构式带有明显的人之印记，体现了人的主体性作用，因此，可以说，隐喻性空间关系构式是惟人参之的结果，是人之尺度的体现。第四节的讨论则表明，人在体验和表达隐喻性空间关系的过程中并不能随意地发挥其主体性作用，而常常会受到来自现实和语言的限制和制约。据此可以认为，现实、人和语言三者之间应该是一种相互作用的互动关系，这可以总结为图7-1。

现实 ⟷ 人 ⟷ 语言

图7-1　现实、人和语言的互动关系

图7-1表明，现实和语言并不能直接相联系，而要通过人这一

主体相联系，即只有在人这一主体的能动作用下，现实和语言才能产生联系，这样，现实、人和语言三者之间就形成一种相互作用的互动关系，如双向箭头所示。在这种互动关系中，现实、人和语言扮演着不同的角色，起着各自的作用，其中，人是主体，现实是客体，语言是工具。具而言之，人是观察、感知、体验、理解、表达现实的主体，现实是人这一主体观察、感知、体验和理解的客体和对象，语言是人这一主体用以表达现实的手段和工具；但是，人的主体性、现实的客体性和语言的工具性都不是绝对的，而是相对的。人虽为主体，也不能随心所欲地感知、体验和识解现实，也不能想怎么使用语言就怎么使用语言来表达现实；现实虽为客体，也会因其自身的特性而反作用于人这一主体，对人的体验和识解产生一定的制约和限制；语言虽为工具，同样也会因其自身的结构特性和规律而反作用于人这一主体，对人的表达产生一定的制约和限制。

就隐喻性空间关系构式而言，人的主体性是显而易见的，现实和语言对人的反作用也是显而易见的，人与现实和语言三者之间的互动性更是显而易见的。在隐喻性空间关系构式中，人的主体性在于，人可以运用想象能力和隐喻能力，构想出虚构性位移事件、抽象性空间方位关系、抽象性位移事件，并运用语言加以编码而表达出来。人和现实之间的互动性在于，人虽然可以发挥其主体性作用，构想出隐喻性空间关系，但现实中不可动实体的结构形状、抽象实体的类型和性质等则会反作用于人这一主体，会对人的体验和识解产生一定的限制和制约。同样，人和语言之间也有互动性，人对语言的使用虽有其主体性作用，但语言也会反作用于人这一主体，即语言结构的特性和规律也会影响和制约人的表达方式；无论是在英语中还是在汉语中，人这一主体所能够选择使用的隐喻性空间关系构式都必须是完句性构式，而且对能够进入其中表达路径的词语，如英语中的介词和汉语中的趋向动词，也是有限制条件的。这就充分说明，隐喻性空间关系构式既有人的主体性印记，又有现实和语言对人的反作用印记，更有人与现实和语言的互动性印记。总之，隐喻性空间关系构式并不是人这一主体与现实这一客体两者相互作用的结果，也不是人这一主体和语言这一工具两者相互作用的结果，而是人这一主体、现实这一客体和语言这一工具三者相互作用的结果。

第八章 结束语

> 语言不是对实在的描述,
> 而是源于实在的一种设置,
> 使我们能描述可能的世界。
> ——陈嘉映/《从感觉开始》

至此,本研究已基本完成了预定任务,实现了预定目标。隐喻性空间关系构式,从本质上讲,与人这一认知主体的认知想象能力、隐喻能力、识解能力和语言编码方式密切相关,与人这一认知主体所构想出的隐喻性空间关系也密不可分。隐喻性空间关系,就是认知主体所构想出的虚构性位移事件、抽象性空间方位关系、甲型抽象性位移事件和乙型抽象性位移事件中两个相关实体之间的一种视觉上或心理上的空间关系。按照认知语言学关于构式为形-义配对体的观点,人这一认知主体用以描述虚构性位移事件、抽象性空间方位关系、甲型抽象性位移事件和乙型抽象性位移事件的语言表达式,分别叫作虚构性空间位移关系构式、抽象性空间方位关系构式、甲型抽象性空间位移关系构式和乙型抽象性空间位移关系构式。对英汉语实例的分析和探讨表明,这几种隐喻性空间关系构式的构成在英语和汉语中既有共性,也有个性。本章将简要总结本研究的主要内容和观点,并提出本研究可能存在的不足和有待开展的进一步探索。

第一节　主要内容和观点总结

第一，要探讨隐喻性空间关系构式，就有必要先厘清什么是隐喻性空间关系。故此，我们从空间关系入手，区分了现实空间关系和隐喻性空间关系。我们认为，空间关系并不是我们周围世界中的客观存在之物，而是人这一认知主体对客观事物的能动观察、体验、认识并概念化的结果，是人这一认知主体通过观察、感知、体验和识解赋予事物的。在空间关系中，事物是人进行观察、感知、体验和认知加工的对象和客体，而人才是赋予事物以空间关系的关键和主体。因此，无论是现实空间关系，还是隐喻性空间关系，无不打上人这一认知主体能动识解的主观烙印。事物间的空间关系具有相对性、客观性和主观性。空间关系的相对性是指，一事物在空间中的位置或在空间中的位置变化总是相对于另一事物而言的。空间关系的客观性是指，人这一认知主体所识解出的空间关系必须基于客观世界中存在的、在空间上相关的两个或两个以上的事物。空间关系的主观性是指，任何空间关系都取决于人这一认知主体对客观世界的观察、体验和认知加工，都是人这一认知主体所做出的主观判断和主观识解。

空间关系有现实空间关系和隐喻性空间关系之分。现实空间关系是人这一认知主体基于客观现实所识解出的事物之间的实际空间关系，而不涉及任何认知隐喻机制。隐喻性空间关系则是人这一认知主体运用某种认知隐喻机制所构想出的视觉上或心理上的空间关系。人这一认知主体不仅能够识解出现实空间关系和隐喻性空间关系，而且能够运用语言对其加以编码。人这一认知主体用以编码现实空间关系的语言表达式叫作现实空间关系构式，用以编码隐喻性空间关系的语言表达式叫作隐喻性空间关系构式。现实空间关系构式是表示两个或两个以上事物之间的实际空间关系的形-义配对体。隐喻性空间关系构式则是由某种认知机制促动的,表示两个或两个以上事物之间的隐喻性空间关系的形-义配对体。

第二,任何研究,都要有其理论基础和理论取向,都要在一定的理论指导下进行。本研究就是以认知语言学中的相关理论观点为基础,在认知语言学理论的总体框架内,展开对隐喻性空间关系构式的系统深入研究。因此,我们简要概述了莱文森等的空间参照框架理论、塔尔密的图形-背景关系理论、兰艾克的识解理论、莱考夫等的概念隐喻理论和葛德伯格等的(认知)构式语法、兰艾克的认知语法、克罗夫特的激进构式语法中的构式理论。根据对以上理论的梳理,我们提出,隐喻性空间关系构式属于1+1>2的增效构式,具有部分组构性特质。作为一种增效构式,隐喻性空间关系构式的意义,不仅要包括其构成成分的意义和构成成分的组合方式,而且还要包含认知主体对情景的感知、体验、识解、认知加工、凸显、概念化、语境信息等许多语言之外的资源信息。我们据此认为,隐喻性空间关系构式的构成成分及其组合方式只为其提供了部分意义,其整体意义还需要语言外意义的加盟。

第三,隐喻性空间关系构式包括虚构性空间位移关系构式、抽象性空间方位关系构式、甲型抽象性空间位移关系构式和乙型抽象性空间位移关系构式,这几种构式分别是对虚构性位移事件、抽象性空间方位关系、甲型抽象性位移事件和乙型抽象性位移事件的语言编码。因此,要探讨隐喻性空间关系构式,就有必要先弄清楚虚构性位移事件、抽象性空间方位关系、甲型抽象性位移事件和乙型抽象性位移事件的性质,找出它们的认知机制和限制条件。为此,我们首先从位移事件入手,区分了现实位移事件和隐喻性位移事件,探讨了这两类位移事件的客观性和主观性。所谓位移事件,就是位移主体在一定的时空框架中,以参照实体为衬托,沿着一定的路径,从起点移动到终点的运动过程。在位移事件中，如果位移主体在时空框架中以参照实体为衬托而发生实际的空间位移，即为现实位移事件，如果人这一认知主体以对现实位移事件的感知和体验，运用一定的认知机制而构想出视觉上或心理上的空间位移，则为隐喻性位移事件。具体来讲，现实位移事件是可动物质实体在时空框架中发生实际的空间位置变化的位移事件；隐喻性位移事件则是人这一认知主体运用其认知想象能力和识解能力，能动地运用一定的认知机制所构想出的发生在视觉上或心理上的位移事件。根据隐喻性位移事件所涉及的位移主体和参照实体的不同性质，我们把隐喻性位移事件分为虚构性位移事件和抽象性位移事件。虚构性位移事件是人这一认知主体运用其认知想象能力把可动实体的可动性赋予不可动实体，并将其构想为以参照实体为衬托而发生在视觉上的空间位置变化的位移事件。抽象性位移事件有两种：一种是甲型抽象性位移事件，即位移主体为抽象实体、参照实体为具体/抽象实体的位移事件；另一种是乙型抽象性位移事件，即位移主体为具体实体、参照实体为抽象实体的位移事件。这两种抽象性位移事件都是位移主体以参照实体为衬托而发生在心理上的空间位移事件。

　　现实位移事件和隐喻性位移事件，都与人这一认知主体的观察、体验和识解密切相关，都是人这一认知主体对特定现象概念化的结果。根据哲学和语言学关于主观性和客观性的观点，我们认为，现实位移事件和隐喻性位移事件所呈现出的主观性和客观性，虽然不涉及人这一认知主体的态度、感觉、情感或观点以及说话人和听话人之间的交互主观性，但依然离不开人这一认知主体的观察视角和识解方式，也就不可避免地带有人这一认知主体的自我印记。鉴于主观性和客观性所具有的相对性和程度性特征，现实位移事件和隐喻性位移事件呈现出强弱不同的主观性和客观性特征，两者构成主-客观相对性连续体。我们据此认为，现实位移事件属于强客观性弱主观性的位移事件，隐喻性位移事件则属于强主观性弱客观性的位移事件。

其次，我们还讨论了另一种隐喻性空间关系，即抽象性空间方位关系。抽象性空间方位关系不同于现实空间方位关系。现实空间方位关系是两个物质实体在空间中的实际方位关系；抽象性空间方位关系则是一个物质实体和一个抽象实体在心理上的隐喻性方位关系。同虚构性位移事件和抽象性位移事件一样，抽象性空间方位关系也是人这一认知主体依据对现实空间方位关系的感知和体验所能动识解出来的隐喻性空间关系，也带有人这一认知主体能动的主观识解之印记，因此，也具有强主观性弱客观性特质。

隐喻性位移事件有虚构性位移事件和抽象性位移事件之分。所谓虚构性位移事件，就是人这一认知主体将某一静态情景中的不可动实体构想为可动实体、并以参照实体为衬托而发生在视觉上的空间位置变化的位移事件。我们提出，虚构性位移事件的认知理据是不可动实体的动态化机制，即人这一认知主体依据对可动实体的感知和体验，把可动实体的可动性特征映射到不可动实体之上的认知机制。这一认知机制通常要受到不可动实体的空间上可延伸线性条件的限制。这就是说，只有具有相当长度的不可动线性实体，才能由不可动实体的动态化机制赋予可动性特征而被构想为可动实体。作为一种隐喻机制，不可动实体的动态化机制是以可动实体来理解和体验不可动实体的。在这一隐喻机制中，从可动实体这一源域到不可动实体这一目标域的映射具有单向性、局部性和隐含性特征。

所谓抽象性位移事件，就是人这一认知主体依据对现实位移事件的感知和体验，运用其认知想象能力和识解能力所构想出的发生在心理上的位移事件。根据抽象性位移事件中位移主体和参照实体所具有的性质，抽象性位移事件分为甲型抽象性位移事件和乙型抽象性位移事件两种。所谓甲型抽象性位移事件，就是位移主体为抽象实体、参照实体为具体/抽象实体的抽象性位移事件；所谓乙型抽象性位移事件，就是位移主体为具体实体、参照实体为抽象实体的抽象性位移事件。这两种抽象性位移事件都是有认知理据的，都是由一定的认知机制促动的，前者的认知理据为抽象实体的具体化和可动化机制，后者的认知理据为抽象实体的三维空间化机制。根据概念隐喻理论，抽象实体的具体化和可动化机制与抽象实体的三维空间化机制都属于隐喻机制，都是以具体实体来体验和理解抽象实体。抽象实体的具体化和可动化机制是以可动具体实体为源域来体验和理解作为目标域的抽象实体，把可动具体实体这一源域的具体性和可动性赋予抽象实体这一目标域，从而使其以具体/抽象实体为参照而发生心理上的空间位置变化。抽象实体的三维空间化机制是以容器类具体实体为源域来体验和理解作为目标域的抽象实体，将容器类具体实体的三维空间性赋予抽象实体这一目标域，从而使其能够作为参照实体来衬托位移主体发生心理上的空间位置变化。作为隐喻机制，抽象实体的具体化和可动化机制与抽象实体的三维空间化机制均具有单向性、局部性和隐含性特征，而且都有各自的限制条件。

所谓抽象性空间方位关系，就是一个物质实体和一个抽象实体在抽象空间中的隐喻性空间关系。作为一种隐喻性空间关系，抽象性空间方位关系是由抽象实体的空间化机制促动的。所谓抽象实体的空间化机制，就是人这一认知主体依据对客观世界中空间性具体实体的观察、感知、体验和认知加工，把空间性具体实体的空间特征映射到抽象实体之上，从而使其获得某种空间特征的认知机制。正是在这一机制的作用下，被赋予了空间特征的抽象实体才得以成为确定目的物实体之空间位置的参照实体。在本质上，抽象实体的空间化机制是一种以空间性具体实体来体验和理解抽象实体的隐喻机制，所以，这一机制中从空间性具体实体到抽象实体的映射也具有单向性、局部性和隐含性特征。抽象实体的空间化机制的运用是有条件限制的，也就是说，并不是任何抽象实体都可以由这一机制赋予空间性特征。我们所收集到的英汉语语料显示，能够在抽象实体的空间化机制的作用下被赋予空间特征的抽象实体通常是那些表示人的情感状态、情绪状态或生活状态的抽象实体。

第四，作为认知主体的人，不仅能够运用其想象能力、隐喻能力、识解能力等认知能力，能动地运用认知隐喻机制构想出各种隐喻性空间关系，而且能够运用语言将其编码为隐喻性空间关系构式。用以编码虚构性位移事件的语言表达式叫作虚构性空间位移关系构式，即描述不可动实体这一位移主体以参照实体为衬托而发生视觉上的空间位移的形-义配对体。在英语和汉语中，虚构性空间位移关系构式均由施事、谓词和处所这三个必备成分构成，其构成要取决于一个认知机制和三个限制条件，即不可动实体的动态化机制、施事X所指实体的空间上可延伸线性条件、谓词V_M的持续线性位移条件和处所Y所指实体的必备性条件。不可动实体的动态化机制是关键，是虚构性空间位移关系构式得以构成的前提，只有在不可动实体被赋予可动性特征的前提下，人这一认知主体才能采用以动述静的方式，运用虚构性空间位移关系构式来描述不可动实体这一位移主体在参照实体的衬托下发生视觉上的空间位移。虚构性空间位移关系构式的构成需要同时满足施事X所指实体的空间上可延伸线性条件、谓词V_M的持续线性位移条件和处所Y所指实体的必备性条件。这就是说，只有在这三个条件同时得到满足的情况下，才能构成形式上和意义上均合格且可以接受的虚构性空间位移关系构式。

在英语和汉语中，虚构性空间位移关系构式都要包含一个位移主体（即不可动实体）和至少一个参照实体，描述的都是作为位移主体的不可动实体在参照实体的衬托下发生在视觉上的空间位移。按照塔尔密的图形-背景关系理论，这两个实体分别具有图形和背景的本质特征和联想特征，两者之间构成图形-背景关系。从本质上讲，虚构性空间位移关系构式是一种隐喻性空间关系构式，因此，这种构式中的位移主体与参照实体之间的图形-背景关系即为一种虚构性图形-

背景关系。在这种虚构性图形-背景关系中，作为位移主体的不可动实体为图形，参照实体为背景，作为背景的参照实体可以是衬托图形发生视觉上的空间位移的起点、终点或整个路径。

在虚构性空间位移关系构式中，背景所标示的起点、终点或整个路径与人这一认知主体所采用的注意力视窗化方式密切相关。在编码虚构性位移事件所激活的"起点-路径-终点"意象图式时，人这一认知主体可以采用最大视窗化方式，也可以采用局部视窗化方式。人这一认知主体如果采用最大视窗化方式，位移主体和整个路径之间的动态空间位移关系就得以凸显；如果采用局部视窗化方式，则位移主体与起点/终点这样的局部路径之间的动态空间位移关系就得以凸显。

用以编码甲型抽象性位移事件和乙型抽象性位移事件的语言表达式，分别叫作甲型抽象性空间位移关系构式和乙型抽象性空间位移关系构式。甲型抽象性空间位移关系构式是描述甲型抽象性位移事件的形-义配对体，乙型抽象性空间位移关系构式是描述乙型抽象性位移事件的形-义配对体。英汉语甲型抽象性空间位移关系构式都必须包含施事、谓词和处所这三个必备成分，缺一不可。在这三个成分中，施事成分为位移主体，在英汉语中都由指称抽象实体的抽象名词短语体现，但英汉语对谓词和处所这两个成分的编码方式不同。在英语中，谓词成分体现为位移动词，处所成分体现为介词和指称参照实体的具体/抽象名词短语所构成的介词短语；在汉语中，谓词成分体现为位移动词和趋向动词所构成的动趋短语，处所成分则体现为指称参照实体的具体/抽象名词短语。因此，英语甲型抽象性空间位移关系构式的结构形式就是 N_A V_M P · $N_{C/A}$，汉语甲型抽象性空间位移关系构式的结构形式则是 N_A V_M · V_D $N_{C/A}$。英汉语甲型抽象性位移关系构式对路径的编码分别有着各自的限制条件。英语甲型抽象性空间位移关系构式要求，用以编码路径的空间介词必须是表示移动方向的动态空间介词；而汉语甲型抽象性空间位移关系构式则要求，用以编码路径的趋向动词必须是表示趋向意义的简单趋向动词。

在英语和汉语中,乙型抽象性空间位移关系构式也都必须由施事、谓词和处所这三个必备成分构成,缺一不可。在这三个成分中,施事成分即位移主体,在英汉语中都体现为指称具体实体的具体名词短语,但英汉语对谓词和处所这两个成分的编码方式不同。在英语中,谓词成分由位移动词体现,处所成分由介词和指称参照实体的抽象名词短语所构成的介词短语体现;而在汉语中,谓词成分体现为由位移动词和趋向动词所构成的动趋短语,处所成分体现为指称参照实体的抽象名词短语。这样,在英语中,乙型抽象性空间位移关系构式的结构形式就是 $N_C\ V_M\ P\cdot N_A$;在汉语中,乙型抽象性空间位移关系构式的结构形式则是 $N_C\ V_M\cdot V_D\ N_A$。另外,英汉语乙型抽象性位移关系构式对路径的编码都是有限制条件的。英语乙型抽象性空间位移关系构式要求,能够进入处所成分编码路径的空间介词应为表示移入或移出三维空间的动态空间介词,即表示位移主体移动到达之终点或移动开始之起点的动态空间介词。汉语乙型抽象性空间位移关系构式则要求,能够进入谓词成分编码路径的趋向动词应为表示"从外到里"或"从里到外"的简单趋向动词,即表示位移主体移动到达之终点或移动开始之起点的简单趋向动词。

在英语和汉语中,甲型和乙型抽象性空间位移关系构式对路径的凸显都与塔尔密所说的注意力视窗化密切相关,若采用最大视窗化方式,就是对路径的整体凸显,若采用局部视窗化方式,则是对路径的局部凸显。在英汉语甲型抽象性空间位移关系构式中,当人这一认知主体选择使用最大视窗化方式时,位移主体与整个路径之间的抽象性动态空间位移关系就得以凸显;当人这一认知主体采用局部视窗化方式时,位移主体与局部路径(即起点或终点)之间的抽象性动态空间位移关系就得以凸显。在英汉语乙型抽象性空间位移关系构式中,人这一认知主体通常仅采取局部视窗化方式,将局部路径(即起点或终点）加以凸显。换言之，在英汉语乙型抽象性空间位移关系构式中，人这一认知主体所凸显的只是局部路径。这里有两种情况，一是人这一认知主体采用局部视窗化方式来凸显位移主体与起点这一局部路径之间的抽象性动态空间位移关系，二是人这一认知主体采用局部视窗化方式来凸显位移主体与终点这一局部路径之间的抽象性动态空间位移关系。

用以编码抽象性空间方位关系的语言表达式即为抽象性空间方位关系构式。从本质上讲，抽象性空间方位关系构式也是一种隐喻性空间关系构式，这是由人这一认知主体所使用的抽象实体的空间化机制决定的。英汉语抽象性空间方位关系构式均有着各自的结构特征与限制条件。在英语和汉语中，抽象性空间方位关系构式都要包括客事、谓词和处所这样三个必备成分，缺少任一成分，都无法构成合格的、可接受的抽象性空间方位关系构式。这种构式在英汉语中的差异表现在处所成分的编码方式上，通常，英语采用空间介词+抽象名词性短语的方式来编码处所成分，汉语则采用抽象名词性短语+空间后置词的方式来编码处所成分。抽象性空间方位关系构式所涉及的具体实体和抽象实体之间可形成图形-背景关系，其中前者为图形，后者为背景。本身没有空间特征的抽象实体之所以能够作为背景来确定作为图形的具体实体的空间位置，是抽象实体的空间化机制使然。这就是说，抽象实体只有在抽象实体的空间化机制的作用下被赋予空间特征时，方可具备充当背景的资格。我们据此认为，在抽象性空间方位关系构式中，具体实体和抽象实体之间的图形-背景关系本质上是一种隐喻性图形-背景关系。

第五，上述表明，隐喻性空间关系与隐喻性空间关系构式都带有明显的人之主观性印记。但是，人这一认知主体在识解和表达隐喻性空间关系的过程中，并不能随心所欲地进行体验、识解和表达，而要遵从现实和语言的特性和规律。这就是说，现实、人和语言三者并不是相互独立的，而是相互关联、相互作用的。在国内认知语言学界，

"惟人参之"和"人是万物的尺度"经常被引用,但疏于深究。为此,我们简要梳理讨论了刘勰的"惟人参之"之说和普罗泰戈拉"人是万物的尺度"之命题。我们认为,刘勰"惟人参之"之说体现了中华民族的天人合一思想,凸显了人在参与天地活动中的主体性作用和人在参与天地活动中与天地的互动性作用,普罗泰戈拉"人是万物的尺度"之命题彰显了他的人本思想,突出了人在观察世界、认识世界过程中的主体性作用。我们据此认为,隐喻性空间关系构式是惟人参之的结果,是人之尺度的体现。然而,人的主体性作用不是没有任何限制的,人在体验、识解和表达隐喻性空间关系的过程中,往往受到现实和语言的限制和制约。

我们认为,现实、人和语言三者之间是一种相互作用的互动关系。在这种互动关系中,现实、人和语言各自起着各自的作用。人是感知、体验、识解、表达现实的主体,现实是人感知、体验和识解的客体和对象,语言是人表达现实的手段和工具。但是,人的主体性、现实的客体性和语言的工具性都不是绝对的,而是相对的。人虽为主体,也不能随意地感知、体验和识解现实,不能随意地运用语言表达现实,现实和语言虽为客体和工具,也会反作用于人这一主体,也会对人产生一定的限制和制约。

隐喻性空间关系构式既带有明显的人之主体性印记,也带有来自现实和语言的反作用印记,更有人与现实和语言之间的互动性印记。在隐喻性空间关系构式中,人的主体性主要体现在人对虚构性位移事件、抽象性空间方位关系和抽象性位移事件的能动识解和表达方面。人和现实之间的互动性主要体现在人在发挥其主体性作用的同时,现实中不可动实体的结构形状、抽象实体的类型和性质等也会对人的体验和识解产生一定的限制和制约;同样,语言也会反作用于人这一主体,英语和汉语都要求人这一主体用以表达所构想出的隐喻性空间关系的语言结构必须是完句性构式,而且对能够进入其中表达路径的词语也是有限制条件的。总之，隐喻性空间关系构式是人这一主体、现实这一客体和语言这一工具三者相互作用的结果。

第二节　可能存在的不足与有待进行的探索

本研究为定性研究。定性研究有其优势，也有其局限。优势在于，研究者可以运用其思辨能力和知识储备，发现概括出具有规律性的创新性观点，可对研究对象进行贴切、充分、有效的解释。局限在于，缺乏语料数据和实验数据的有效支撑。

从上一节的总结中可知，现实位移事件和隐喻性位移事件呈现出强弱不同的客观性与主观性；虚构性位移事件、抽象性空间方位关系、甲型抽象性位移事件和乙型抽象性位移事件均有其认知理据和限制条件；虚构性空间位移关系构式、抽象性空间方位关系构式、甲型抽象性空间位移关系构式和乙型抽象性空间位移关系构式均有其构成方式和限制条件，均呈现出特定的图形-背景关系，均有其凸显路径的方式。

笔者自认为，我们所提出的不可动实体的动态化机制、抽象实体的空间化机制、抽象实体的具体化和可动化机制与抽象实体的三维空间化机制，可以比较充分地解释虚构性位移事件、抽象性空间方位关系、甲型抽象性位移事件和乙型抽象性位移事件，可以揭示人这一认知主体是如何构想和识解出虚构性位移事件、抽象性空间方位关系、甲型抽象性位移事件和乙型抽象性位移事件的。这几种认知机制为人这一认知主体运用语言编码虚构性位移事件、抽象性空间方位关系、甲型抽象性位移事件和乙型抽象性位移事件提供了认知基础和前提条件。我们基于英汉语真实实例，深入系统地探讨了英语和汉语中的虚构性空间位移关系构式、抽象性空间方位关系构式、甲型抽象性空间位移关系构式和乙型抽象性空间位移关系构式，归纳概括出了这几种隐喻性空间关系构式的构成方式和限制条件，给出了具有说服力的解释。这几种隐喻性空间关系构式在英语和汉语中所呈现出的共性和个性，是确实存在的，在某种程度上说明了英语和汉语对同一种现象之语言编码的同异之处。

然而，本研究所采用的定性方法，虽然得出了比较有说服力的结论和发现，但也可能有其不足之处。本研究所用的语料为提取自"美国当代英语语料库"和北京语言大学的"BCC汉语语料库"中的真实实例，对这些真实实例的分析与讨论所得出的结论和观点，无疑具有相当的可靠性和可信性。但是，笔者由于不擅长语料库语言学研究方法和心理实验研究方法，而没有进行语料数据的分析和讨论，也没有进行心理实验数据的分析和讨论。所以，对于隐喻性空间关系构式的研究，无疑还可以采用语料库语言学方法或心理实验研究方法做出进一步的探讨，以期得出更有说服力的结论与发现，得出更为有效的解释，甚至证实或证伪本研究的结论与发现。

众所周知，任何学术研究，尤其是人文社会科学研究，往往是仁者见仁，智者见智。本研究结果仅为笔者的管窥之见，可行与否，还期望学界同仁批评指正，不吝赐教。

汉外人名对照表

A
埃文斯 **Evans**, Vyvyan

B
巴赫拉米安 **Baghramian**, Maria
本维尼斯特 **Benveniste**, Émile
比尔兹利 **Beardsley**, Monroe C.
博厄斯 **Boas**, Hans C.
布莱克 **Black**, Max
布龙菲尔德 **Bloomfield**, Leonard

D
达舍尔 **Dasher**, Richard B.
道奇 **Dodge**, Ellen
德温 **Dirven**, René

F
范·博克尔 **van Berkel**, Tazuko A.
范尼根 **Finegan**, Edward
菲尔默 **Fillmore**, Charles J.
弗雷格 **Frege**, Gottlob
弗里德 **Fried**, Mirjam
菲利珀维奇 **Filipović**, Luna

G
葛德伯格 **Goldberg**, Adele E.

格林 **Green**, Melanie

H
哈马万德 **Hamawand**, Zeki
赫斯考维茨 **Herskovits**, Annette

J
吉布斯 **Gibbs**, Raymond W.
加比 **Gaby**, Alice
杰肯道夫 **Jackendoff**, Ray

K
卡尔森-拉德温斯基 **Carlson-Radvansky**, Laura A.
卡森希瑟 **Casenhiser**, Devin
卡西尔 **Cassirer**, Ernst
凯伊 **Kay**, Paul
克鲁斯 **Cruse**, D. Alan
克罗夫特 **Croft**, William
科韦切什 **Kövecses**, Zoltán
柯弗德 **Kerferd**, George Briscoe

L
莱昂斯 **Lyons**, John
莱考夫 **Lakoff**, George
莱文森 **Levinson**, Stephen C.

兰艾克 **Langacker**, Ronald W.
兰铎 **Landau**, Barbara
雷顿 **Radden**, Günter
理查兹 **Richards**, I. A.
利特尔默 **Littlemore**, Jeannette
鲁宾 **Rubin**, Edgar

M
米勒 **Miller**, Alexander

N
内格尔 **Nagel**, Thomas
尼采 **Nietzsche**, Friedrich Wilhelm
诺斯 **Nöth**, Winfried

O
欧文 **Irwin**, David E.

P
普罗泰戈拉 **Protagoras**

Q
乔姆斯基 **Chomsky**, Noam A.

S
萨伊德 **Saeed**, John I.

塞尔 **Searle**, John R.
斯威策 **Sweetser**, Eve
索克尔 **Sokol**, Jan

T
塔尔密 **Talmy**, Leonard
泰勒 **Taylor**, John R.
泰勒 **Tyler**, Andrea
特劳戈特 **Traugott**, Elizabeth Closs
特纳 **Turner**, Mark
托马斯洛 **Tomasello**, Michael

W
维哈根 **Verhagen**, Arie
沃纳 **Werner**, H.
西塞罗 **Cicero**, Marcus Tullius

X
希尔珀特 **Hilpert**, Martin

Y
亚里士多德 **Aristotle**
约翰逊 **Johnson**, Mark

汉外术语对照表

A
爱情即旅行 LOVE IS A JOURNEY
爱情即容器 LOVE IS A CONTAINER

B
包蕴力 extensionality
背景 Ground, background
被构想时间 conceived time
本质特征 definitional characteristics
闭合性原则 principle of closure
比较观 comparison view
比较结构 comparative construction
比较论 the comparison theory
比喻性的 figurative
变化即运动 CHANGES ARE MOVEMENTS
标准 criterion
表征空间 representational space
伯克利构式语法 Berkeley Construction Grammar
不对称的 asymmetrical
不对称性 asymmetry
不可动实体 immovable entity
不可动实体的动态化机制 dynamicalization mechanism of immovable entity
不受方向约束的参照框架 orientation-free frames of reference
部分组构性 partial compositionality

C
参与者互动事件框架 participant-interaction event frame
参照框架 reference frame
参照实体 reference entity
参照物 reference object
侧显 profile, profiling
侧显/基体区分 PROFILE/BASE distinction
差异性 variation
场 field
场景 setting
朝向路径 prospect path
承继性 inheritance
持续线性位移动词 verbs of durative linear motion
抽象力 abstraction
抽象名词短语 abstract nominal
抽象实体 abstract entity
抽象实体的具体化和可动化机制 concreteness and movability mechanism of abstract entity

抽象实体的空间化机制 spatialization mechanism of abstract entity
抽象实体的三维空间化机制 3-dimensional spatialization mechanism of abstract entity
抽象性 abstractness
抽象性空间方位关系构式 spatial relation construction of abstract location
抽象性空间关系 abstract spatial relation
抽象性空间关系构式 abstract spatial relation construction
抽象性空间位移关系构式 spatial relation construction of abstract motion
处所 LOCATION
处所词 location word
词汇化模式 lexicalization patterns
词语对抗论 Verbal-opposition Theory

D

单层面性 monostratal
单向性原则 principle of unidirectionality
动变构式语法 Fluid Construction Grammar
动态性 dynamicity
动态空间意象 dynamic spatial imagery
动源成分 MOTIVE
短语末尾位置 phrase-final position
短语性构式 phrasal construction
对象比较论 Object-comparison Theory

E

二向空间关系 binary spatial relation

F

法素 taxeme

范畴化 categorization
方式 means
方位 location
方位标 locative marker
方位词 localizer
方位小品词 locative particle
方位语 locative term
方向 orientation
方向性成分 DIRECTIONAL
非模块性 non-modularity
非派生性 non-derivational
非现实空间关系 nonfactual spatial relation
分辨率 resolution
分句/小句 clause
分离力 disengagement
分离排列 separate arrangement
复合表达式 complex expression
复杂性 complexity

G

概念关系 conceptual relation
概念化 conceptualization
概念内容 conceptual content
概念特征 conceptual property
概念详述 conceptual elaboration
概念隐喻理论 conceptual metaphor theory
概念映射 conceptual mapping
感知背景 perceptual background
感知关系 perceptual relation
感知域 scope of perception
共同延伸路径 coextension path
构式 construction
构式语法 Construction Grammar
构式主义方法 constructionist approaches

固定情景 stationary setting
固有特征 inherent/intrinsic feature
固有意象图式结构 inherent image-
　　schematic structure
观察点 vantage point
观察排列 viewing arrangement
关联性 coherence
规约化联系 conventionalized associations
规约性意义 conventional meaning

H

恒定原则 Invariance Principle
后景 background
后置词 postposition
互动观 interaction view
互动论 the interaction theory
互相作用理论 Interaction Theory
话语主观性 subjectivity of utterance
环境 environment
活跃区 active zone

J

基本方向 cardinal directions
基底/基体 base
基线 baseline
基于符号的构式语法 Sign-Based Con-
　　struction Grammar
基于用法的模型 usage-based model
机器即人 MACHINES ARE PEOPLE
计算实现 computational implementation
激进构式语法 Radical Construction
　　Grammar
加工窗口 processing window
加工时间 processing time

焦点调节 focal adjustment
结构 construction
接近性原则 principle of proximity
介词 preposition
界标 landmark
界标物 landmark object
精确度 precision
精细度 granularity
经验完形 experiential Gestalt
局部视窗化 partial windowing
局部性 partiality
具体名词短语 concrete nominal
具体实体 concrete entity
具体性 concreteness
句法结构 syntactic structure
句型 syntactic pattern
句子 sentence
聚焦 highlighting
矩阵 matrix
绝对参照框架 absolute frame of reference
绝对空间参照框架 absolute spatial frames
　　of reference
绝对组构性 strict compositionality
绝对坐标系 absolute coordinates

K

可动实体 movable entity
可动性 movability
可及路径 access path
客观识解 objective construal
客观性 objectivity
客事 THEME
空白化 gapping
空间参照框架 spatial frames of reference

空间场景　spatial scenes
空间方位词　spatial localizer
空间关系　spatial relation
空间关系概念　spatial-relations concepts
空间关系构式　spatial relation construction
空间后置词　spatial postposition
空间上可延伸的线性实体　spatially extendable linear entity
空间特征　spatial property
空间推理　spatial inference
空间形式　spatial form
空间语法　space grammar
框盒套叠表征法　box within box representation

L

类比原理　principle of analogy
离散性　discreteness
离心结构　exocentric construction
联想特征　associated characteristics
连贯所指场景　coherent referent scene
连续性原则　principle of continuity
路径　path
论辩即战争　AN ARGUMENT IS WAR

M

摩迪斯泰学派　the Modistae
默认排列　default arrangement
目标域　target domain
目的物　located object

N

内在参照框架　intrinsic frames of reference
拟人　personification

P

譬喻性语言　figurative language
普遍性　universality
谱系　spectrum

Q

起点-路径-终点意象图式　SOURCE-PATH-GOAL image schema
前景　foreground
情景编码　scene encoding
情境识解　construal of a situation
取向　orientation
趋向动词　directional verb

R

人即机器　PEOPLE ARE MACHINES
人面/花瓶幻觉图　face/vase illusion
任意的　arbitrary
认知构式语法　Cognitive Construction Grammar
认知想象能力　the imaginal capacity of cognition
认知域　domain
认知语法　Cognitive Grammar
认知转向　the cognitive turn
容器隐喻　container metaphor

S

三维空间　3-dimensional space
三向空间关系　ternary spatial relation
射体　trajectory
身体-部位投射　body-part projection

射体-界标联结 trajector/landmark alignment
视窗化 windowing
视点 viewpoint
视角 perspective
视角主义 perspectivism
事件框架 event frame
识解 construal
识解关系 construal relationship
施事性使动事件框架 event frame of agentive causation
实体 entity
实体性 substance
受方向约束的参照框架 orientation-bound frames of reference
属 genus
属性值矩阵标记法 attribute-value-matrix notation
述义结构 predication
双极性 bipolar

T

台上 onstage
台下 offstage
题元角色 thematic role
替代观 substitution view
替代论 the substitution theory
体验 embodiment
体验性构式语法 Embodied Construction Grammar
调焦 focusing
凸显 prominence, salience
图式 schema
图式性 schematicity

图式性构式 schematic construction
图形 Figure
图形-背景关系 Figure-Ground relation
图形-背景论 Figure-Ground theory
图形-背景区分 figure-ground distinction
图形-背景原则 law of figure-ground
图形/背景组织 figure/ground organization

W

外在坐标系 external coordinates
完全组构性 full compositionality
完形心理学 Gestalt psychology
完形组织原则 Gestalt laws of organization
位移 motion
位移动词 motion verb
位移事件 motion event
位移事件框架 event frame of motion
位移主体 mover
位置 location, site
位置标记语 position indicator
位置词 position word

X

辖域 scope
显性提述 explicit mention
现实存在性空间关系构式 spatial relation construction of factual existence/apperance
现实空间关系 factual spatial relation
现实空间方位关系构式 spatial relation construction of factual location
现实空间关系构式 factual spatial relation construction
现实空间位移关系构式 spatial relation

construction of factual motion
现实位移 factual motion
现实位移事件 factual motion event
想象力 imagination
想象性的 imaginative
相对参照框架 relative frame of reference
相对空间参照框架 relative spatial frames of reference
相对排列 relative arrangement
相对性 relativity
相互关系事件框架 interrelationship event frame
相似性原则 principle of similarity
详略度 specificity
象征单位 symbolic unit
象征关系 symbolic relation
象征结构 symbolic structure
象征论 symbolic thesis
向心结构 endocentric construction
小句 clause
小句层面的构式 clause-level construction
小句性构式 clausal construction
心理扫描方向 direction of mental scanning
心理识解 mentally construe
心理图像 mental picture
形式语义学 formal semantics
形-义配对体 form-meaning pair
修辞格 figure of speech
虚构性的 fictive
虚构性空间位移关系 spatial relation of fictive motion
虚构性空间位移关系构式 spatial relation construction of fictive motion
虚构性位移 fictive motion

虚拟性的 virtual
循环性事件框架 cyclic event frame

Y

言内主观性 locutionary subjectivity
言内主体 locutionary agent
言语情境 speech situation
以观察者为中心的参照框架 viewer-centred frames of reference
以环境为中心的参照框架 environment-centred frames of reference
以他人为中心的参照框架 allocentric frames of reference
以物体为中心的参照框架 object-centred frames of reference
以自我为中心的参照框架 egocentric frames of reference
意象 image, imagery
意象维度 dimension of imagery
音位 phoneme
隐性比较 implicit comparison
隐喻 metaphor
隐喻的比较论 comparison theory of metaphor
隐喻性空间关系 metaphorical spatial relation
隐喻性空间关系构式 metaphorical spatial relation construction
隐喻性图形-背景关系 metaphorical Figure-Ground relation
隐喻性位移 metaphorical motion
隐喻性位移事件 metaphorical motion event
隐喻性语言 metaphorical language

映射 mapping
有界空间域 bounded region in space
有意义的构式连续体 continuum of meaningful constructions
语法构式 grammatical construction
语核驱动短语结构语法 Head-Driven Phrase Structure Grammar
语言构式 linguistic construction
语义单位 semantic unit
语义极 semantic pole
语义结构 semantic structure
语义相容性 semantic compatibility
语义值 semantic value
语音单位 phonological unit
语音极 phonological pole
语音结构 phonological structure
域矩阵 domain matrix
源域 source domain
源域到目标域的映射 source-to-target mapping
运动 movement

Z

遮蔽 hiding
真实位移 veridical motion
整合力 integration
知觉组织原则 law of perceptual organization
指示 deixis
指示表达式 deictic expression
指示性参照框架 deictic frames of reference
直接辖域 immediate scope
致使结构 causative construction
智者 Sophist
种 species
主观化 subjectification
主观识解 subjective construal
主观性 subjectivity, subjectivité
主观性标记语 indicateurs de subjectivité
主体 sujet
注意力分布 the distribution of attention
注意力视窗化 windowing of attention
转喻 metonymy
状态变化即位移 CHANGE OF STATE IS MOTION
状态即方位 STATES ARE LOCATIONS
状态即容器 STATES ARE CONTAINERS
字面用法 literal usage
自然性 naturalness
总体扫描 summary scanning
组构性 compositionality
组构性原则 principle of compositionality
最大客观性 maximal objectivity
最大视窗化 maximal windowing
最大辖域 maximal scope
最大主观性 maximal subjectivity
坐标系统 coordinate systems

参考文献

Aarts, B. & A. McMahon (eds.). 2006. *The Handbook of English Linguistics*. Oxford: Blackwell Publishing Ltd.

Aarts, B., A. McMahon & L. Hinrichs (eds.). 2021. *The Handbook of English Linguistics* (2nd ed.). Hoboken, New Jersey: Wiley-Blackwell.

Albertazzi, L. (ed.). 2000. *Meaning and Cognition: A Multidisciplinary Approach*. Amsterdam: John Benjamins Publishing Company.

Allan, K. 2009. *The Western Classical Tradition in Linguistics* (2nd ed.). London: Equinox Publishing Ltd.

Allan, K. (ed.). 2013. *The Oxford Handbook of the History of Linguistics*. Oxford: Oxford University Press.

Aloni, M. & P. Dekker (eds.). 2016. *The Cambridge Handbook of Formal Semantics*. Cambridge: Cambridge University Press.

Aristotle. 1999. *Aristotle's Metaphysics*. Translated by J. Sachs. Santa Fe, New Mexico: Green Lion Press.

Aristotle. 2006. *Poetics*. Translated, with introduction and notes by J. Sachs. Newburyport, MA.: Focus Publishing / R. Pullins Company.

Athanasiadou, A., C. Canakis & B. Cornillie (eds.). 2006. *Subjectification: Various Paths to Subjectivity*. Berlin / New York: Mouton de Gruyter.

Athanasiadou, A., C. Canakis & B. Cornillie. 2006. Introduction. In A. Athanasiadou, C. Canakis & B. Cornillie (eds.). *Subjectification: Various Paths to Subjectivity* (pp. 1–13). Berlin / New York: Mouton de Gruyter.

Bach, E. & R. T. Harms (eds.). 1968. *Universals in Linguistic Theory*. New York: Holt, Rinehart and Winston.

Baggini, J. & P. S. Fosl. 2010. *The Philosopher's Toolkit: A Compendium of Philosophical Concepts and Methods* (2nd ed.). Chichester, West Sussex: John Wiley

& Sons Ltd.

Baghramian, M. 2004. *Relativism*. London & NewYork: Routledge.

Baracchi, C. (ed.). 2014. *The Bloomsbury Companion to Aristotle*. London: Bloomsbury Academic.

Barcelona, A. 2003. Introduction: The cognitive theory of metaphor and metonymy. In A. Barcelona (ed.). *Metaphor and Metonymy at the Crossroads: A Cognitive Perspective* (pp. 1-28). Berlin / New York: Mouton de Gruyter.

Barcelona, A. (ed.). 2003. *Metaphor and Metonymy at the Crossroads: A Cognitive Perspective*. Berlin / New York: Mouton de Gruyter.

Batoréo, H. J. 2016. Events of motion and Talmyan typology: Verb-framed and satellite-framed patterns in Portuguese. *Cognitive Semantics*, 2(1): 59-79.

Beardsley, M. C. 1962. The metaphorical twist. *Philosophy and Phenomenological Research*, 22(3): 293-307.

Beavers, J., B. Levin & S. W. Tham. 2010. The typology of motion expressions revisited. *Journal of Linguistics*, 46(2): 331-377.

Benveniste, E. 1966. *Problèmes de Linguistique Générale*, I. Paris: Gallimard.

Benveniste, E. 1971. *Problems in General Linguistics*. Translated by M. E. Meek. Florida: University of Miami Press.

Bergen, B., C. Polley & K. Wheeler. 2010. Language and inner space. In V. Evans & P. Chilton (eds.). *Language, Cognition and Space: The State of the Art and New Directions* (pp. 79-92). London: Equinox Publishing Ltd.

Black, M. 1954-1955. Metaphor. *Proceedings of the Aristotelian Society*, 55: 273-294.

Black, M. 1962. *Models and Metaphors: Studies in Language and Philosophy*. Ithaca, New York: Cornell University Press.

Blank, A. & P. Koch (eds.). 1999. *Historical Semantics and Cognition*. Berlin / New York: Mouton de Gruyter.

Blomberg, J. & J. Zlatev. 2014. Actual and non-actual motion: Why experientialist semantics needs phenomenology (and vice versa). *Phenomenology and the Cognitive Sciences*, 13(3): 395-418.

Bloom, P., M. Peterson, L. Nadel & M. Garrett (eds.). 1996. *Language and Space*. Cambridge, Mass.: The MIT Press.

Bloomfield, L. 1935. *Language*. London: George Allen & Unwin Ltd.

Boas, H. C. 2013. Cognitive construction grammar. In T. Hoffmann & G. Trousdale (eds.). *The Oxford Handbook of Construction Grammar* (pp. 233-254). New York:

Oxford University Press.

Boas, H. C. 2021. Constructions in English Grammar. In B. Aarts, A. McMahon & L. Hinrichs (eds.). *The Handbook of English Linguistics* (2nd ed.) (pp. 277-297). Hoboken, New Jersey: Wiley-Blackwell.

Boas, H. C. & M. Fried. 2005. Introduction. In M. Fried & H. C. Boas (eds.). *Grammatical Constructions: Back to the Roots* (pp. 1-9). Amsterdam: John Benjamins Publishing Company.

Bohnemeyer, J., N. J. Enfield, J. Essegbey, I. Ibarretxe-Antuñano, S. Kita, F. Lüpke & F. K. Ameka. 2007. Principles of event segmentation in language: The case of motion events. *Language*, 83(3): 495-532.

Bunnin, N. & J. Yu. 2004. *The Blackwell Dictionary of Western Philosophy*. Oxford: Blackwell Publishing Ltd.

Cai, Z-Q. (ed.). 2001. *A Chinese Literary Mind: Culture, Creativity, and Rhetoric in Wenxin Diaolong*. Stanford, California: Stanford University Press.

Cai, Z-Q. 2001. The making of a critical system: Concepts of literature in *Wenxin Diaolong* and earlier texts. In Z-Q. Cai (ed.). *A Chinese Literary Mind: Culture, Creativity, and Rhetoric in Wenxin Diaolong* (pp. 33-62). Stanford, California: Stanford University Press.

Cann, R. 1993. *Formal Semantics: An Introduction*. Cambridge: Cambridge University Press.

Carlson-Radvansky, L. A. & D. E. Irwin. 1993. Frames of reference in vision and language: Where is above? *Cognition*, 46(3): 223-244.

Casad, E. H. 1995. Seeing it in more than one way. In J. R. Taylor & R. E. Maclaury (eds.). *Language and the Cognitive Construal of the World* (pp. 23-49). Berlin: Mouton de Gruyter.

Cassin, B. 2014. Saying what one sees, letting see what one says: Aristotle's rhetoric and the rhetoric of the Sophists. In C. Baracchi (ed.). *The Bloomsbury Companion to Aristotle* (pp. 21-40). London: Bloomsbury Academic.

Chao, Y. R. 1968. *A Grammar of Spoken Chinese*. Berkeley / Los Angeles: University of California Press.

Cheung, C. C.-H. 2016. *Parts of Speech in Mandarin: The State of the Art*. Singapore: Springer.

Chomsky, N. 1957. *Syntactic Structures*. The Hague: Mouton and Co.

Chomsky, N. 1965. *Aspects of the Theory of Syntax*. Cambridge, Mass.: The MIT Press.

Chomsky, N. 1995. *The Minimalist Program*. Cambridge, Mass.: The MIT Press.

Chomsky, N. 2015. *The Minimalist Program: 20th Anniversary Edition*. Cambridge, Mass.: The MIT Press.

Chu, C. 2004. *Event Conceptualization and Grammatical Realization: The Case of Motion in Mandarin Chinese*. Doctoral Dissertation. University of Hawaii.

Clausner, T. C. & W. Croft. 1999. Domains and image schemas. *Cognitive Linguistics*, 10(1): 1-31.

Croft, W. 2001. *Radical Construction Grammar: Syntactic Theory in Typological Perspective*. Oxford: Oxford University Press.

Croft, W. 2005. Logical and typological arguments for Radical Construction Grammar. In J.-O. Östman & M. Fried (eds.). *Construction Grammars: Cognitive Grounding and Theoretical Extensions* (pp. 273-314). Amsterdam: John Benjamins Publishing Company.

Croft, W. 2007. Construction grammar. In D. Geeraerts & H. Cuyckens (eds.). *The Oxford Handbook of Cognitive Linguistics* (pp. 463-508). New York: Oxford University Press.

Croft, W. 2013. Radical Construction Grammar. In T. Hoffmann & G. Trousdale (eds.). *The Oxford Handbook of Construction Grammar* (pp. 211-232). New York: Oxford University Press.

Croft, W. & A. Cruse. 2004. *Cognitive Linguistics*. Cambridge: Cambridge University Press.

Crystal, D. 2008. *A Dictionary of Linguistics and Phonetics* (6th ed.). Oxford: Blackwell Publishing Ltd.

Dąbrowska, E. & D. Divjak (eds.). 2015. *Handbook of Cognitive Linguistics*. Berlin / New York: De Gruyter Mouton.

Dąbrowska, E. & D. Divjak (eds.). 2019. *Cognitive Linguistics – Foundations of Language*. Berlin / Boston: De Gruyter Mouton.

Dancygier, B. (ed.). 2017. *The Cambridge Handbook of Cognitive Linguistics*. Cambridge: Cambridge University Press.

Davis, P. W. (ed.). 1995. *Alternative Linguistics: Descriptive and Theoretical Modes*. Amsterdam: John Benjamins Publishing Company.

De Knop, S. & T. De Rycker (eds.). 2008. *Cognitive Approaches to Pedagogical Grammar: A Volume in Honour of René Dirven*. Berlin / New York: De Gruyter Mouton.

Delbecque, N. & B. Cornillie (eds.). 2007. *On Interpreting Construction Schemas: From Action and Motion to Transitivity and Causality*. Berlin / New York: Mouton de Gruyter.

Dirven, R. 1985. Metaphor as a basic means for extending the lexicon. In W. Paprotté & R. Dirven (eds.). *The Ubiquity of Metaphor: Metaphor in Language and Thought* (pp. 85-119). Amsterdam: John Benjamins Publishing Company.

Divjak, D., P. Milin & S. Medimorec. 2020. Construal in language: A visual-world approach to the effects of linguistic alternations on event perception and conception. *Cognitive Linguistics*, 31(1): 37-72.

Dodge, E. & G. Lakoff. 2005. Image schemas: From linguistic analysis to neural grounding. In B. Hampe (ed.). *From Perception to Meaning: Image Schemas in Cognitive Linguistics* (pp. 57-91). Berlin: De Gruyter Mouton.

Ernst, T. 1988. Chinese postpositions? -again. *Journal of Chinese Linguistics*, 16(2): 219-245.

Evans, V. 2007. *A Glossary of Cognitive Linguistics*. Edinburgh: Edinburgh University Press Ltd.

Evans, V. 2009a. [Review of] Dirk Geeraerts & Hubert Cuyckens (eds.), *The Oxford Handbook of Cognitive Linguistics*. Oxford: Oxford University Press, 2007, pp. xxx + 1337. *Journal of Linguistics*, 45(2): 461-472.

Evans, V. 2009b. [Review of] Ronald Langacker. *Cognitive Grammar: A Basic Introduction*. Oxford: Oxford University Press, 2008, 562 pp. *Language and Cognition*, 1(2): 277-288.

Evans, V. 2010. The perceptual basis of spatial representation. In V. Evans & P. Chilton (eds.). *Language, Cognition and Space: The State of the Art and New Directions* (pp. 21-48). London: Equinox Publishing Ltd.

Evans, V. 2019. *Cognitive Linguistics: A Complete Guide*. Edinburgh: Edinburgh University Press Ltd.

Evans, V., B. K. Bergen & J. Zinken (eds.). 2007. *The Cognitive Linguistics Reader*. London: Equinox Publishing Ltd.

Evans, V. & P. Chilton (eds.). 2010. *Language, Cognition and Space: The State of the Art and New Directions*. London: Equinox Publishing Ltd.

Evans, V. & M. Green. 2006. *Cognitive Linguistics: An Introduction*. Edinburgh: Edinburgh University Press Ltd.

Evans, V. & S. Pourcel (eds.). 2009. *New Directions in Cognitive Linguistics*.

Amsterdam: John Benjamins Publishing Company.

Feldman, J. 2006. *From Molecule to Metaphor: A Neural Theory of Language*. Cambridge, Mass.: MIT Press.

Filipović, L. 2007. On the nature of lexicalization patterns: A cross-linguistic inquiry. In N. Delbecque & B. Cornillie (eds.). *On Interpreting Construction Schemas: From Action and Motion to Transitivity and Causality* (pp. 307–329). Berlin / New York: Mouton de Gruyter.

Filipović, L. & I. Ibarretxe-Antuñano. 2015. Motion. In E. Dąbrowska & D. Divjak (eds.). *Handbook of Cognitive Linguistics* (pp. 527–546). Berlin / New York: De Gruyter Mouton.

Fillmore, C. J. 1968. The case for case. In E. Bach and R. T. Harms (eds.). *Universals in Linguistic Theory* (pp. 1–88). New York: Holt, Rinehart and Winston.

Fillmore, C. J. 1988. The mechanisms of "Construction Grammar". *BLS*, 14: 35–55.

Fillmore, C. J. & P. Kay. 1993. *Construction Grammar Coursebook*. Manuscript. Berkeley: University of California at Berkeley Department of Linguistics.

Finegan, E. 1995. Subjectivity and subjectification: An introduction. In D. Stein & S. Wright (eds.). *Subjectivity and Subjectification: Linguistic Perspectives* (pp. 1–15). Cambridge: Cambridge University Press.

Fried, M. & H. C. Boas (eds.). 2005. *Grammatical Constructions: Back to the Roots*. Amsterdam: John Benjamins Publishing Company.

Fuchs, C. & B. Victorri (eds.). 1994. *Continuity in Linguistic Semantics*. Amsterdam: John Benjamins Publishing Company.

Gaby, A. & E. Sweetser. 2017. Space-time Mappings beyond Language. In B. Dancygier (ed.). *The Cambridge Handbook of Cognitive Linguistics* (pp. 635–650). Cambridge: Cambridge University Press.

Geeraerts, D. & H. Cuyckens (eds.). 2007. *The Oxford Handbook of Cognitive Linguistics*. New York: Oxford University Press.

Gennaria, S. P., S. A. Slomanb, B. C. Maltc & W. T. Fitch. 2002. Motion events in language and cognition. *Cognition*, 83(1): 49–79.

Gentner, D. 1983. Structure-mapping: A theoretical framework for analogy. *Cognitive Science*, 7(2): 155–170.

Gibbs, R. W. 2019. Metaphor. In E. Dąbrowska & D. Divjak (eds.). *Cognitive Linguistics – Foundations of Language* (pp. 195–220). Berlin / Boston: De Gruyter Mouton.

Gillespie, C. M. 1910. The truth of Protagoras. *Mind*, 19(76): 470–492.

Goldberg, A. E. 1995. *Constructions: A Construction Grammar Approach to Argument Structure*. Chicago: University of Chicago Press.

Goldberg, A. E. (ed.). 1996. *Conceptual Structure, Discourse and Language*. Stanford: CSLI Publications.

Goldberg, A. E. 2003. Constructions: A new theoretical approach to language. *Trends in Cognitive Sciences*, 7(5): 219–224.

Goldberg, A. E. 2006. *Constructions at Work: The Nature of Generalization in Language*. Oxford: Oxford University Press.

Goldberg, A. E. 2009. The nature of generalization in language. *Cognitive Linguistics*, 20(1): 93–127.

Goldberg, A. E. 2013. Constructionist approaches. In T. Hoffmann & G. Trousdale (eds.). *The Oxford Handbook of Construction Grammar* (pp. 15–31). New York: Oxford University Press.

Goldberg, A. E. 2019. *Explain Me This: Creativity, Competition, and the Partial Productivity of Constructions*. Princeton: Princeton University Press.

Goldberg, A. E. & D. Casenhiser. 2006. English constructions. In B. Aarts & A. McMahon (eds.). *The Handbook of English Linguistics* (pp. 343–355). Oxford: Blackwell Publishing Ltd.

Greenberg, J. H., C. A. Ferguson & E. A. Moravcsik (eds.). 1978. *Universals of Human Language, Volume 4: Syntax*. Stanford: Stanford University Press.

Haiman, J. (ed.). 1985. *Iconicity in Syntax*. Amsterdam: John Benjamins Publishing Company.

Hamawand, Z. 2016. *Semantics: A Cognitive Account of Linguistic Meaning*. Sheffield: Equinox Publishing Ltd.

Hamawand, Z. 2021. Construal. In X. Wen & J. R. Taylor (eds.). *The Routledge Handbook of Cognitive Linguistics* (pp. 242–254). London / New York: Routledge.

Hampe, B. (ed.). 2005. *From Perception to Meaning: Image Schemas in Cognitive Linguistics*. Berlin: De Gruyter Mouton.

Hampe, B. 2017. Embodiment and discourse: Dimensions and dynamics of contemporary metaphor theory. In B. Hampe (ed.). *Metaphor: Embodied Cognition and Discourse* (pp. 3–23). Cambridge: Cambridge University Press.

Hampe, B. (ed.). 2017. *Metaphor: Embodied Cognition and Discourse*. Cambridge: Cambridge University Press.

Harris, R. & T. J. Taylor. 1997. *Landmarks in Linguistic Thought: The Western Tradition from Socrates to Saussure* (2nd ed.). London / New York: Routledge.

Hawkes, T. 2018. *Metaphor*. Oxford: Routledge. [First published in 1972. London: Methuen & Co Ltd.]

Heine, B. & H. Narrog (eds.). 2010. *The Oxford Handbook of Linguistic Analysis*. Oxford / New York: Oxford University Press.

Herskovits, A. 1986. *Language and Spatial Cognition: An Interdisciplinary Study of the Prepositions in English*. Cambridge: Cambridge University Press.

Heyvaert, F. J. & F. Steurs (eds.). 1989. *Worlds Behind Words: Essays in Honour of Prof. Dr. F. G. Droste on the Occasion of his Sixtieth Birthday*. Leuven: Leuven University Press.

Hilpert, M. 2014. *Construction Grammar and its Application to English*. Edinburgh: Edinburgh University Press Ltd.

Hilpert, M. 2021. *Ten Lectures on Diachronic Construction Grammar*. Leiden / Boston: Brill.

Hinzen, W., M. Werning & E. Machery. 2012. Introduction. In M. Werning, W. Hinzen & E. Machery (eds.). *The Oxford Handbook of Compositionality* (pp. 1–16). Oxford: Oxford University Press.

Hoffmann, T. 2017. From constructions to construction grammars. In B. Dancygier (ed.). *The Cambridge Handbook of Cognitive Linguistics* (pp. 284–309). Cambridge: Cambridge University Press.

Hoffmann, T. & G. Trousdale. 2013. Construction Grammar: Introduction. In T. Hoffmann & G. Trousdale (eds.). *The Oxford Handbook of Construction Grammar* (pp. 1–12). New York: Oxford University Press.

Hoffmann, T. & G. Trousdale (eds.). 2013. *The Oxford Handbook of Construction Grammar*. New York: Oxford University Press.

Huang, C.-R. & D. Shi (eds.). 2016. *A Reference Grammar of Chinese*. Cambridge: Cambridge University Press.

Huang, C.-T. James, Y.-H. Audrey Li & Y. Li. 2009. *The Syntax of Chinese*. New York: Cambridge University Press.

Huang, Y. 2007. *Pragmatics*. Oxford: Oxford University Press.

Itkonen, E. 2013. Philosophy of linguistics. In K. Allan (ed.). *The Oxford Handbook of the History of Linguistics* (pp. 747–774). Oxford: Oxford University Press.

Jackendoff, R. 1992. *Languages of the Mind: Essays on Mental Representation*.

Cambridge, Mass.: MIT Press.

Jarvella, R. & W. Klein (eds.). 1982. *Speech, Place, and Action: Studies in Deixis and Related Topics*. Chichester, NY: Wiley.

Jassen, T. M. V. 2012. Compositionality: Its historic context. In M. Werning, W. Hinzen & E. Machery (eds.). *The Oxford Handbook of Compositionality* (pp. 19-46). Oxford: Oxford University Press.

Johnson, M. 1981. Introduction: Metaphor in the philosophical tradition. In M. Johnson (ed.). *Philosophical Perspectives on Metaphor* (pp. 3-47). Minneapolis: University of Minnesota Press.

Johnson, M. (ed.). 1981. *Philosophical Perspectives on Metaphor*. Minneapolis: University of Minnesota Press.

Johnson, M. 1987. *The Body of Mind: The Bodily Basis of Meaning, Imagination and Reasoning*. Chicago: University of Chicago Press.

Johnson, M. 2017. *Embodied Mind, Meaning, and Reason: How our Bodies Give Rise to Understanding*. Chicago: University of Chicago Press.

Johnson, M. 2018. *The Aesthetics of Meaning and Thought: The Bodily Roots of Philosophy, Science, Morality, and Art*. Chicago: University of Chicago Press.

Kanetani, M. 2019. *Causation and Reasoning Constructions*. Amsterdam: John Benjamins Publishing Company.

Kay, P. & C. J. Fillmore. 1999. Grammatical constructions and linguistic generalizations: The *What's X doing Y?* construction. *Language*, 75(1): 1-33.

Kemp, G. 2018. *What is This Thing Called Philosophy of Language?* (2nd ed.). London / New York: Routledge.

Kerferd, G. B. 1981. *The Sophistic Movement*. Cambridge: Cambridge University Press.

Kirby, J. T. 1997. Aristotle on metaphor. *American Journal of Philology*, 118(4): 517-554.

Koeneman, O. & H. Zeijlstra. 2017. *Introducing Syntax*. Cambridge: Cambridge University Press.

Koenig, J.-P. (ed.). 1998. *Discourse and Cognition: Bridging the Gap*. Stanford: CSLI Publications.

Koffka, K. 1935. *Principles of Gestalt Psychology*. New York: Harcourt, Brace & Company.

Kövecses, Z. 2002. *Metaphor: A Practical Introduction*. New York: Oxford University Press.

Kövecses, Z. 2005. *Metaphor in Culture: Universality and Variation*. New York: Cambridge University Press.

Kövecses, Z. 2010. *Metaphor: A Practical Introduction* (2nd ed.). New York: Oxford University Press.

Kövecses, Z. 2015. *Where Metaphors Come From: Reconsidering Context in Metaphor*. Oxford / New York: Oxford University Press.

Kövecses, Z. 2017a. Conceptual metaphor theory. In E. Semino & Z. Demjén (eds.). *The Routledge Handbook of Metaphor and Language* (pp. 13-27). London / New York: Routledge.

Kövecses, Z. 2017b. Levels of metaphor. *Cognitive Linguistics*, 28(2): 321-347.

Kövecses, Z. 2020. *Extended Conceptual Metaphor Theory*. Cambridge: Cambridge University Press.

Lakoff, G. 1987. *Women, Fire, and Dangerous Things: What Categories Reveal about the Mind*. Chicago: University of Chicago Press.

Lakoff, G. 1993. The contemporary theory of metaphor. In A. Ortony (ed.). *Metaphor and Thought* (2nd ed.) (pp. 202-251). Cambridge: Cambridge University Press.

Lakoff, G. 2007. The contemporary theory of metaphor. In V. Evans, B. K. Bergen & J. Zinken (eds.). *The Cognitive Linguistics Reader* (pp. 267-315). London: Equinox Publishing Ltd.

Lakoff, G. 2018. *Ten Lectures on Cognitive Linguistics*. Leiden / Boston: Brill.

Lakoff, G. & M. Johnson. 1980a. Conceptual metaphor in everyday language. *Journal of Philosophy*, 77(8): 453-486.

Lakoff, G. & M. Johnson. 1980b. *Metaphors We Live By*, Chicago: University of Chicago Press.

Lakoff, G. & M. Johnson. 1999. *Philosophy in the Flesh: The Embodied Mind and its Challenge to Western Thought*. New York: Basic Books.

Lakoff, G. & M. Johnson. 2003. *Metaphors We Live By* (2nd ed.). Chicago: University of Chicago Press.

Lakoff, G. & M. Turner. 1989. *More Than Cool Reason: A Field Guide to Poetic Metaphor*. Chicago: University of Chicago Press.

Laks, A. & G. W. Most. 2016. *Early Greek Philosophy, Vol. VIII, Sophists, Part 1*. Cambridge, Mass.: Harvard University Press.

Landau, B. & R. Jackendoff. 1993. "What" and "where" in spatial language and cognition. *Behavioural and Brain Sciences*, 16(2): 217-265.

Langacker, R. W. 1976. Semantic representations and the linguistic relativity hypothesis. *Foundations of Language*, 14(3): 307-357.

Langacker, R. W. 1979. Grammar as image. *Linguistic Notes from La Jolla*, 6: 87-126.

Langacker, R. W. 1982. Space grammar, analyzability, and the English passive. *Language*, 58(1): 22-80.

Langacker, R. W. 1984. Active zones. *BLS*, 10: 172-188.

Langacker, R. W. 1985. Observations and speculations on subjectivity. In J. Haiman (ed.). *Iconicity in Syntax* (pp. 109-150). Amsterdam: John Benjamins Publishing Company.

Langacker, R. W. 1986a. Abstract motion. *BLS*, 12: 445-471.

Langacker, R. W. 1986b. An introduction to cognitive grammar. *Cognitive Science*, 10(1): 1-40.

Langacker, R. W. 1987a. *Foundations of Cognitive Grammar, Vol. I: Theoretical Prerequisites*. Stanford: Stanford University Press.

Langacker, R. W. 1987b. Nouns and verbs. *Language*, 63(1): 53-94.

Langacker, R. W. 1988. An overview of cognitive grammar. In B. Rudzka-Ostyn (ed.). *Topics in Cognitive Linguistics* (pp. 3-48). Amsterdam: John Benjamins Publishing Company.

Langacker, R. W. 1989. Absolute construal. In F. J. Heyvaert & F. Steurs (eds.). *Worlds Behind Words: Essays in Honour of Prof. Dr. F. G. Droste on the Occasion of his Sixtieth Birthday* (pp. 65-75). Leuven: Leuven University Press.

Langacker, R. W. 1990. Subjectification. *Cognitive Linguistics*, 1(1): 5-38.

Langacker, R. W. 1991a. *Foundations of Cognitive Grammar, Vol. II: Descriptive Application*. Stanford: Stanford University Press.

Langacker, R. W. 1991b. *Concept, Image, and Symbol: The Cognitive Basis of Grammar*. Berlin: Mouton de Gruyter.

Langacker, R. W. 1993a. Grammatical traces of some 'invisible' semantic constructs. *Language Sciences*, 15(4): 323-355.

Langacker, R. W. 1993b. Universals of construal. *BLS*, 19: 447-463.

Langacker, R. W. 1993c. Clause structure in cognitive grammar. *Studi Italiani di Linguistica Teorica e Applicata*, 22: 465-508.

Langacker, R. W. 1994. The limits of continuity: Discreteness in cognitive semantics. In C. Fuchs & B. Victorri (eds.). *Continuity in Linguistic Semantics* (pp. 9-20). Amsterdam: John Benjamins Publishing Company.

Langacker, R. W. 1995a. Viewing in cognition and grammar. In P. W. Davis (ed.). *Alternative Linguistics: Descriptive and Theoretical Modes* (pp. 153-212). Amsterdam: John Benjamins Publishing Company.

Langacker, R. W. 1995b. Raising and transparency. *Language*, 71(1): 1-62.

Langacker, R. W. 1997a. Consciousness, construal, and subjectivity. In M. I. Stamenov (ed.). *Language Structure, Discourse and the Access to Consciousness* (pp. 49-75). Amsterdam: John Benjamins Publishing Company.

Langacker, R. W. 1997b. The contextual basis of cognitive semantics. In J. Nuyts & E. Pederson (eds.). *Language and Conceptualization* (pp. 229-252). Cambridge: Cambridge University Press.

Langacker, R. W. 1998a. Conceptualization, symbolization, and grammar. In M. Tomasello (ed.). *The New Psychology of Language: Cognitive and Functional Approaches to Language Structure* (pp. 1-39). Mahwah, New Jersey: Lawrence Erlbaum Associates, Inc., Publishers.

Langacker, R. W. 1998b. On subjectification and grammaticization. In J.-P. Koenig (ed.), *Discourse and Cognition: Bridging the Gap* (pp. 71-89). Stanford: CSLI Publications.

Langacker, R. W. 1999a. Virtual reality. *Studies in the Linguistic Sciences*, 29(2): 77-103.

Langacker, R. W. 1999b. *Grammar and Conceptualization*. Berlin: De Gruyter Mouton.

Langacker, R. W. 1999c. Losing control: Grammaticization, subjectification, and transparency. In A. Blank & P. Koch (eds.). *Historical Semantics and Cognition* (pp. 147-75). Berlin / New York: Mouton de Gruyter.

Langacker, R. W. 2000. Why a mind is necessary: Conceptualization, grammar and linguistic semantics. In L. Albertazzi (ed.). *Meaning and Cognition: A Multidisciplinary Approach* (pp. 25-38). Amsterdam: John Benjamins Publishing Company.

Langacker, R. W. 2001. The English present tense. *English Language and Linguistics*, 5: 251-272.

Langacker, R. W. 2002. Theory, method, and description in Cognitive Grammar: A case study. In B. Lewandowska-Tomaszczyk & K. Turewicz (eds.). *Cognitive Linguistics Today* (pp. 13-40). Frankfurt am Main: Peter Lang Verlag.

Langacker, R. W. 2003a. Constructional integration, grammaticization, and serial verb constructions. *Language and Linguistics*, 4(2): 251-278.

Langacker, R. W. 2003b. Constructions in cognitive grammar. *English Linguistics*, 20: 41–83.

Langacker, R. W. 2005a. Dynamicity, fictivity, and scanning: The imaginative basis of logic and linguistic meaning. In D. Pecher & R. A. Zwaan (eds.). *Grounding Cognition: The Role of Perception and Action in Memory, Language, and Thinking* (pp. 164–197). Cambridge: Cambridge University Press.

Langacker, R. W. 2005b. Integration, grammaticization, and constructional meaning. In M. Fried & H. C. Boas (eds.). *Grammatical Constructions: Back to the Roots* (pp. 157–189). Amsterdam: John Benjamins Publishing Company.

Langacker, R. W. 2006. Subjectification, grammaticization, and conceptual archetypes. In A. Athanasiadou, C. Canakis & B. Cornillie (eds.). *Subjectification: Various Paths to Subjectivity* (pp. 17–40). Berlin / New York: Mouton de Gruyter.

Langacker, R. W. 2007. Cognitive grammar. In D. Geeraerts & H. Cuyckens (eds.). *The Oxford Handbook of Cognitive Linguistics* (pp. 421–462). New York: Oxford University Press.

Langacker, R. W. 2008a. *Cognitive Grammar: A Basic Introduction*. Oxford / New York: Oxford University Press.

Langacker, R. W. 2008b. Cognitive grammar as a basis for language instruction. In P. Robinson & N. C. Ellis (eds.). *Handbook of Cognitive Linguistics and Second Language Acquisition* (pp. 66–88). New York: Routledge.

Langacker, R. W. 2008c. The relevance of cognitive grammar for language pedagogy. In S. De Knop & T. De Rycker (eds.). *Cognitive Approaches to Pedagogical Grammar: A Volume in Honour of René Dirven* (pp. 7–35). Berlin / New York: Mouton de Gruyter.

Langacker, R. W. 2009a. Reflections on the functional characterization of spatial prepositions. *Belgrade English Language and Literature Studies*, 1: 9–34.

Langacker, R. W. 2009b. Cognitive (construction) grammar. *Cognitive Linguistics*, 20(1): 167–176.

Langacker, R. W. 2009c. Constructions and constructional meaning. In V. Evans & S. Pourcel (eds.). *New Directions in Cognitive Linguistics* (pp. 225–267). Amsterdam: John Benjamins Publishing Company.

Langacker, R. W. 2009d. Metonymic grammar. In K.-U. Panther, L. L. Thornburg & A. Barcelona (eds.). *Metonymy and Metaphor in Grammar* (pp. 45–71). Amsterdam: John Benjamins Publishing Company.

Langacker, R. W. 2009e. *Investigations in Cognitive Grammar*. Berlin: De Gruyter Mouton.

Langacker, R. W. 2010a. Cognitive grammar. In B. Heine & H. Narrog (eds.). *The Oxford Handbook of Linguistic Analysis* (pp. 87-109). Oxford / New York: Oxford University Press.

Langacker, R. W. 2010b. Control and the mind/body duality: Knowing vs. effecting. In E. Tabakowska, M. Choiński & Ł. Wiraszka (eds.). *Cognitive Linguistics in Action: From Theory to Application and Back* (pp. 165-207). Berlin: Mouton de Gruyter.

Langacker, R. W. 2011a. The English present: Temporal coincidence vs. epistemic immediacy. In A. Patard & F. Brisard (eds.). *Cognitive Approaches to Tense, Aspect, and Epistemic Modality* (pp. 45-86). Amsterdam: John Benjamins Publishing Company.

Langacker, R. W. 2011b. Semantic motivation of the English auxiliary. In K.-U. Panther & G. Radden (eds.). *Motivation in Grammar and the Lexicon* (pp. 29-47). Amsterdam: John Benjamins Publishing Company.

Langacker, R. W. 2012a. Elliptic coordination. *Cognitive Linguistics*, 23(3): 555-599.

Langacker, R. W. 2012b. Interactive cognition: Toward a unified account of structure, processing, and discourse. *International Journal of Cognitive Linguistics*, 3(2): 95-125.

Langacker, R. W. 2013a. *Essentials of Cognitive Grammar*. Oxford / New York: Oxford University Press.

Langacker, R. W. 2013b. On grammatical categories. 外文研究，(4): 1-23.

Langacker, R. W. 2015. Construal. In E. Dąbrowska & D. Divjak (eds.). *Handbook of Cognitive Linguistics* (pp. 120-143). Berlin / Boston: De Gruyter Mouton.

Langacker, R. W. 2017a. *Ten Lectures on the Elaboration of Cognitive Grammar*. Leiden / Boston: Brill.

Langacker, R. W. 2017b. Cognitive Grammar. In B. Dancygier (ed.). *The Cambridge Handbook of Cognitive Linguistics* (pp. 262-283). Cambridge: Cambridge University Press.

Langacker, R. W. 2017c. *Ten Lectures on the Basics of Cognitive Grammar*. Leiden / Boston: Brill.

Langacker, R. W. 2019. Construal. In E. Dąbrowska & D. Divjak (eds.). *Cognitive Linguistics — Foundations of Language* (pp. 140-166). Berlin / Boston: De Gruyter Mouton.

Lanham, R. A. 1991. *A Handlist of Rhetorical Terms: A Guide for Students of English Literature* (2nd ed.). Berkeley / Los Angeles: University of California Press.

Law, V. 2003. *The History of Linguistics in Europe: From Plato to 1600*. Cambridge: Cambridge University Press.

Levinson, S. C. 1996. Frames of reference and Molyneux's question: Cross-linguistic evidence. In P. Bloom, M. Peterson, L. Nadel & M. Garrett (eds.). *Language and Space* (pp. 109–169). Cambridge, Mass.: The MIT Press.

Levinson, S. 2003. *Space in Language and Cognition: Explorations in Cognitive Diversity*. Cambridge: Cambridge University Press.

Li, C. N. & S. A. Thompson. 1989. *Mandarin Chinese: A Functional Reference Grammar*. Berkeley / Los Angeles: University of California Press.

Lin, J. 2015. The encoding of motion events in Mandarin Chinese. In W. S-Y. Wang & C. Sun (eds.). *The Oxford Handbook of Chinese Linguistics* (pp. 322–335). Oxford / New York: Oxford University Press.

Lin, J. 2019. *Encoding Motion Events in Mandarin Chinese: A Cognitive Functional Study*. Amsterdam: John Benjamins Publishing Company.

Lin, J. & C. Sun. 2016. Prepositions and preposition phrases. In C.-R. Huang & D. Shi (eds.). *A Reference Grammar of Chinese* (pp. 353–400). Cambridge: Cambridge University Press.

Littlemore, J. 2019. *Metaphors in the Mind: Sources of Variation in Embodied Metaphor*. Cambridge: Cambridge University Press.

Liu, D. 2008. Syntax of space across Chinese dialects: Conspiring and competing principles and factors. In D. Xu (ed.). *Space in Languages of China: Cross-linguistic, Synchronic and Diachronic Perspectives* (pp. 39–67). Singapore: Springer.

Loar, J. K. 2011. *Chinese Syntactic Grammar: Functional and Conceptual Principles*. New York: Peter Lang Publishing, Inc.

Löbner, S. 2013. *Understanding Semantics* (2nd ed.). London / New York: Routledge.

Lombardi, E. 2007. *The Syntax of Desire: Language and Love in Augustine, the Modistae, Dante*. Toronto: University of Toronto Press.

Lu, X. 2020. A cognitive analysis of Chinese locative phrase zai + NP + bian/mian/tou, In Q. Su & W. Zhan (eds.). *From Minimal Contrast to Meaning Construct: Corpus-based, Near Synonym Driven Approaches to Chinese Lexical Semantics* (pp. 19–37). Singapore: Springer.

Luchjenbroers, J. (Ed.). 2006. *Cognitive Linguistics Investigations: Across Languages,*

Fields and Philosophical Boundaries. Amsterdam: John Benjamins Publishing Company.

Lyons, J. 1968. *Introduction to Theoretical Linguistics*. Cambridge: Cambridge University Press.

Lyons, J. 1977. *Semantics, Vol. 2*. Cambridge: Cambridge University Press.

Lyons, J. 1982. Deixis and subjectivity: loquor, ergo sum?. In R. Jarvella & W. Klein (eds.). *Speech, Place, and Action: Studies in Deixis and Related Topics* (pp. 101-124). New York: John Wiley & Sons.

Lyons, J. 1994. Subjecthood and subjectivity. In M. Yaguello (ed.). *Subjecthood and Subjectivity: Proceedings of the Colloquium 'The Status of the Subject in Linguistic Theory'* (pp. 9-17). Paris: Ophrys.

Lyons, J. 1995. *Linguistic Semantics: An Introduction*. Cambridge: Cambridge University Press.

Mark, D. M. & A. U. Frank. 1989. Concepts of space and spatial language. *Ninth International Symposium on Computer-Assisted Cartography (Auto-Carto 9)* (pp. 538-556). Baltimore, Maryland.

Matlock, T. 2004. The conceptual motivation of fictive motion. In G. Radden & K.-U. Panther (eds.). *Studies in Linguistic Motivation* (pp. 221-248). Berlin: Mouton de Gruyter.

Matlock, T. 2006. Depicting fictive motion in drawings. In J. Luchjenbroers (ed.). *Cognitive Linguistics Investigations: Across Languages, Fields and Philosophical Boundaries* (pp. 67-85). Amsterdam: John Benjamins Publishing Company.

Matlock, T. 2010. Abstract motion is no longer abstract. *Language and Cognition*, 2(2): 243-260.

Matlock, T. & T. Bergman. 2015. Fictive motion. In E. Dąbrowska & D. Divjak (eds.). *Handbook of Cognitive Linguistics* (pp. 543-561). Berlin / New York: De Gruyter Mouton.

Matsumoto, Y. 1996a. Subjective motion and English and Japanese verbs. *Cognitive Linguistics*, 7(2): 183-226.

Matsumoto, Y. 1996b. How abstract is subjective motion? A comparison of coverage path expressions and access path expressions. In A. E. Goldberg (ed.). *Conceptual Structure, Discourse and Language* (pp. 359-373). Stanford: CSLI Publications.

Mikics, D. 2007. *A New Handbook of Literary Terms*. New Haven / London: Yale University Press.

Miller, A. 2018. *Philosophy of Language* (3rd ed.). London / New York: Routledge.

Miller, J. 1976. [Review of] *Spatial and Temporal Uses of English Prepositions: An Essay in Stratificational Semantics* by David C. Bennett. *Journal of Linguistics*, 12(2): 358–366.

Mish, F. C. (Editor in Chief). 1998. *Merriam-Webster's Collegiate Dictionary*. Springfield, Mass.: Merriam-Webster, Incorporated.

Nagel, T. 1986. *The View from Nowhere*. New York / Oxford: Oxford University Press, Inc.

Nöth, W. 1985. Semiotic aspects of metaphor. In W. Paprotté & R. Dirven (eds.). *The Ubiquity of Metaphor: Metaphor in Language and Thought* (pp. 1–16). Amsterdam: John Benjamins Publishing Company.

Nuyts, J. & E. Pederson (eds.). 1997. *Language and Conceptualization*. Cambridge: Cambridge University Press.

O'Grady, P. (ed.). 2008. *The Sophists: An Introduction*. London: Bloomsbury Academic.

Ortony, A. 1993. Metaphor, language, and thought. In A. Ortony (eds.). *Metaphor and Thought* (2nd ed.) (pp. 1–16). Cambridge: Cambridge University Press.

Ortony, A. (Eds.). 1993. *Metaphor and Thought* (2nd ed.). Cambridge: Cambridge University Press.

Östman, J.-O. & M. Fried (eds.). 2005. *Construction Grammars: Cognitive Grounding and Theoretical Extensions*. Amsterdam: John Benjamins Publishing Company.

Panther, K.-U. & G. Radden (eds.). 2011. *Motivation in Grammar and the Lexicon*. Amsterdam: John Benjamins Publishing Company.

Panther, K.-U., L. L. Thornburg & A. Barcelona (eds.). 2009. *Metonymy and Metaphor in Grammar*. Amsterdam: John Benjamins Publishing Company.

Paprotté, W. & R. Dirven (eds.). 1985. *The Ubiquity of Metaphor: Metaphor in Language and Thought*. Amsterdam: John Benjamins Publishing Company.

Partee, B. H. 2004. *Compositionality in Formal Semantics: Selected Papers by Barbara H. Partee*. Oxford: Blackwell Publishing Ltd.

Partee, B. H. 2016. Formal semantics. In M. Aloni & P. Dekker (eds.). *The Cambridge Handbook of Formal Semantics* (pp. 3–32). Cambridge: Cambridge University Press.

Patard, A. & F. Brisard (eds.). 2011. *Cognitive Approaches to Tense, Aspect, and Epistemic Modality*. Amsterdam: John Benjamins Publishing Company.

Paul, W. 2015. *New Perspectives on Chinese Syntax*. Berlin: De Gruyter Mouton.

Pearsall, J. (ed.). 1998. *The New Oxford Dictionary of English*. Oxford: Oxford

University Press.

Pecher, D. & R. A. Zwaan (eds.). 2005. *Grounding Cognition: The Role of Perception and Action in Memory, Language, and Thinking*. Cambridge: Cambridge University Press.

Pick, H. L. & L. P. Acredolo (eds.). 1983. *Spatial Orientation: Theory, Research, and Application*. New York: Plenum Press.

Portner, P. H. 2005. *What is Meaning?: Fundamentals of Formal Semantics*. Oxford: Blackwell Publishing Ltd.

Radden, G. & K.-U. Panther (eds.). 2004. *Studies in Linguistic Motivation*. Berlin: De Gruyter Mouton.

Radden, G. & R. Dirven. 2007. *Cognitive English Grammar*. Amsterdam: John Benjamins Publishing Company.

Richards, I. A. 1936. *The Philosophy of Rhetoric*. New York: Oxford University Press.

Ritchie, L. D. 2013. *Metaphor*. Cambridge: Cambridge University Press.

Robins, R. H. 1967. *A Short History of Linguistics*. London: Longman Group Ltd.

Robins, R. H. 1997. *A Short History of Linguistics* (4th ed.). London / New York: Routledge.

Robinson, P. & N. C. Ellis (eds.). 2008. *Handbook of Cognitive Linguistics and Second Language Acquisition*. London / New York: Routledge.

Ross, C. & J.-H. S. Ma. 2006. *Modern Mandarin Chinese Grammar: A Practical Guide*. London / New York: Routledge.

Rudzka-Ostyn, B. (ed.). 1988. *Topics in Cognitive Linguistics*. Amsterdam: John Benjamins Publishing Company.

Saeed, J. I. 2016. *Semantics* (4th ed.). Chichester, West Sussex: Wiley-Blackwell.

Schmid, H.-J. 2000. *English Abstract Nouns as Conceptual Shells: From Corpus to Cognition*. Berlin: De Gruyter Mouton.

Searle, J. R. 1979. *Expression and Meaning: Studies in the Theory of Speech Acts*. Cambridge / New York: Cambridge University Press.

Searle, J. R. 1995. *The Construction of Social Reality*. New York: The Free Press.

Semino, E. & Z. Demjén (eds.). 2017. *The Routledge Handbook of Metaphor and Language*. London / New York: Routledge.

Shen, Y. & R. Porat. 2017. Metaphorical directionality: The role of language. In B. Hampe (ed.). *Metaphor: Embodied Cognition and Discourse* (pp. 62–81). Cambridge: Cambridge University Press.

Shopen, T. (ed.). 1985. *Language Typology and Syntactic Description, Vol. III: Grammatical Categories and the Lexicon*. Cambridge: Cambridge University Press.

Shopen, T. (ed.). 2007. *Language Typology and Syntactic Description, Vol. III: Grammatical Categories and the Lexicon* (2nd ed.). Cambridge: Cambridge University Press.

Slavin, M. 2018. *Metaphor and Imaginal Psychology: A Hermetic Reflection*. London / New York: Routledge.

Stamenov, M. I. (ed.). 1997. *Language Structure, Discourse and the Access to Consciousness*. Amsterdam: John Benjamins Publishing Company.

Stein, D. & S. Wright (eds.). 1995. *Subjectivity and Subjectification: Linguistic Perspectives*. Cambridge: Cambridge University Press.

Su, Q. & W. Zhan (eds.). 2020. *From Minimal Contrast to Meaning Construct: Corpus-based, Near Synonym Driven Approaches to Chinese Lexical Semantics*. Singapore: Springer.

Swan, T. & O. J. Westvik (eds.). 1997. *Modality in Germanic Languages: Historical and Comparative Perspectives*. Berlin: De Gruyter Mouton.

Sweeney, S. 2008. The relevance of the Sophists today. In P. O'Grady (ed.). *The Sophists: An Introduction* (pp. 241–247). London: Bloomsbury Academic.

Tabakowska, E., M. Choiński & Ł. Wiraszka (eds.). 2010. *Cognitive Linguistics in Action: From Theory to Application and Back*. Berlin: De Gruyter Mouton.

Talmy, L. 1972. *Semantic Structures in English and Atsugewi*. Doctoral Dissertation. Linguistics Department, University of California at Berkeley.

Talmy, L. 1978. Figure and ground in complex sentences. In J. H. Greenberg, C. A. Ferguson & E. A. Moravcsik (eds.). *Universals of Human Language, Volume 4: Syntax* (pp. 625–649). Stanford: Stanford University Press.

Talmy, L. 1983. How language structures space. In H. L. Pick & L. P. Acredolo (eds.). *Spatial Orientation: Theory, Research, and Application* (pp. 225–282). New York: Plenum Press.

Talmy, L. 1985. Lexicalization patterns: Semantic structure in lexical forms. In T. Shopen (ed.). *Language Typology and Syntactic Description V. III: Grammatical Categories and the Lexicon* (pp. 57–149). Cambridge: Cambridge University Press.

Talmy, L. 1991. Path to realization: A typology of event conflation. *BLS*, 17:480–519.

Talmy, L. 1996a. Fictive motion in language and "ception". In P. Bloom, M. Peterson, L. Nadel & M. Garrett (eds.). *Language and Space* (pp. 211–276). Cambridge,

Mass.: The MIT Press.

Talmy, L. 1996b. The windowing of attention in language. In M. Shibatani and S. Thompson (eds.). *Grammatical Constructions: Their Form and Meaning* (pp. 235–287). Oxford: Clarendon Press.

Talmy, L. 2000a. *Toward a Cognitive Semantics, Vol. I: Concept Structuring Systems*. Cambridge, Mass.: The MIT Press.

Talmy, L. 2000b. *Toward a Cognitive Semantics, Vol. II: Typology and Process in Concept Structuring*. Cambridge, Mass.: The MIT Press.

Talmy, L. 2007. Lexical typology. In T. Shopen (ed.). *Language Typology and Syntactic Description, Vol. III: Grammatical Categories and the Lexicon* (2nd ed.) (pp. 66–168). Cambridge: Cambridge University Press.

Talmy, L. 2017. *The Targeting System of Language*. Cambridge, Mass.: The MIT Press.

Taylor, J. R. 1996. *Possessives in English: An Exploration in Cognitive Grammar*. Oxford / New York: Oxford University Press.

Taylor, J. R. 2002. *Cognitive Grammar*. Oxford / New York: Oxford University Press.

Taylor, J. R. 2004. The ecology of constructions. In G. Radden & K.-U. Panther (eds.). *Studies in Linguistic Motivation* (pp. 49–73). Berlin: De Gruyter Mouton.

Taylor, J. R. 2018. *Ten Lectures on Applied Cognitive Linguistics*. Leiden / Boston: Brill.

Taylor, J. R. & R. E. Maclaury (eds.). 1995. *Language and the Cognitive Construal of the World*. Berlin: De Gruyter Mouton.

Tomasello, M. 1998a. The return of constructions. *Journal of Child Language*, 25(2): 431–442.

Tomasello, M. 1998b. Introduction: A cognitive-functional perspective on language structure. In M. Tomasello (ed.). *The New Psychology of Language: Cognitive and Functional Approaches to Language Structure* (pp. vii–xxiii). Mahwah, New Jersey: Lawrence Erlbaum Associates, Inc., Publishers.

Tomasello, M. (ed.). 1998c. *The New Psychology of Language: Cognitive and Functional Approaches to Language Structure*. Mahwah, New Jersey: Lawrence Erlbaum Associates, Inc., Publishers.

Traugott, E. C. 1989. On the rise of epistemic meanings in English: An example of subjectification in semantic change. *Language*, 65(1): 31–55.

Traugott, E. C. 1995. Subjectification in grammaticalisation. In D. Stein & S. Wright (eds.). *Subjectivity and Subjectification: Linguistic Perspectives* (pp. 31–54). Cambridge: Cambridge University Press.

Traugott, E. C. 1997. Subjectification and the development of epistemic meaning: The case of *promise* and *threaten*. In T. Swan & O. J. Westvik (eds.). *Modality in Germanic Languages: Historical and Comparative Perspectives* (pp. 185–210). Berlin: De Gruyter Mouton.

Traugott, E. C. 2006. The semantic development of scalar focus modifiers. In A. van Kemenade & B. Los (eds.). *The Handbook of the History of English* (pp. 335–359). Oxford: Blackwell.

Traugott, E. C. & R. B. Dasher. 2002. *Regularity in Semantic Change*. Cambridge: Cambridge University Press.

Tuan, Y-F. 2001. *Space and Place: The Perspective of Experience*. Minneapolis, MN: University of Minnesota Press.

Tyler, A. & V. Evans. 2003. *The Semantics of English Preposition: Spatial Scenes, Embodied Meaning and Cognition*. Cambridge: Cambridge University Press.

van Berkel, T. A. 2013. Made to measure: Protagoras' *metron*. In J. M. van Ophuijsen, M. van Raalte & P. Stork (eds.). *Protagoras of Abdera: The Man, his Measure* (pp. 37–67). Leiden, The Netherlands: Brill.

van Kemenade, A. & B. Los (eds.). 2006. *The Handbook of the History of English*. Oxford: Blackwell.

van Ophuijsen, J. M., M. van Raalte & P. Stork (eds.). 2013. *Protagoras of Abdera: The Man, his Measure*. Leiden, The Netherlands: Brill.

Verhagen, A. 2005. *Constructions of Intersubjectivity: Discourse, Syntax, and Cognition*. Oxford: Oxford University Press.

Vulchanova, M. & E. van der Zee. (eds.). 2013. *Motion Encoding in Language and Space*. Oxford: Oxford University Press.

Wang, W. S-Y. & C. Sun (eds.). 2015. *The Oxford Handbook of Chinese Linguistics*. Oxford / New York: Oxford University Press.

Wen, X. & J. R. Taylor (eds.). 2021. *The Routledge Handbook of Cognitive Linguistics*. London / New York: Routledge.

Werning, M., W. Hinzen & E. Machery (eds.). 2012. *The Oxford Handbook of Compositionality*. Oxford: Oxford University Press.

Windelband, W. 1901. *A History of Philosophy: With Especial Reference to the Formation and Development of its Problems and Conceptions* (2nd ed.). Translated by J. H. Tufts. New York: The Macmillan Company.

Wood, M. S. 2017. Aristotle's Theory of Metaphor Revisited. *Mouseion: Journal of the*

Classical Association of Canada, 14(1): 63–90.

Wu, F. 2008. Origin and evolution of the locative term *hòu* 'BACK' in Chinese. In D. Xu (ed.). *Space in Languages of China: Cross-linguistic, Synchronic and Diachronic Perspectives* (pp. 229–247). Singapore: Springer.

Xing, F. 2017. *Modern Chinese Grammar: A Clause-Pivot Approach*. Translated by Y. Wang & F. Dong. London / New York: Routledge.

Xu, D. (ed.). 2008. *Space in Languages of China: Cross-linguistic, Synchronic and Diachronic Perspectives*. Singapore: Springer.

Yaguello, M. (ed.). 1994. *Subjecthood and Subjectivity: Proceedings of the Colloquium 'The Status of the Subject in Linguistic Theory'*. Paris: Ophrys.

Yip, P. C. & D. Rimmington. 2016. *Chinese: A Comprehensive Grammar*. London / New York: Routledge.

Zhang, K. 2016. Mandarin existential construction as a reference-point construction: Its cognitive properties and discursive functions. *Cognitive Linguistic Studies*, 3(1): 91–112.

Zhang, K. 2017. Frames of reference and the encoding of spatial location in Mandarin Chinese. *Cognitive Linguistic Studies*, 4(2): 355–376.

埃米尔·本维尼斯特．2008．普通语言学问题．王东亮等译．北京：生活·读书·新知三联书店．

北京大学外国哲学史教研室．1961．古希腊罗马哲学．北京：商务印书馆．

柏拉图．1963．泰阿泰德·智术之师．严群译．北京：商务印书馆．

布龙菲尔德．1997．语言论．袁家骅、赵世开、甘世福译．北京：商务印书馆．

策勒尔．1992．古希腊哲学史纲．翁绍军译．济南：山东人民出版社．

车文博．1998．西方心理学史．杭州：浙江教育出版社．

陈昌来．2002．介词与介引功能．合肥：安徽教育出版社．

陈嘉映．2016．从感觉开始．北京：华夏出版社．

陈平．2020．理论语言学、语言交叉学科与应用研究：观察与思考．当代修辞学，（5）：1–18．

陈望道．1978．文法简论．上海：上海教育出版社．

陈望道．1984．修辞学发凡．上海：上海教育出版社．

大卫·哈维．1996．地理学中的解释．高泳源、刘立华、蔡运龙译．北京：商务印书馆．

戴维·克里斯特尔．2000．现代语言学词典．沈家煊译．北京：商务印书馆．

邓乃平．1965．空间和时间的故事．北京：中国青年出版社．

邓晓芒、赵林．2005．西方哲学史．北京：高等教育出版社。
段义孚．2017．空间与地方：经验的视角．王志标译．北京：中国人民大学出版社。
范立珂．2015．位移事件的表达方式探究．上海：复旦大学出版社。
范立珂．2016．位移事件表达中各概念的组合方式研究．海南师范大学学报（社会科学版），（3）：130-138。
范娜．2014．英语虚拟位移中的概念整合和转喻．解放军外国语学院学报，（6）：99-106。
方经民．2004．现代汉语方位成分的分化和语法化．世界汉语教学，（2）：5-15。
方清明．2014．汉语后置词研究综述．汉语学习，（2）：80-87。
方绪军．2000．现代汉语实词．上海：华东师范大学出版社。
冯契（主编）．2007．哲学大辞典（分类修订本）．上海：上海辞书出版社。
傅雨贤、周小兵、李炜、范于良、江志如．1997．现代汉语介词研究．广州：中山大学出版社。
高名凯．2011．汉语语法论．北京：商务印书馆。
郭晋稀．1982．文心雕龙注译．兰州：甘肃人民出版社。
郭锐．2002．现代汉语词类研究．北京：商务印书馆。
胡壮麟．2004．认知隐喻学．北京：北京大学出版社。
胡壮麟．2020．认知隐喻学（第二版）．北京：北京大学出版社。
考夫卡．1997．格式塔心理学原理．黎炜译．杭州：浙江教育出版社。
考夫卡．2010．格式塔心理学原理．李维译．北京：北京大学出版社。
孔多塞．1998．人类精神进步史表纲要．何兆武、何冰译．北京：生活·读书·新知三联书店。
匡芳涛、文旭．2003．图形-背景的现实化．外国语，（4）：24-31。
蓝纯．2005．认知语言学与隐喻研究．北京：外语教学与研究出版社。
雷可夫、约翰逊．2006．我们赖以生存的譬喻．周世箴译．中国台北：联经出版事业股份有限公司。
李福印．2008．认知语言学概论．北京：北京大学出版社。
李福印．2012．导读．载塔尔米，认知语义学(卷I)：概念结构系统（第ix-xlv页）．北京：外语教学与研究出版社。
李福印．2017．典型位移运动事件表征中的路径要素．外语教学，（4）：1-6。
李冠华．1985．处宾动趋结构初探．安徽师大学报（哲学科会科学版），（4）：97-106。
李临定．1990．现代汉语动词．北京：中国社会科学出版社。
李秋杨．2014．延伸型虚拟位移表达的类型学研究．现代外语，（6）：753-762。

李维. 2010.《格式塔心理学原理》中文版译序. 载考夫卡. 格式塔心理学原理（第1-11页）. 李维译. 北京：北京大学出版社.

李雪. 2009. 英汉语言表达中的"想象性运动"的认知阐释. 西南政法大学学报，（2）：130-135.

李行健（主编）. 2004. 现代汉语规范词典. 北京：外语教学与研究出版社/语文出版社.

黎锦熙. 1998. 新著国语文法. 北京：商务印书馆.

林笛. 1993. 汉语空间方位词的语用考察. 载北京大学中文系《语言学论丛》编委会编. 语言学论丛（第十八辑）（第3-37页）. 北京：商务印书馆.

刘丹青. 2002. 汉语中的框式介词. 当代语言学，（4）：241-253.

刘丹青（主编）. 2005. 语言学前沿与汉语研究. 上海：上海教育出版社.

刘国辉. 2007. 构式语法的"构式"之辩. 外语与外语教学，（8）：1-5，22.

刘瑾. 2009. 语言主观性的哲学考察. 外语学刊，（3）：9-12.

刘润清. 2013. 西方语言学流派（修订版）. 北京：外语教学与研究出版社.

刘月华（主编）. 1998. 趋向补语通释. 北京：北京语言文化大学出版社.

刘月华、潘文娱、故韡. 2004. 实用现代汉语语法（增订本）. 北京：商务印书馆.

刘月华、潘文娱、故韡. 2019. 实用现代汉语语法（第三版）. 北京：商务印书馆.

刘正光. 2007. 隐喻的认知研究——理论与实践. 长沙：湖南人民出版社.

龙果夫. 1958. 现代汉语语法研究. 郑祖庆译. 北京：科学出版社.

陆俭明. 2002. 动词后趋向补语和宾语的位置问题. 世界汉语教学，（1）：5-17.

陆俭明. 2011. 在探索中前进——21世纪现代汉语本体研究和应用研究. 北京：北京师范大学出版社.

陆俭明. 2016. 对构式理论的三点思考. 外国语，（2）：2-10.

吕叔湘（主编）. 1980. 现代汉语八百词. 北京：商务印书馆.

吕叔湘（主编）. 1999. 现代汉语八百词（增订本）. 北京：商务印书馆.

罗纳德·兰艾克. 2007. 罗纳德·兰艾克认知语法十讲. 北京：外语教学与研究出版社.

罗念生. 1991. 导言. 载亚理斯多德. 修辞学（第1-18页）. 罗念生译. 北京：生活·读书·新知三联书店.

罗宗强. 2007. 读文心雕龙手记. 北京：生活·读书·新知三联书店.

孟琮、郑怀德、孟庆海、蔡文兰编. 1987. 动词用法词典. 上海：上海辞书出版社.

孟琮、郑怀德、孟庆海、蔡文兰. 1999. 汉语动词用法词典. 北京：商务印书馆.

聂敏里. 2017. 西方思想的起源：古希腊哲学史论. 北京：中国人民大学出版社.

牛宏宝. 2013. 英美语言哲学隐喻研究及其问题. 中国人民大学学报，（6）：45-

54。

诺姆·乔姆斯基．1979．句法结构．黄长著、林书武、庞秉均、邢公畹译．北京：中国社会科学出版社。

诺姆·乔姆斯基．1986．句法理论的若干问题．黄长著、林书武、沈家煊译．北京：中国社会科学出版社。

庞朴．2001．"天参"试解．文史哲，(6)：70-74。

庞朴．2003．一分为三论．上海：上海古籍出版社。

乔治·莱考夫．2017．女人、火与危险事物：范畴显示的心智．李葆嘉、章婷、邱雪玫译．北京：世界图书出版公司。

乔治·雷科夫．1994．女人·火与危险事物——范畴所揭示之心智的奥秘．梁玉玲等译．中国台北：桂冠图书股份有限公司。

萨默斯．2005．朗文当代英语大辞典（英英·英汉双解）．朱原等译．北京：商务印书馆。

邵敬敏（主编）．2007．现代汉语通论（第二版）．上海：上海教育出版社。

邵志洪．2006．英汉运动事件框架表达对比与应用．外国语，(2)：33-40。

沈家煊．2005．认知语言学与汉语研究．载刘丹青主编．语言学前沿与汉语研究（第1-22页）．上海：上海教育出版社。

施春宏．2021．构式三观：构式语法的基本理念．东北师范大学学报（哲学社会科学版），(4)：1-15。

史文磊．2012．汉语运动事件词化类型研究综观．当代语言学，(1)：49-65。

史文磊．2014．汉语运动事件词化类型的历时考察．北京：商务印书馆。

束定芳．1996．试论现代隐喻学的研究目标、方法和任务．外国语，(2)：9-16。

束定芳．1997．理查兹的隐喻理论．外语研究，(3)：24-27，32。

束定芳．2000．隐喻学研究．上海：上海外语教育出版社。

童庆炳．2016．《文心雕龙》三十说．北京：北京师范大学出版社。

王力．1985．中国现代语法．北京：商务印书馆。

王鹏、潘光花、高峰强．2009．经验的完形——格式塔心理学．济南：山东教育出版社。

王文斌．2007．隐喻的认知构建与解读．上海：上海外语教育出版社。

王文斌．2013．论英语的时间性特质与汉语的空间性特质．外语教学与研究，(2)：163-173。

王文斌．2019．论英汉的时空性差异．北京：外语教学与研究出版社。

王义娜、张晓燕．2007．运动事件框架理论的应用与思考．社会科学论坛，(4)：131-134。

王寅．2005．语言的体验性——从体验哲学和认知语言学看语言体验观．外语教学与研究,（1）: 37-43。

王寅．2011．构式语法研究（上卷）：理论思索．上海：上海外语教育出版社。

王志彬（译注）．2012．文心雕龙．北京：中华书局。

汪子嵩．2016．西方三大师：苏格拉底、柏拉图、亚里士多德．北京：商务印书馆。

汪子嵩、范明生、陈村富、姚介厚．1997．希腊哲学史（第二卷）．北京：人民出版社。

魏金声．1994．现代西方人本主义思潮的由来与发展．中国人民大学学报,（4）: 54-60。

文德尔班．1997．哲学史教程．罗达仁译．北京：商务印书馆。

文炼．1984．处所、时间和方位．上海：上海教育出版社。

文旭．2014．语言的认知基础．北京：科学出版社。

文旭、肖开容．2019．认知翻译学．北京：北京大学出版社。

文旭、叶狂．2003．概念隐喻的系统性和连贯性．外语学刊,（3）: 1-7。

夏静．2009．关于《文心雕龙·原道》的"惟人参之"．文学评论,（3）: 84-88。

熊学亮．2009．增效构式和非增效构式——从Goldberg的两个定义说起．外语教学与研究,（5）: 323-328。

熊学亮．2015．对构式的再思考．北京科技大学学报（社会科学版）,（6）: 7-12。

邢福义．1996．汉语语法学．长春：东北师范大学出版社。

亚里士多德．1996．诗学．陈忠梅译注．北京：商务印书馆。

亚理斯多德．1991．修辞学．罗念生译．北京：生活·读书·新知三联书店。

亚理斯多德、贺拉斯．1962．诗学 * 诗艺．罗念生、杨周翰译．北京：人民文学出版社。

严辰松．1998．运动事件的词汇化模式——英汉比较研究．解放军外语学院学报,（6）: 8-12。

扬·索克尔．2018．小哲学：如何思考普通的事物．何文忠、竺琦玫译．北京：北京大学出版社。

姚介厚．2005．西方哲学史（学术版），第二卷，古代希腊与罗马哲学．南京：凤凰出版社/江苏人民出版社。

姚小平．2011．西方语言学史．北京：外语教学与研究出版社。

曾传禄．2009a．汉语位移事件的类型和性质．喀什师范学院学报,（4）: 48-51。

曾传禄．2009b．汉语位移事件参照及其格标．西华大学学报（哲学社会科学版）,（1）: 66-70, 75。

曾传禄．2010．汉语位移事件的语言表达．对外汉语研究,（6）: 202-217。

曾传禄. 2014. 现代汉语位移空间的认知研究. 北京：商务印书馆。

张斌（主编）. 2010. 现代汉语描写语法. 北京：商务印书馆。

张伯江. 1991. 动趋式里宾语位置的制约因素. 汉语学习，(6)：4-8。

张伯江、方梅. 1996. 汉语功能语法研究. 南昌：江西教育出版社。

张柏然（主编）. 2006. 新时代英汉大辞典. 北京：商务印书馆。

张春兴. 1994. 现代心理学——现代人研究自身问题的科学. 上海：上海人民出版社。

张克定. 2005. 认知语言学的三个主要假设——《认知语言学》评介. 外语学刊，(1)：106-109。

张克定. 2008. 空间关系及其语言表达的认知语言学阐释. 河南大学学报（社会科学版），(1)：1-8。

张克定. 2010. 英语语法的认知途径——《英语认知语法》述评. 中国外语，(2)：106-109。

张克定. 2011. 英语方位倒装构式的认知语篇研究. 外语教学与研究，(4)：529-541。

张克定. 2012. 认知语言学：理论与应用互促共进——《认知语言学在行动》介评. 外国语文，(5)：158-160。

张克定. 2013. 关于空间关系构式的几个基本问题. 山东外语教学，(3)：7-16。

张克定. 2014a. 从意象到识解——Langacker认知语法研习札记（I）. 外文研究，(3)：9-17。

张克定. 2014b.《牛津构式语法手册》述介. 外语教学与研究，(1)：134-138。

张克定. 2014c. 构式语法研究的新进展. 语言教育，(1)：90-95。

张克定. 2016a. 空间关系构式的认知研究. 北京：高等教育出版社。

张克定. 2016b. 汉语处所主语形容词谓语构式的认知机制和聚焦过程. 现代外语，(1)：11-21。

张克定. 2018. 英语非现实空间位移关系构式的认知机制与限制条件. 现代外语，(5)：596-607。

张克定. 2019a. 非现实位移事件的编码与突显. 外国语文，(1)：1-7。

张克定. 2019b. 非现实位移事件的主观性与客观性. 英语研究，(10)：81-90。

张克定. 2019c. 体认原则及体认者、现实和语言的相互关系. 解放军外国语学院学报，(6)：71-80。

张克定. 2020. 抽象位移事件的体认性和语言编码. 语言教育，(1)：33-39。

张克定. 2021. 抽象空间方位关系构式的结构特征与认知理据. 现代外语，(3)：360-371。

张克定、张晓．2020．非现实空间位移关系构式的体认性和互动性．外语教学，（5）：6-10。

张克定、张晓．2021．抽象方位关系的体认理据与编码限制．解放军外国语学院学报，（2）：18-23，73。

张敏．1998．认知语言学与汉语名词短语．北京：中国社会科学出版社。

张沛．2004．隐喻的生命．北京：北京大学出版社。

张炜炜．2020．隐喻与转喻研究．北京：外语教学与研究出版社。

赵本义．2014．"人是万物的尺度"的新解读．人文杂志，（6）：6-12。

中国社会科学院语言研究所词典编辑室编．2005．现代汉语词典（第5版）．北京：商务印书馆。

中国社会科学院语言研究所词典编辑室编．2012．现代汉语词典（第6版）．北京：商务印书馆。

中国社会科学院语言研究所词典编辑室编．2016．现代汉语词典（第7版）．北京：商务印书馆。

钟书能．2012．语言中虚拟移位的认知研究．华南理工大学学报（社会科学版），（5）：122-127。

钟书能、黄瑞芳．2015．虚拟位移语言现象研究：回顾与展望．解放军外国语学院学报，（3）：31-39。

钟书能、傅舒雅．2016．英汉虚拟位移主体认知对比研究．外语学刊，（2）：32-36。

钟书能、赵佳慧．2017．真实位移与虚拟位移建构机制的认知对比研究．中国外语，（1）：36-42。

周世箴．2006．中译导读．载雷可夫、约翰逊．我们赖以生存的譬喻（第15-162页）．中国台北：联经出版事业股份有限公司。

周一民．1999．汉语趋向动词规范谈．语文建设，（3）：32-34。

周振甫．1986．文心雕龙今译．北京：中华书局。

朱德熙．1982．语法讲义．北京：商务印书馆。

朱德熙．1999．朱德熙文集（第四卷）．北京：商务印书馆。

祖保泉．1993．文心雕龙解说．合肥：安徽教育出版社。